酒店管理专业系列创新教材

JiuDian GuanLi ZhuanYe XiLie ChuangXin JiaoCai

总主编 罗旭华

酒店前厅与客房管理

Jiudian Qianting yu Kefang Guanli

主编 郑治伟 李晓铮

经济科学出版社
Economic Science Press

图书在版编目（CIP）数据

酒店前厅与客房管理/郑治伟，李晓铮主编．—北京：经济科学出版社，2020.8
酒店管理专业系列创新教材
ISBN 978-7-5218-1648-8

Ⅰ.①酒… Ⅱ.①郑… ②李… Ⅲ.①饭店—商业服务—教材②饭店—商业管理—教材 Ⅳ.①F719.2

中国版本图书馆CIP数据核字（2020）第108366号

责任编辑：谭志军 李 军
责任校对：李 建
责任印制：邱 天

酒店前厅与客房管理
郑治伟 李晓铮 主编
牟婷婷 咸丽楠 陈丽艳 吕 莉 副主编
经济科学出版社出版、发行 新华书店经销
社址：北京市海淀区阜成路甲28号 邮编：100142
总编部电话：010-88191217 发行部电话：010-88191522
网址：www.esp.com.cn
电子邮箱：esp@esp.com.cn
天猫网店：经济科学出版社旗舰店
网址：http://jjkxcbs.tmall.com
固安华明印业有限公司印装
710×1000 16开 22.25印张 420000字
2020年8月第1版 2020年8月第1次印刷
ISBN 978-7-5218-1648-8 定价：68.00元

酒店管理专业系列创新教材
编写委员会

前 言

随着酒店业的快速发展，酒店行业人才的需求不断增加，为培养适合现代酒店业发展需要的新型高素质专门人才，我们成立了《酒店前厅与客房管理》教材编写组。《酒店前厅与客房管理》是一门涉及内容广泛、理论性与实践性较强的专业课程，该课程要求所用教材理论深浅适度。本书充分考虑了前厅部和客房部的紧密联系，将酒店实际运营知识以链接、案例的方式融入其中，切实缩短了教材与实践的差距。全书内容共11章，为学生提供了一个全面、系统、适应现代酒店前厅与客房管理发展的比较科学的教学用书。

本书有如下特点：

(1) 创新教材体系。本书结合编者多年来的课程理论教学与行业实践经验，对酒店前厅部、客房部所涵盖的服务与管理岗位群进行了系统的讲解和分析。

(2) 编写内容新颖。本书内容紧跟酒店业的发展变化，及时反映了酒店前厅与客房运营管理中的新理念、新方法、新技术。

(3) 编写体例务实。本书编写体例上采用新形式，突出了务实性。每章除基本内容外，还设计有：案例赏析；课堂讨论；知识拓展；课后思考；实训；工作术语。

(4) 注重实践。本书在编写中注重教学的实践性，注重培养学生的实践技能和管理能力，每章课后附有多种形式的课后练习。

(5) 校企密切合作。知名国际酒店品牌高级管理人员参与本教材的指导和建议，使本教材更能指导酒店的实际运营和管理。

本书主编郑治伟负责组织全书大纲设计、撰写、初稿修改、统稿和定稿工作，并负责本书前言、第七章的编写；李晓铮负责编写第二章；牟婷婷负责编写第五章、第八章和第九章；咸丽楠负责编写第三章、第十章和第十一章；陈丽艳负责编写第四章和第六章；吕莉负责编写第一章。参与本书编写的编者均为来自酒店管理专业教学一线的教师，具有丰富的酒店管理专业教学与实践经验，在此对所有编者表示诚挚的谢意！

本教材适用于酒店管理本科、酒店管理专科、旅游管理和旅游英语专业，还作为酒店在岗人员培训教材和酒店管理人员的自学读物。

本书在编写过程中，参考、借鉴了大量的相关文献、教材和专著，更得到了中国劳动关系学院酒店管理学院领导们的大力支持、指导和帮助，谨在此表示衷心的感谢！由于时间仓促、个人认识水平有限，书中难免存在疏漏和不妥之处，恳请各位专家学者和广大读者不吝赐教，以便做进一步修订，使之日臻完善！主编联系方式：zzwciir@163. com。

郑治伟

2020 年 8 月

目　录

第一章　前厅部概述 …… 1

第一节　前厅部的地位和作用 …… 2

第二节　前厅部的组织机构与工作岗位职责 …… 6

第三节　前厅部对客服务的过程 …… 19

第四节　前厅环境设计与布局装饰艺术 …… 22

第二章　客房预订管理 …… 39

第一节　客房预订的任务和意义 …… 40

第二节　客房预订的渠道及方式 …… 41

第三节　客房预订的种类 …… 44

第四节　客房预订的程序 …… 47

第五节　超额预订及常见预定纠纷处理 …… 58

第三章　前台接待业务 …… 69

第一节　前台接待基本认知 …… 70

第二节　预抵客人管理 …… 71

第三节　客房状态的控制 …… 79

第四节　入住登记及离店接待管理 …… 86

第五节　客房增值销售技巧 …… 99

第六节　前厅会计 …… 103

第七节　行政楼层管理 …… 109

第八节　前台接待常见问题及处理 …… 112

第四章 前厅综合服务管理 …… 119

第一节 礼宾服务 …… 120
第二节 总机服务 …… 135
第三节 商务中心服务 …… 141
第四节 综合服务问题案例及处理 …… 145

第五章 前厅部的沟通与对客服务管理 …… 154

第一节 前厅部内部以及与其他部门的沟通协调 …… 155
第二节 对客沟通技巧 …… 169
第三节 酒店忠诚计划 …… 173
第四节 宾客满意度管理 …… 182
第五节 宾客投诉案例及处理 …… 185

第六章 客房部概述 …… 196

第一节 客房部的地位和作用 …… 197
第二节 客房部组织机构与管理岗位职能 …… 202
第三节 客房部工作计划制定与班次排班 …… 210
第四节 绿色发展理念在客房部的应用 …… 219

第七章 客房部清洁保养与质量控制 …… 228

第一节 客房部清洁设备及清洁剂 …… 229
第二节 客房常规清洁及保养 …… 233
第三节 客房的计划卫生组织与管理 …… 249
第四节 公共区域的清洁保养 …… 254
第五节 客房卫生质量控制管理 …… 260

第八章 客房部物资管理 …… 271

第一节 客房设备用品的管理 …… 272
第二节 客用品管理 …… 277
第三节 布草和制服管理 …… 283

第四节　库存管理 …… 292

第九章　客房对客服务管理 …… 298

第一节　客房常规对客服务 …… 299
第二节　贴身管家服务和个性化服务 …… 305
第三节　客房服务常见问题的处理 …… 309

第十章　酒店房务运营绩效评估 …… 315

第一节　房务部关键绩效指标 …… 316
第二节　酒店房务部经营预算制定及费用控制 …… 322

第十一章　酒店前厅客房服务与管理的发展趋势 …… 328

第一节　酒店前厅服务与管理的发展趋势 …… 329
第二节　酒店客房服务与管理的发展趋势 …… 336

参考文献 …… 343

第一章　前厅部概述

【学习目标】

1. 掌握前厅部的地位、作用和主要工作任务；
2. 了解前厅部的组织机构及其设置原则；
3. 熟悉前厅部各岗位的工作职责；
4. 了解前厅环境布局的构成和设计的基本原则；
5. 能根据市场竞争的需要，建立高效、科学的前厅部组织结构。

案例赏析：

小王应聘进入某酒店工作，上班第一天她被分配到前厅的服务岗位，对于如何做好前厅工作，小王有些迷茫。参加工作五年的前厅主管告诉小王，要想尽快熟悉前厅部工作，应从以下几方面做起：第一，观察酒店前厅功能布局及前厅设施设备的种类和用途；第二，观察酒店大门内外环境布置，如装饰、灯光、温度、绿化等；第三，感受酒店前厅氛围，体会酒店前厅对客人的服务；第四，熟悉前厅岗位设置情况等。

评析：

前厅部是设在酒店门厅，销售酒店客房及其他产品，组织接待工作，调度业务经营和为客人提供订房、入住、行李、电话、留言、商务、问讯、委托代办等项服务，并为酒店各部门提供信息的综合性服务部门。前厅部是每一位客人抵达、离开酒店的必经之地，是整个酒店业务活动的中心。前厅部的服务与管理水平直接关系酒店的经营命脉。小王要做好前厅工作，必须掌握前厅部待客服务全过程，熟悉各岗位的工作职责，了解前厅环境布局的基本概况。

资料来源：姜华．前厅服务与管理［M］．北京：中国旅游出版社，2018.

第一节　前厅部的地位和作用

前厅部是整个酒店业务活动的中心，其标志性的部门是总服务台（Front Desk），通常位于酒店大堂最显著的位置，因而称为前厅部。前厅部（Front Office）是酒店为销售客房，接待住店客人，办理各种服务手续，联络和协调酒店各部门对客人服务，为客人提供前厅服务而设立的综合性部门。前厅部的工作具有接触面广、政策性强、业务烦杂、关系全局等特点，是酒店经营管理中必不可少的重要环节。

前厅部是自始至终为客人服务的中心，是客人与酒店联络的纽带。前厅部通过开展预订客房业务，与潜在的宾客接触，接待抵店客人，办理登记手续，使宾客顺利入住，为宾客提供各项前厅服务（如礼宾服务、行李服务、问讯服务、委托代办服务等），为客人管理客账，直至送别客人离店。前厅部还为住店宾客建立客史档案，为宾客的再次光临做好准备。前厅部的这些工作带有全局性，整个工作贯穿于宾客与酒店接触及交往的全过程。总而言之，前厅部是酒店组织客源，销售客房商品，沟通和协调各部门的对客服务，并为宾客提供前厅系列服务的综合性部门。

一、前厅部的地位和作用

（一）前厅部是酒店形象的代表

酒店形象是公众对于酒店的总体评价，是酒店的表现与特征在公众心目中的反映。酒店形象对现代酒店的生存和发展有着直接的影响。一个好的形象是酒店巨大的精神财富。前厅是酒店工作的“橱窗”，代表着酒店的对外形象。

酒店前厅部的主要服务机构通常都设在客人来往最为频繁的大堂。客人入住登记在前厅、离店结算在前厅，客人遇到困难寻求帮助找前厅，客人感到不满时投诉也找前厅。前厅工作人员的言语举止会给客人留下深刻的“第一印象”。如果前厅工作人员能以彬彬有礼的态度待客，以娴熟的技巧为客人提供服务，或妥善处理客人投诉，认真有效地帮助客人解决疑难问题，那么他对酒店的其他服务，也会感到放心和满意；反之，客人对一切都会感到不满。由此可见，前厅部的工作直接反映了酒店的工作效率、服务质量和管理水平，直接影响酒店的总体形象。

案例聚焦

首因效应

在社会心理学中有这样一个概念——首因效应。首因效应是指最初接触到的信息所形成的印象对人们以后的行为活动和评价的影响，实际上指的就是“第一印象”的影响。人与人第一次交往中给人留下的印象，在对方的头脑中形成并占据着主导地位，这种效应即为首因效应。戴尔·卡耐基总结了给人留下良好第一印象的六条途径：真诚地对别人的兴趣感兴趣；努力微笑；记住别人的名字；做一个耐心的倾听者；谈论别人感兴趣的话题；以真诚的方式让别人感到他自己很重要。

前厅部是酒店的门面，是客人首先接触到的酒店服务部门，对于客人及社会公众是形成深刻第一印象的地方。因此，前厅部员工通过自己的良好服务和精神面貌给客人留下良好的第一印象至关重要。

（二）前厅部是酒店业务活动的中心

酒店的任何一位客人，从抵店前的预订、入住，直至离店结账、建立客史档案，都需要前厅部提供服务，前厅是客人与酒店联系的纽带，是酒店业务活动的中心。前厅部通过客房的销售来带动酒店其他各部门的经营活动。为此，前厅部应积极开展客房预订业务，为抵店的客人办理登记入住手续及安排住房，积极宣传和推销酒店的各种产品。同时，前厅部还要及时地将客源、客情、客人需求及投诉等各种信息通报有关部门，共同协调全酒店的对客服务工作，以确保服务工作的效率和质量。

前厅部所提供的服务贯穿于客人来店、住店和离店的全过程（如图1－1所示）。前厅部的工作在服务接待过程中起着联系内外、沟通上下的作用，同时发挥着承上启下、信息集散和总体协调的作用。

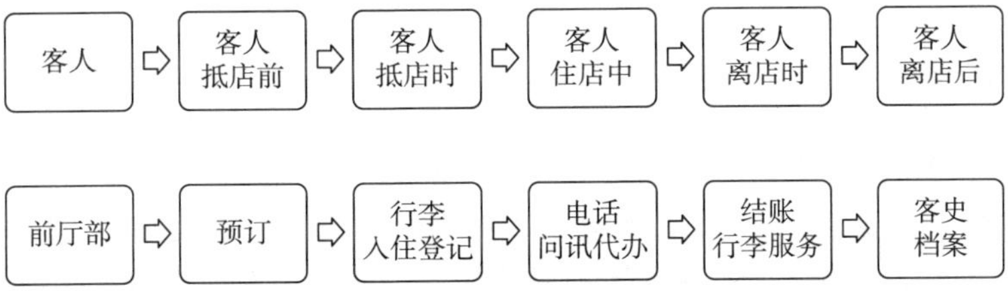

图1－1　前厅部与酒店业务关系

（三）前厅部是酒店管理机构的代表

由于前厅部是酒店对客服务的中心，在客人心目中它就是酒店管理机构的代表。前厅部通过自身的销售与服务，在客人抵店、住店和离店的全过程中始终与客人保持着密切联系。客人遇有疑难问题或疑惑之处时，通常都会找前厅服务员联系解决。另外，前厅部掌握全部住宿客人的相关资料和信息，并将这些信息反馈到酒店管理机构和相关经营服务部门。前厅部的工作效率和服务质量直接代表酒店的管理水平，是影响酒店声誉和酒店竞争能力的重要因素。

（四）前厅部是酒店经营管理的参谋和助手

作为酒店业务活动的中心，前厅部与客人有着最广泛的接触，从而可以及时收集到有关整个酒店经营管理的各种信息，以及客人对酒店管理和服务的意见及反映。前厅部既担负着销售酒店最主要的产品——客房的事务，又负责联系和协调酒店各部门对宾客的服务工作。前厅部是酒店各种信息来源最集中的地方，它能为酒店其他部门的业务开展提供充足的信息资料。前厅部能收集到有关市场变化、客人需求和整个酒店对客服务、经营管理的各种信息，并对这些信息进行认真的整理和分析，每日或定期向酒店管理部门提供真实反映酒店经营管理情况的数据报表和工作报告，为酒店管理机构做出经营管理决策提供可靠的依据。

（五）前厅部是酒店建立良好的宾客关系的重要环节

在市场经济条件下，顾客就是“上帝”，酒店是为客人提供食、宿、娱乐等综合服务的行业，酒店服务质量好坏最终是由客人做出评价的，评价的标准就是客人的“满意程度”，建立良好的宾客关系有利于提高客人的满足度，争取更多的回头客，从而提高酒店的经济效益，因此，世界各国的酒店都非常重视改善宾客关系。前厅部是客人接触最多的部门，因此是建立良好宾客关系的重要环节。

二、前厅部的工作任务

（一）销售客房

销售客房是前厅部的首要任务。客房是酒店最主要的产品，其收入是酒店营收的主要来源。据统计，目前国际上酒店中的客房收入一般占酒店总收入的50%以上。前厅部能够高效地发挥销售客房的功能，是提高客房入住率和增加客房收入的关键。前厅部应参与酒店的市场调研及预测，在制定好的房价和促销计划的基础上，配合销售部完成宣传及销售活动，开展客房预订业务，主动向已预订客人介绍酒店其他服务项目，同时积极向未预订抵店客户销售客房及相关产品。前厅部服务人员良好的服务意识及优秀的推销能力能够有效提高酒店的综合效益。

（二）提供各类综合服务

前厅是对客服务的集中点，担负着对客服务的各项工作，除了开展预订和接待业务、销售客房商品、协调各部门对客服务外，本身也担负着大量的直接为客人提供日常服务的工作，如接送站服务、行李服务、留言问讯服务、商务中心服务、电话总机服务、结账收银服务、委托代办服务等。由于前厅部的特殊地位，这些日常服务工作的质量、效率显得非常重要。

（三）协调对客服务

现代酒店是既有分工、又有协作，相互联系、互为条件的有机整体，酒店每一个部门、每一个环节的服务质量好坏直接影响宾客的满意程度。宾客从到店、入住再到离店是一个较复杂的过程，各个环节都存在着变化的可能。酒店对客服务的各部门、各工种，构成了一个复杂的对客服务整体系统，前厅部作为酒店的“神经中枢”，在这一系统中起着协调作用，它联系各部门形成合力保证对客服务的准确、高效，为宾客提供优质的服务，为酒店树立良好的形象。

（四）处理客人账目

前厅部是酒店运营过程中的财务处理中心，宾客账单的管理是其所负责的财务工作中非常重要的一项。为了方便客人、促进消费，大多数酒店向登记入住的客人提供一次性结账服务。所以，前厅部必须为住客分别制作账单，接受各营业点转来的经宾客签字的客账资料，并及时记录、累计及审核宾客的各项欠款，确保客账账目的准确无误。同时，为离店宾客办理结账、收款或转账服务事宜。建立、控制客账的目的是记录和监控宾客与酒店之间的财务关系，保持酒店的良好信誉和保证酒店应有的经济效益。

（五）控制客房状况

准确、有效的房态控制有利于提高客房利用率及对客人的服务质量。前厅部一方面要协调客房销售与客房管理工作，另一方面还要能够在任何时候正确地反映客房状况。在协调客房销售与客房管理方面，前厅部应向销售部提供准确的客房信息，防止超额预订，避免工作被动；前厅部必须向客房部提供准确的销售客情，以使其调整工作部署。正确反映并掌握客房状况是做好客房销售工作的先决条件，也是前厅部管理的重要目标之一。

（六）建立客史档案

客史档案是酒店档案的重要组成部分，是促进酒店销售的重要工具，也是酒店改善经营管理和接待服务工作的一项必要措施。客史档案的资料主要来源于前厅部和各有关部门收集的记录资料和观察报告。前厅部依靠各种表格、单据及对客人投诉资料的记录、整理和分类归档，建立完善的客史档案，作为为客人提供周到的、具有针对性服务的依据。另外，它们还是酒店寻找客源、研究市场的信息来源。

第二节　前厅部的组织机构与工作岗位职责

一、前厅部组织机构设计的基本原则

科学合理地设置前厅部的组织机构，是前厅部顺利开展各项工作、提高管理工作效率的组织保证。前厅部组织机构一般由以下部分组成：预订、问讯、接待、礼宾、收银、大堂副理、商务（行政）楼层、电话总机、商务中心等。有效地组织各部门的员工，完成前厅的业务运转，必须遵守以下组织原则：

（一）合理设置原则

前厅部组织机构的设置应考虑酒店企业的星级、类型、体制、规模、业务量、管理方式、客源特点、客源档次、经营方式等方面的实际情况，合理配备人员。如规模小的酒店或者以内部接待为主的酒店就可以将前厅部和客房部合并，而不必单独进行设置。

（二）机构精简原则

前厅部的机构设置，应“因事设岗”，而非“因人设岗”“因人设事”，以防止出现机构臃肿、人浮于事的现象。明确各层次与各岗位人员的职责不重复，垂直领导，明确指挥体系及信息渠道的高效畅达。但机构精简并不意味着机构的过

分简化、出现职能空缺现象和管理的“真空地带”。

（三）分工明确原则

前厅部各机构及各岗位人员的职责和任务应明确，指挥体系应高效、健全，信息传达的渠道应畅通。前厅部要明确各岗位人员的职责和任务，明确上下级隶属关系及信息传达的渠道和途径，防止出现管理职能的空缺、重叠或互相扯皮等现象。

（四）协作配合原则

前厅部机构设置不仅要便于前厅部内部各岗位、各环节之间的协作，而且还要有利于前厅部与其他部门间的协调配合。在各岗位的运转中建立科学有效的工作流程，使之有利于前厅部内部及其与酒店其他各机构、各岗位之间的协作与配合。

（五）统一指挥原则

在大型酒店中，许多工作的相关性很强，如前厅工作和财务工作、前厅工作与客房工作等。设立房务总监的目的就在于强化协调工作的力度和增强工作运行中的效率。部门的划分常常导致狭隘的“部门意识”，这种意识常常阻碍工作中的相互配合和有机衔接。强调统一指挥，是在进行专业分工时必须坚持的一个重要原则。

特别提示

现代酒店前厅部组织结构大多是分级分层管理，从部门经理、大堂副理、主管、领班到员工在信息传递上存在偏差和误解，耗时也较多。这样的分级管理流程在节奏日益加快的当今社会显得冗繁。如果接待员的请示过程把客人的等待耐心渐渐耗尽，很容易造成客人的不满情绪甚至投诉。这是在前厅工作中普遍需要解决的问题。减少组织层次，实现组织结构扁平化是现代酒店管理的发展趋势，这样可以简化工作流程，加快信息传递速度。组织结构实行扁平化，加强对基层服务员的授权，让接待员在一定范围内不必汇报，让每个员工都能够独立自主地解决一些问题，这样关于服务质量的投诉就会减少。对于接待员而言，充分适当的授权能唤起员工的工作责任感、创造性和对顾客的主动真切服务，员工这种自我负责、对客人尽心尽责的服务，也会为酒店带来良好的口碑和信誉，使酒店更具有竞争力。

二、前厅部的组织机构类型

前厅部的组织机构在设计上要考虑酒店的规模大小、经营特点、产品档次和管理方式等方面的内容，采取最适合自身的组织结构形式。目前，我国酒店前厅部的组织机构类型有以下三种。

（一）大型酒店前厅部组织机构模式

大型酒店设房务部，房务部再下设前厅、客房、洗衣和公共卫生四个部门，统一管理预订、接待、住店过程中的一切住宿业务，实行系统管理。这种类型的组织机构一般实行四级管理层次，即部门经理级、主管级、领班级和员工级，其组织机构如图 1－2 所示。

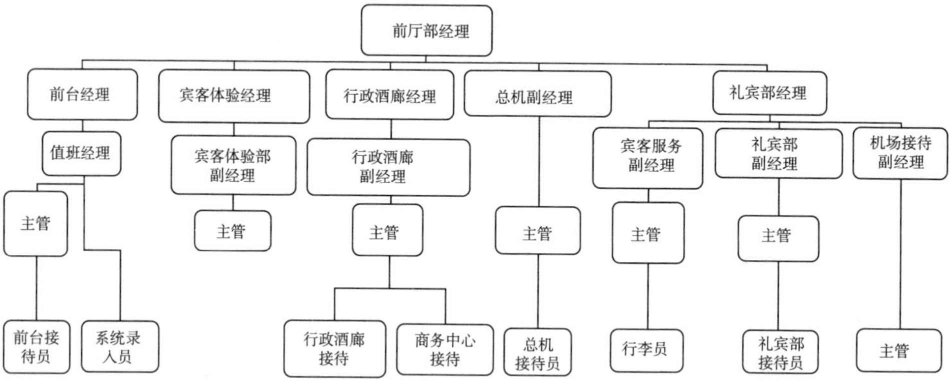

图 1－2　大型酒店前厅部的组织机构

（二）中型酒店前厅部组织机构模式

前厅部作为单独的一个部门，与客房部并列，直接对酒店总经理负责。这一类型的组织机构一般要实行三级管理层次，即部门经理级、领班级和员工级。该模式一般为中、小型酒店所采用，其组织机构如图 1－3 所示。

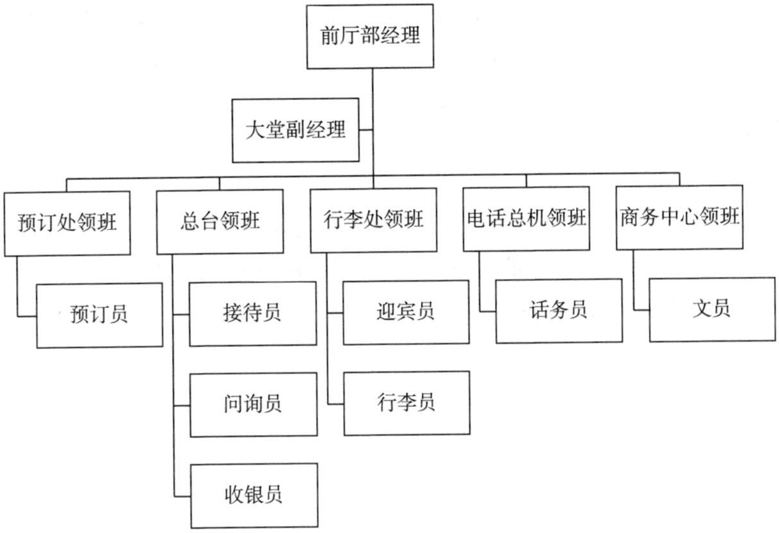

图 1－3　中型酒店前厅部的组织机构

（三）小型酒店前厅部组织机构模式

在小型酒店中，前厅不再单独为一个部门，其业务和功能由总服务台来承担，总服务台作为一个班组隶属于客房部。这种类型组织机构一般实行二级管理层次，即领班（主管）级和员工级，其组织机构如图 1－4 所示。

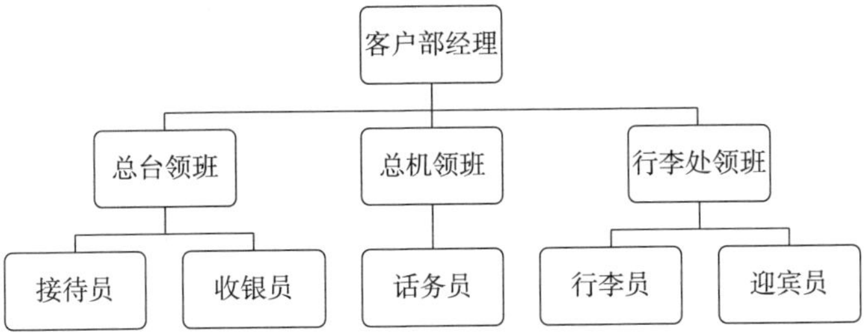

图 1－4　小型酒店前厅部的组织机构

三、前厅部的岗位设置及工作职责

（一）前厅部经理

前厅部经理应贯彻酒店经营方针、各项规章制度及领导决策，完成酒店下达的经营管理指标；负责前厅部的日常管理工作，保证前厅部各班组提供高效、优质的服务，确保各项工作的衔接和协调，对经营计划的完成和服务质量、卫生、安全、费用及成本控制等方面工作承担责任。

前厅部经理的岗位职责主要包括：

（1）对房务部总监负责，主持前厅部的全面工作。

（2）对各分部主管下达工作任务并指导、落实、检查、协调。

（3）负责培训所有前厅部接待人员，达到本酒店要求的接待服务效率、标准和接待礼仪及服务程序标准。

（4）负责本部门的人力调度，确保前厅部营业各岗的运行顺利；按照奖惩条例对各岗员工进行定期评估。

（5）检查前厅部各岗位人员的仪容、仪表、仪态、工作程序、工作效率，保证对客热情有礼，服务周到。

（6）负责做好客房出租率预测，确保房间出租情况、订房情况、到店和离店情况以及房账收入和其他一些由管理部门要求的统计情况的准确性。

（7）控制前厅部劳务费用，保证前厅部合理人员配备及每人合理劳动强度。

（8）控制前厅部营业费用，制定预算，量化消耗，合理使用物料用品。

（9）爱护各项设备设施，保证完好和正常工作。

（10）负责客人对客房和其他服务区域的投诉。同时要跟踪检查落实对客人投诉补救措施，最终赢得客人的满意和谅解。

（11）负责前厅部的安全和消防工作。

（12）确保前厅部与酒店各部门、社会团体对酒店业务有关企业、公司、商社、机构的良好公共关系，以便保证酒店有一个宽松的经营环境。

（13）组织参与 VIP 客人的接待入住、迎送工作。

（14）主持召开部门会议、业务会议、例会等，提出工作疑难、工作计划、工作建议等。

（15）完成总经理交办的其他工作任务。

（二）预订处

品牌酒店的预订处大多设置在销售部，但也有些酒店设置在前厅部。预订处的工作职责主要是负责酒店的客房预订业务，接受客人用网络、电话、传真、信件等形式进行的房间预订；并积极主动地与有关客源单位联系，推销酒店客房，同时向前厅其他相关部门传递相关信息，向上级及时汇报有关情况。另外，预订处还必须制定每月、每半月、每周乃至具体到第二天的预订报表，对预订工作进行安排，按酒店的要求定期处理预订客源情况和保管预订资料。

预订员的岗位职责包括：

（1）服从预订处主管的安排。

（2）详细了解当天及近期的房间使用情况，预订房间的客人到达的时间、人数，及时与总服务台沟通每日的房间预订数字及资料。

（3）详细了解预订当天到店的 VIP 客人的身份、房间号及抵离时间；确认是否已分好房及房间状态，若尚未安排妥当，要通知接待岗位工作人员尽快安排。

（4）接受和处理电话、邮件、传真及文件，处理散客和团体订房，如有变更，及时按规定进行相应的更改。

（5）了解当天团体及散客预订情况，并将有关情况及数据打印在表格上。把散客和团体订房单按日期顺序排列好。

（6）将 VIP 单和报表送至总经理办公室、客房部及餐饮部。

（7）打印和处理由前厅部送来的团体订房单或变更单。

（8）做好预测客房出租情况的客情表及其他统计分析报表，及时向酒店各部门提供信息。

（9）随时完成主管或领班临时委派的其他任务。

（三）接待处

接待处主要负责销售客房，接待抵达的住店客人（包括预订客人和非预订客人、常住客人和散住客人及团体客人等），为客人办理住店手续，分配客房；掌握、控制客房出租状况；制定客房营业日报等表格；负责对内联络，协调对客服务工作。

接待员的岗位职责包括：

（1）接待住店、来访客人（包括团体客人、散客），为客人办理入住登记手续。

（2）做好 VIP 客人入住的准备工作，高规格地为宾客办理登记入住手续。

（3）为客人排房（包括预先排房）和确定房价，并做好有关客人资料的档案工作。

（4）正确地显示客房的实时房态。

（5）协调对客服务，保持并发展与相关部门的沟通联系。

（6）接待投诉客人，解决不了的问题及时上报领班或主管。

（7）制定客房营业日报表等表格。

（8）迅速、准确地回答客人的问讯（包括介绍服务信息、市内观光、天气、交通情况等）。

（9）处理客人留言以及分发、回收钥匙，保管客人寄存的物品。

（10）提供查询、寻人服务。

（11）掌握住客信息，了解当天的酒店餐饮宴席、会议活动、VIP 客人抵离、房间预订情况。

（四）礼宾服务处

礼宾服务人员一般由礼宾服务主管（即“金钥匙”）、领班、迎宾员、行李员、委托代办员等组成。其主要职责是：负责迎送宾客；代客行李卸送；陪送客人进房，分送客用报纸、客人信件和留言；代客召唤出租车，协助管理和指挥门厅入口处的车辆停靠，确保畅通无阻；帮助客人办理其他委托事项。

礼宾服务人员的岗位职责有：

（1）迎送客人，为进出酒店的客人开车门。

（2）宾客到达时通知行李员搬运行李，在行李未抵达前帮助照顾客人的行李。

（3）为客人指引方向，回答客人的问询。

（4）雨天负责客人的雨具寄存服务。

（5）为客人安排出租车。

（6）协助保安做好车辆疏通工作。

（7）为坐出租车进店客人提供车号服务（以便客人遗失物品时可以查找）。

（8）为进出店客人运送行李。

（9）为客人提供订车服务。

（10）递送宾客邮件、酒店报表、报纸等。

（11）完成客人的委托代办业务。

（12）为宾客提供问询业务。

（13）为客人提供寄存行李业务。

（14）邮政服务（寄取包裹、投递信件等）。

（15）为客人开店门。

（16）为客人提供店内寻人服务。

（17）提供出借自行车、雨伞服务。

（18）完成交接班本内容并协同领班做好行李盘点工作。

（19）领班不在时起代理领班作用。

（20）保持岗位区域内的清洁工作。

（五）电话总机

主要职责是为客人转接电话，为客人提供联络服务、叫醒服务、电话找人、接受电话留言、传播或消除紧急通知和说明以及播放背景音乐。

总机话务员的岗位职责主要有：

（1）熟悉主要国家、城市和地区的电话代码；熟悉常用电话号码、酒店各分机电话号码、酒店设施和服务机构电话号码。

（2）按照总机话务员的工作程序和标准帮助客人转接电话，做好客人资料的保密工作。

（3）时刻保持良好的工作状态，礼貌地回答客人提出的问题。

（4）为客人提供叫醒及免打扰服务。

（5）熟悉了解各营业点的作息时间以及位置。

（6）解答有关客人有关电话的问询。

（7）按照标准和程序提供客人留言服务。

（8）按照工作程序和标准处理消防控制中心的警报。

（9）认真填写交班日记，注意交接事项，如：VIP、住房情况、叫醒服务情况、电话留言情况等。

（10）合理使用、保养机房设备，遇到机器故障应立即联系相关人员予以维修。

（11）对于总机房内部资料应严格保密，遵守机房制度。

（12）在日常工作中不断收集新信息、资料，做好记录，以便话务工作更完善。

（六）问讯处

主要职责是回答客人有关酒店的各种设施、服务及市内游览观光、购物等内容的询问；负责办理客人委托事项、收发保管客房钥匙，处理客人邮件、留言，接待来访客人。

问讯员的岗位职责有：

（1）熟悉酒店内各项服务项目的情况，回答客人问询。

（2）严格按照服务规范和要求完成对客人留言和代订客房、宴会、车船机票以及代寄邮件包裹、代办托运、修理物品等一系列委托代办服务。

（3）主动推销酒店的其他服务项目。

（七）收银处

收银处的主要职责是办理客人离店时的结账手续，包括收取客人在店一切消费费用，收回客房钥匙、核实客人的信用卡、负责应收账款的转账（必要时要提供外币兑换服务）等工作内容；帮助客人保管贵重物品；与酒店一切营业部门的收款员联系，催收核实账单；夜间审核全酒店的营业收入及账务情况。

收银员的岗位职责有：

（1）负责收取住客的费用，打印收费账单，及时完成客人的消费结算，保证工作有条不紊。

（2）负责电话、计算机、收银机、打印机的使用，保证各设备的正常运行。

（3）负责回答客人提出的关于收银费用方面的问题。

（4）负责保管账单、发票，并按规定登记使用情况，制作缴款单并按单缴款。

（5）负责对客收取预付款工作。

（6）负责对客结账工作。

（7）负责处理超限客人的账务。

（8）负责填写收款报告，并向财务部缴纳当日营业款。

（9）负责按照账务规定处理各单位的记账。

（10）正确使用各种结账设备，并做好清洁、保养工作。

（11）负责对客进行使用保险箱存取物品的服务工作。

案例聚焦

收银处的归属？

关于收银处的部门归属问题，酒店的传统做法是总台实行“两部四岗”：接待处、问讯处归属于房务部，收银处、外币兑换处归属于财务部。接待和收银是总台服务的两道主要工序，首尾呼应；其余两处应对宾客的不时之需，完善前者，职能划分无可厚非。但总台分属两部的最大局限性是：员工没有共同的直接上级，督导者越部管理又不现实，从而给沟通协调带来较大难度。具体而言，后果有：无法准确把握工作时机。在各岗位的联动过程中，遇有棘手问题，需各自层层汇报、部门间达成共识。这样，处理问题的最佳时机或许已被错过，影响管理的灵活性。不同的班组会议、工作方式、交接习惯等，似一道无形的壁垒，成为信息集散的较大阻力。因此，应该将总台整体划归房务部管理。现在大多数的酒店前台和收银已经没有区分，不像以前分属于前厅和财务两个不同的部门。现在的酒店前台兼具收银功能，也不区分该功能而单独设置收银处。财务作为一门专业技术，其本质是接待工作必要而有益的补充，这是将收银处和外币兑换处并入房务部的依据。如此，不仅能有效解决前述难题，还有助于员工的轮岗培训，实现人岗动态结合、一人适应多岗的目标，培养一专多能的复合型员工。在实践中，问讯、外币兑换的工作一般可由一人兼顾，将富余人员列为机动，闲时休息，忙时入岗，宽打窄用。

（八）商务中心

为客人提供打字、翻译、复印、传真及其他商务服务，另外，还可根据需要为客人提供秘书服务，其中的服务人员一般由主管和服务员组成。但也有一些小型酒店的商务中心，因为没有必要，就不设主管。

商务中心文员的岗位职责有：

（1）保持良好的仪容仪表和服务态度，热情为宾客提供商务中心各项服务。

（2）熟练操作商务中心的各项设备设施。

（3）提供秘书、翻译服务。

（4）提供会客洽谈服务（配有专门的洽谈室）。

（5）提供手机电池充电服务。

（6）提供网络商务服务。

（7）提供计算机或笔记本电脑的租用服务。

（8）代办交通票务；代办旅游、娱乐及体育票务。

（9）代印名片、扩印照片等。

（10）掌握所使用仪器设备的性能、保养和维修，每天早班上班及晚班下班前都应认真进行检查，保证设备的安全运行。

（九）机场代表

机场代表的主要职责有：

（1）预订车辆，并跟随车辆到机场接送客人。

（2）协助客人办理入住手续。

（3）随时注意机场车辆交通变化情况，与酒店前台保持联系。

（4）争取未预订客人到酒店入住。

（5）负责接送抵离店的客人及行李物品。

（十）行政楼层

行政楼层房间的服务、内部装修与价格均高于普通楼层，因为可以提供专属的行政楼层待遇，比如说有行政酒廊、免费甜点和下午茶、免费洗衣、延迟离店等服务。住在行政楼层的客人大多是贵宾及愿意入住高房价的客人。行政楼层还可以直接为客人快捷地办理入住及离店手续。

行政楼层的主要职责有：

（1）为客人在行政酒廊个性化办理登记入住及离店手续；确保入住及退房

手续办理过程中，为客人提供高效、迅速、方便、准确和礼貌的服务。

（2）审核系统中的客人历史档案，熟悉客人姓名，确保客人特殊要求和喜好，并及时处理。

（3）为客人提供商务中心及礼宾项目服务。

（4）严格按照酒店财务制度完成所有财务操作，出现问题及时找到解决方法。

（5）与客房部紧密合作，了解行政楼层房间状态。

（6）确保行政楼层日常开餐前的准备工作，开餐过程中随时检查餐台食品，保证供应量。

（7）开餐结束后及时联系相关部门完成清洁工作，并保证收餐过程不影响到客人。

（8）随时关注酒廊情况，及时为到酒廊的客人提供服务。

（9）确保备餐间的整洁，所有用品按要求摆放，随时清洗使用过的餐具，保证备餐间始终如一。

（10）为客人提供全天候茶点供应、本地及国际报纸杂志书籍供应浏览和房间内免费高速上网等服务。

（十一）大堂副经理

大堂副经理受总经理委托，协助前厅部经理指导和检查总台、预订、总机、礼宾等岗位的工作；受理客人投诉，接待 VIP 客人，妥善处理客务关系，并承担责任。

大堂副经理的岗位职责有：

（1）掌握酒店各项设施，功能及营业时间。

（2）保证本部门各分部与酒店其他相关部门保持良好的沟通及协调。

（3）及时、准确、认真地处理宾客投诉、记录反馈，事后做好案例分析，并在酒店宾客档案 Remark 处突出，进行有针对性的工作。

（4）每日征询宾客对酒店的建议，拨打 Courtesy Call，并将记录反馈给管理层。

（5）大堂副理各班次必须做好当日值班记录工作，并将需要 Follow Up 的重要事项标明，并与下班次做明确交代。

（6）如遇有宾客生病应及时协助处理，向上级及时汇报，并做好事后慰问工作。

（7）及时处理宾客遗留在酒店的物品，主动帮助宾客联系查找。

（8）督导前台工作，协助前台主管，领班做好宾客的接待工作。

（9）处理外电、外访的酒店总经理等领导接待工作，并代表总经理迎送 VIP

客人。

(10) 负责大堂各岗位运作情况：员工仪容仪表、劳动纪律，服务质量，以及公共区域清洁卫生、秩序，设备完好情况。

(11) 大堂副经理需配合保安部做好安全、消防工作，以及检查前台工作人员对外籍宾客户籍录入及发送情况。

(12) 如遇突发事件，大堂副经理需及时上报，并积极与相关部门主管协调处理，事后做好记录。

(13) 认真完成上级领导交办的其他各项任务。

(十二) 宾客关系主任

服从前厅部经理的全面指示，执行和履行酒店的一些本地相关政策和程序，有计划地协助前台、总机、商务中心和礼宾等各个工作岗位的正常工作。

宾客关系主任的岗位职责有：

(1) 掌握酒店各项设施及其功能与营业时间。

(2) 协调本部门和其他部门之间的工作沟通。

(3) 及时、准确地引导进店宾客，协助大堂副理解决宾客投诉。

(4) 每日征询宾客对酒店的建议，修订成册。

(5) 协助对宾客的入住登记工作。

(6) 如遇有宾客生病应及时协助处理，向上级及时汇报，并做好事后慰问工作。

(7) 及时处理宾客遗留在酒店的物品，主动帮助宾客联系查找。

(8) 协助本部门各个岗位的日常工作，及时补充岗位空缺。

(9) 协助上级领导对 VIP 客人的迎送工作，和 VIP 客人在店其间的事务处理。

(10) 负责大堂各岗位运作情况：员工仪容仪表、劳动纪律、服务质量以及公共区域清洁卫生、秩序，设备完好情况。

(11) 认真完成上级领导交办的其他各项任务。

四、前厅部各岗位的班次设置

(一) 前厅部各岗位班次设置的原则

合理调配人力资源和进行班次设置，充分利用每一位员工，可以有效降低前厅部的管理和运营费用，保持员工的工作积极性，确保前厅部的高效运转。在进行班次设置和人员调配中，要求前厅部各级管理者在准确预测客情的基础上，运用多种人力资源的调配方法和控制手段，充分合理地使用人力资源，做到有张有弛，既能圆满完成工作任务，又能保持员工的工作积极性和主动性。

1. 根据实际客情合理安排员工班次

前厅部各岗位员工的日常班次安排应首先考虑本酒店的客源特点。酒店客源的差异对酒店服务和工作量有较大的影响。确定了前厅部各岗位的人员编制和班次设置后，各级管理人员就需要根据未来客情安排下属员工的工作班次。一般情况下，酒店各部门班次以“周”为单位排定。

2. 科学合理地进行人员调配

除了根据预测客房出租率合理安排员工班次，还可以在前厅部各岗位之间或其他部门之间调配人员，解决出租率过高情况下出现的人力资源短缺的问题。另外，前厅部的部分岗位如客房预订、商务中心等岗位的主要工作，通常集中在早9点到晚5点的一般公司企业正常工作时间。为了节省劳动力资源，这些岗位一般只设正常班，其他时间内工作由接待处员工代理完成。这也是合理调配和控制人力资源的一种体现。

（二）前厅部排班的一般要求及注意事项

为员工安排工作班次是前厅部经理及其他管理人员面临的最具挑战性的任务之一。排班过程会是极为复杂的，特别是在前厅部员工只接受了执行单项任务的培训时尤其如此。例如，总台接待员在还没接受过总机工作培训的时候，就不宜安排做接线员。

前厅部经理必须对员工的排班需求保持敏感，例如，计时工会要求更改安排，以避免上班时间与上学发生矛盾。有的前厅部员工会要求上不同的班次，以学习各班次所具有的独特的挑战。有的前厅部经理以资历为基础进行员工排班，有的以其他标准或喜好为基础进行安排。两种都很公平，但前厅部经理必须前后一致地执行排班标准，并且注意各位员工的需要，才能做出行得通的安排。

在对员工的需要保持敏感的同时，前厅部经理还要把前厅部的需要时刻记在心上，在员工能来而工作并不需要的时候安排员工上班，会使酒店承担不必要的财务负担。

前厅部在安排员工班次时要注意以下事项：

（1）排班必须涵盖整个工作周，一般确定为从星期日到星期六。安排时要运用酒店的业务预测，总台和大厅服务处的业务一般以预计每日进出店人数为基础安排员工。预订部通常以预订往来情况为基础进行安排，这需要与销售部进行一些协调。例如，销售部可能会在报纸上的星期日旅游版刊登广告，读者有可能会立即进行预订，因而酒店应安排人力接听电话回答询问。

（2）安排必须在下个工作周开始前3天公布，一些国家或地区甚至要求提前5天或更多天张贴。前厅部经理了解关于加班时间和薪水的法律也很重要。

（3）张贴的工作安排上应注明休息日、休假时间以及请假的时间，员工应熟知递交休假申请需要提前的时间。

（4）应该根据预测的业务量和未预见到的员工人数变化，逐日复核排班表。必要时，应改变原先的安排。所有的安排变化应直接张贴在排班表上。张贴的排班表的副本可以用来监督员工的每日出勤情况，这份副本应作为部门永久记录的一部分保存。

第三节 前厅部对客服务的过程

前厅部的对客服务全过程是一个包含着多项服务职能和管理环节的系统流程，具体包括客人抵店前、抵店时、住店期间、离店结账和客人离店后五个阶段（见图1-5）。前厅部的具体任务是实施和协调住店客人的接待安排，向酒店各部门通报对客服务信息，为客人提供订房、迎宾、行李、委托代办、交通安排、入住登记、客房分配、客账管理、问讯、留言、邮件处理、商务文秘、叫醒等服务。前厅部的对客服务全过程要符合酒店的整体规划和营销策略，高质量的前厅对客服务能为酒店的服务与管理工作提供便利条件，给客人留下良好印象，使客人满意而归。

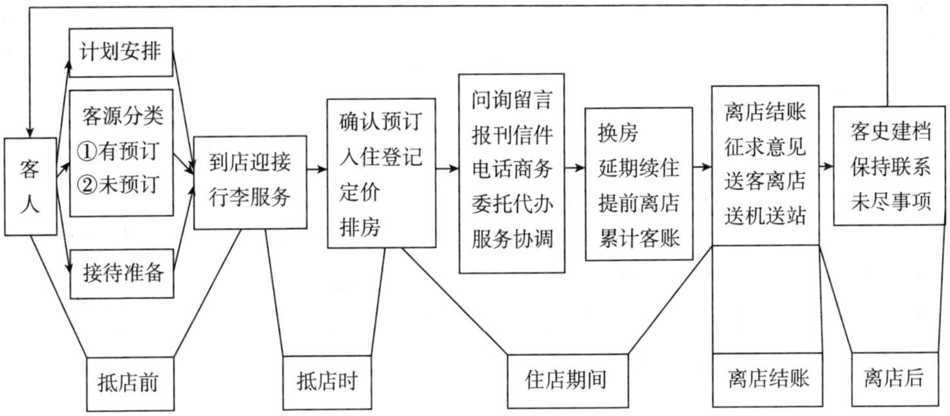

图1-5 前厅部对客服务全过程

一、客人抵达前

（一）入住客人的计划安排

前厅部需要充分了解往年的客源情况变化，以酒店的内部环境和外部环境为依据，与相关部门一起分析当年的客源方向，协助确定目标客源，完成客房的销售任务。其中，内部环境是指酒店的星级、规模、类型、档次、地理位置、人员素质和经营范围等酒店内部的、可以控制的环境因素；外部环境是指客人的需求、市场的变化、竞争对手的情况、政治因素、经济因素等酒店外部的、不可控制的环境因素。前厅部要根据自身情况因地制宜、因时制宜地找准目标客源市场，提高人员素质和服务质量，改进管理办法，适应内外部环境的变化，吸引客人入住，使酒店实现良性运转。合理分配散客、团队用房，制定超额预订的比例原则，制订淡季、旺季的营销方案，配合各部门做好其他配套产品的促销工作，全面实现前厅部的年度计划。

（二）客源分类

酒店客源一般分为预订客人和未经预订而直接抵店的客人。预订的客人提前将住宿的需求以多种方式与酒店预订处联系，预订员按工作程序要求受理预订业务。客人的预订资料能使前厅部的预测、调整及组织等方面的工作获得更准确的依据。同时对已经办理预订的客人，前厅部可以按客人要求，在抵店前预留客房，并做好客人抵店前的各项准备工作。对于未办理预订手续而直接抵店的客人，由于无法提前知道客人的具体需求，只能根据当时酒店的营业状况进行接待，并提供相应服务。

（三）接待准备

根据客人预订资料中关于抵离店的日期、特殊要求等有关内容，预订处要适时做出安排车辆和机场代表或行李员去机场、车站接客人，以及事先排房、准备礼品、提前通知相关部门或酒店领导等项工作，使准备工作周到、细致，并为下一阶段的服务奠定良好的基础。

二、客人抵店阶段

本阶段前厅部的主要工作有：

1. 礼宾人员在机场、车站迎接客人，路途中介绍本地、本店情况。

2. 迎候客人，门童为客人开车门，提拿行李，引领客人到总台。

3. 总台人员核对客人的预订情况，为客人办理入住登记手续，建立客账，并提供问讯、邮件、留言、贵重物品寄存等服务。

4. 行李员送客入房，帮客人提拿行李，并介绍酒店各部门的服务以及房间的设施设备。

三、客人住店期间

客人住店期间，是前厅部对客服务全过程中的重要环节。规范服务操作，满足客人的个性需求，对于建立良好的宾客关系，树立酒店良好形象至关重要。本阶段前厅部的主要工作任务内容有以下几个方面：

1. 问讯处为客人提供问讯和留言服务。

2. 接待员负责处理客人提出的换房等需求，并及时核对房态。

3. 根据客人的需要提供叫醒服务、商务服务等各项服务。

4. 总台收银员为客人提供贵重物品寄存、累计客账、账目查询、外币兑换等服务，以及完成催收应收款等工作。

5. 为客人提供各种委托代办服务。

6. 为客人办理提前离店、延期续住等手续。

7. 接待处协调各部门对客服务。

8. 大堂副理处理客人投诉和督查前厅部各岗位工作情况。

四、客人离店结账阶段

离店结账阶段的主要工作有：

(1) 为客人提供离店结账服务。

(2) 主动征询客人意见。

（3）行李员为客人提供行李服务、叫车服务等。
（4）礼宾人员送客至机场、车站。
（5）更改客房状态，保持房态准确。
（6）收银员完成对营业收入的夜间审核工作。

五、客人离店后

回头客和常住客是最受酒店关注的客人，他们在酒店客源份额中所占比例的高低直接影响到酒店经营的稳定或成败。客人离店后并不意味着服务工作的结束，而是新的服务工作的开始。

（1）建立客史档案，对客源信息进行整理、分类、归档。通过掌握的客源信息，可以简化常住客的服务程序，为客人提供周到的、有针对性的服务。

（2）保持与重要客人的联系，如节假日的电话和信函的问候，酒店重要活动的通知、信息的反馈等。

（3）其他未尽事项的办理。

第四节　前厅环境设计与布局装饰艺术

前厅区域是指进入酒店大门后到酒店客房、餐厅之前的公共区域。前厅的环境能够体现出酒店的档次、服务特点及管理风格。安静、舒适的前厅环境能给客人留下良好的印象，也能让客人以愉悦的心情享受服务。

一、前厅环境设计与布局的基本原则

尽管前厅的设置随着酒店业的发展在不断更新，各类酒店在前厅设计上都突出自己的特点，但是前厅的设计与布局都要遵循这些基本的原则，以利于前厅的运转。

（一）安全性原则

前厅布局首先应考虑安全因素，例如，各个通道均纳入员工的实现范围之

内，酒店标识幕墙、台阶、障碍处应有明显标志等。这样，既便于员工提高服务工作效率，又有利于保证客人的人身和财产安全。

（二）合理性原则

酒店应考虑前厅各类设施和各个工作区域在功能方面的区别，在布局时自然而明显地进行合理分区。同时要合理设计酒店的通道流线：服务流线和客人流线，即酒店员工的后场通道和进入酒店的客人到达各前台区域所经过的线路。设计中应严格区分两种流线，避免客人流线与服务流线的交叉。流线混乱不仅会增加管理难度，还会影响前台服务区域的氛围。

（三）醒目性原则

前厅的位置应该是醒目的，也就是前厅的可见度应比较强。客人一进入酒店就能发现前厅，同时前厅的员工也能够看清酒店大堂出入的过往客人。如果一家酒店的前厅不易让客人找到，那么其设置是不合理的。此外，前厅的明显性原则还包括前台各业务处的明确中英文标示。

（四）效益性原则

前厅环境和布局还应该注意各工作环节的衔接，确保前台接待人员工作效率的提高和节省客人的时间与体力。同时前厅布局也不能一味地追求奢华，应综合考虑投资效益、成本控制、便于管理、提高效率、充分利用空间等因素。

（五）美观性原则

前厅不仅要高效、准确完成客人的入住登记手续，而且要能够给客人留下深刻的良好形象。因此，前厅的灯光、色彩以及气氛等方面的设计应美观、典雅，设施的布局显得庄重、规范，体现出酒店的风格和特色。同时，在设计环境与装饰时，不同功能区的服务柜台的布置与风格既要相互之间有所区分，又要与酒店整体风格协调一致，必须符合服务的要求。

（六）舒适性原则

舒适性原则是指前厅的功能分区、设施设备、装饰布置等每个细节的设计都要尽可能符合人体舒适的需要，以提高客人和员工的舒适感。

知识链接

前厅舒适度

舒适度是心理学上的一个概念，指环境对人的刺激所引起的心理反应及由此而产生的行为。当环境对人的刺激引起美好愉悦的心理感受时，人便对环境产生依赖，留下深刻记忆。因此，舒适度是一个复杂、动态的系统，会因时、因地、因人而发生变化。

酒店舒适度就是指建立在专业化管理和整体氛围协调性基础之上的高质量服务的一种效果。通常情况下，影响酒店舒适度的一般因素有温度高低、湿度大小、光线明暗、噪声强弱、布草优劣、床垫软硬、水质清浊、水温高低、水压大小、气味浓淡等。

前厅舒适度构成要素评分表

	构成要素	评分
加分项	前厅总体舒适度	
	绿色植物、花卉摆放得体，插花有艺术感，令宾客感到自然舒适	
	光线、温度适宜	
	背景音乐曲目适宜、音质良好、音量适中，与前厅整体氛围协调	
扣分项	异味、烟尘、噪声、强风	
	置于前厅明显位置的商店、摊点影响整体氛围	
总分		

资料来源：姜华．前厅服务与管理［M］．北京：中国旅游出版社，2018.

二、前厅环境的构成及布局装饰艺术

酒店前厅的功能布局及装饰、灯光、布置必须有特色，能够体现酒店的级别、服务特点及管理风格，对客人有较强的吸引力，并具备宁静的气氛。更重要的是，前厅的布局要考虑到客人的需求和酒店经营管理的需要。

案例聚焦

上海四季酒店前厅的功能布局设计

上海四季酒店是一家五星级商务酒店，坐落于浦西区的繁华地段。这家酒店的主要特点是功能布局合理，能够给客人提供最便利的服务设施。

从大堂入口处进入大堂，首先映入眼帘的是一幅约9米高的铜制浮雕，周围墙面饰以米黄色花岗岩，并留有均匀的“V”字形分割缝，天花设有金箔饰面的圆形穹顶及象牙造型的云石吊灯，地面相应位置上铺设石材拼花，正中央的圆形摆台上陈设着一盆盛开的百合。

大堂入口右边是接待区，左边为大堂吧及通往二层的步行梯。电梯间设在铜制浮雕墙背后。这样的布局既有效地缩减了入口处的面积，同时也为住店客人回到客房提供了最便捷的途径，起到了迅速分流酒店客人的作用。

大堂入口至铜制浮雕墙面之间恰如其分的距离以及巨幅浮雕的高度，既可使人感受到酒店的恢宏气势，又为酒店定下了和谐的主旋律。正中央做工考究的圆形摆台正如一座美丽的交通环岛，使进入酒店的客人在到达各自目的地的同时还能欣赏到精美的装饰。

在公共区域的采光方面，四季酒店二层设有几家风味各异的餐厅，三层为宴会厅，这两层均把通道设在靠近落地窗一侧，通道很宽阔，窗边及围栏边还设有供客人临时休息的沙发、座椅。这种格局一方面大大增加了自然采光的面积，为酒店节约了宝贵的资源；另一方面也造就了一道亮丽的风景，通透的落地玻璃窗既可开阔客人的视野，又可向外展示酒店的美妙设计。

巧设电话间。好的酒店无时无刻不在为客人提供方便。三层宴会厅外是一排整齐气派的门廊，两端的小门廊内分别隐藏着一个电话间。电话间内部设有黑色的石材台面、精美的装饰画以及布艺沙发椅。将电话间设置在宴会厅两端，能够为商务客人提供相对私密的空间，而电话间的外墙与门廊的统一又增加了宴会厅的整体设计感。

成功的酒店设计包含很多因素，如风格定位、色彩把握、灯光运用、材料选择、艺术品配饰等，各在其中担任了重要角色，但最重要的还是功能布局。因为酒店的第一功能是为旅途中的人们提供一个暂时的栖身之所，尽可能地以便利的服务为客人消除疲劳，而这一切则是在合理的功能布局基础上实现的。

资料来源：杨松．前厅服务管理实务［M］．北京：高等教育出版社，2017.

（一）前厅环境的构成

通常一家酒店的前厅环境应由下列部分构成：

1. 入口区

（1）入口区的设计类型。

目前，酒店前厅入口常见的设计类型有如下三种：

①花园式。这类酒店入口占地面积扩大，通常有流畅的回车线环绕其间，有由绿树与花草组成的各种颇具创意的图案、标志，再辅以雕塑、园林灯柱、精致栏杆的适当点缀，并与门旁的花草盆景相呼应，整个酒店门前洋溢着浓郁的自然气息。

②支架式，也称棚架式入口。一般采用玻璃钢、金属材料与透明塑料等构成斜坡式、半球式、帐篷式和尖顶式等形态各异的棚架造型，并采用富有立体感、光亮度强与特殊质地的新材料和新工艺，再配上流动感强的现代灯光，足以引起宾客的浓厚兴趣。这类酒店入口处造型新颖、美观且富有现代特色，但设计时，应考虑与酒店主体建筑相协调，棚架须安全可靠。

③门面式。其特点是将门面设计装饰与广告促销进行有效组合，以吸引更多的客人。如有些酒店利用玻璃门与落地窗张贴巨大的广告艺术画，安装立面霓虹灯，以展示酒店的特色风貌。

（2）入口区的构成。

①大门外公共活动区域。

酒店的大门前，应有供客人上下车的空间及回车道、停车场，车场与车道应分开，车道的宽度应不少于4.5米，停车位置应用画线固定，车辆、轮椅依靠应整齐有序，车位数不少于客房总数的15%；酒店员工进出酒店的通道应与宾客通道分开；应有团队专用通道和行李通道。正门外还应留有足够的空间，以暂时摆放进出店团队客人的行李。有些酒店正门前还设计了小花园和喷泉，以给客人留下良好的第一印象。正门前台阶旁还应设立专供宾客轮椅出入的坡道，宽度不应少于1.2米，坡度不超过12度。大门口一般会铺设一块地毯，供客人擦干净鞋底后进入大厅，以维持大厅的整洁，防止湿鞋带入前厅地面的水珠使宾客滑倒。边门旁边应设置雨伞架，供宾客存放雨伞。酒店大门外的空旷处通常应设置旗杆，分别用于悬挂国旗、店旗，及在酒店下榻的外国国家元首所在国的国旗。酒店的公共服务设施应该方便宾客辨认、进出和使用，并符合国际及星级酒店评定标准的要求，另外还要符合国家法律规定。

②酒店大门。

酒店的大门由正门和边门构成，大门的外观要新颖，有特色，能对客人有较强的吸引力。一般的酒店都采用玻璃门作为正门。正门高大，是客人主要进出口，外观富有装饰风格，用材档次较高，配件华丽。正门有玻璃门、旋转门，有的还设有双道门，防尘、保温、隔音效果好。大多数酒店的正门分成两扇，便于客人进出和门卫为客人提供开门服务，也可以根据客流量的大小增设更多扇门，正门两侧应各开一两扇边门，以便于酒店员工及团队客人的行李进出酒店。正门安装自动感应门的酒店，应同时开设手开边门，以防感应失灵时客人无法进出酒店。为安全起见，酒店的正门在夜间应关闭，只留边门。

2. 服务区

（1）大堂。

大堂是客人办理住宿登记手续、休息、会客和结账的地方，是客人进店后首先接触到的公共场所。大堂必须以其宽敞的空间、华丽的装潢，创造出一种能有效感染宾客的气氛，以便给客人留下美好的第一印象和难忘的最后印象。大堂的设计和设备的布置，应力求光线充足、温度适宜，自然花木修饰美观、摆放得体，无异味、无烟尘、无噪声、无强风，色调格调与氛围相互协调，令客人感到自然舒适。

案例聚焦

“玩”起来的大堂让酒店更迷人

如今越来越多的酒店都打算做一个城市社交中心，和人们以往印象中或高冷或恢宏的大堂不太一样，大堂公共区域就如同一处轻松的社交场景，总是有人在聊天、看书，甚至围坐在大书桌前加班开会进行“头脑风暴”。

通常来说，传统酒店的接待区、大堂吧与休息区是相互独立的，大堂被分割成好几块，整体的互动感不足。这种明显的变化其实是因为高端酒店的消费者近年来越来越年轻化，这些消费者喜爱社交，有年轻化的审美偏好，工作和生活中间的界限也不再明显，这也让酒店设计相应地发生了一些变化。香港郑中设计事务所 CCD 的创始人、设计总监郑忠告诉记者，“新一代社交型大堂灵活多变且能融合各种功能的体验，没有固定形式，我们通常会根据每个酒店的特点来融入不同的社交元素，借助酒店的开放性和流通性，在空间设计、功能打造和主题活动等方面，营造公共空间社交分享的氛围。社交型大堂可以集合了咖啡馆、特色餐厅、音乐工作室、pop-up 商店，甚至是展览等各种功能。”新一代大堂更像一个放大版的居家客厅，让人愿意身处其中休息、社交，说不定在这里你还能找到兴趣相投的伙伴。

2019 年开业的成都领地希尔顿嘉悦里酒店是一家定位于年轻、探索群体的酒店，CCD 在设计时，充分结合其“活力、时尚、社交、探索当地文化”的品牌特性来打造多元化的空间。将整个 Canopy Central 大堂空间设计成开放、多元融合的多向发展空间，包含了餐厅、酒廊、“悦休憩”“悦驿站”及会议室等区域。值得一提的是，悦驿站是专门提供给提前到店或退房后仍需停留一段时间的宾客，他们可以自由地洗漱、暂存行李、休息。也可以在这个多元化的空间看书喝茶，约见朋友，品尝成都小吃，或是小酌一杯。

万达酒店及度假村旗下的万达锦华和万达美华品牌已经把社交型酒店的设计理念融入其中，这些项目体量都不大，基本坚守“小房间，大公区”的原则，其目的就是鼓励客人走进公区，享受社交的乐趣。

大中华国际酒店管理有限公司在深圳开出了旗下第一家自创品牌英诺酒店（INNOGO）。INNO Gallery 英诺共享艺术大堂是整个酒店的亮点，设计团队想表达真正意义的“共享”，大堂没有任何被明显划分的功能区域，前台背面标注的 Hero Break（英雄补给站），表明了前台是与大堂吧的一个结合体。在开放式的空间里，无论是办理入住或退房，客人都可以顺手要一杯饮品，拿上一本杂志，坐在阳光倾透的大堂内，让等待变成休憩的一部分。同在大堂区域的 INNO Shop 售卖酒店精心挑选的洗浴用品、客房香薰、水杯等物品。

资料来源：https：//m. sohu. com/a/315931761_ 142462/？pvid.

酒店的大堂是宾客出入的必经之所，也是人流与信息流高度汇聚的场所。因而大堂的装修设计是整个酒店的重中之重，与酒店的生存和发展休戚相关。一个设计一流的酒店大堂，不但体现了酒店的品牌形象，更诠释了酒店的风格定位。一般而言，酒店大堂的设计装饰的类型有以下几种：

①古典式。

这是一种传统的装饰设计风格。大堂内古董般的吊灯、精美的古典绘画以及造型独特的楼梯栏杆，让客人感受到大堂空间的古朴典雅和雍容华贵。古典式又分为东方风格和西方风格两种类型。

②现代式。

这种酒店设计风格力求通过各种现代化的元素，融入现代感的设计理念，以现代工业化产品材料为基础，综合利用现代工业和科技发展的成果，通过灯光和色彩等方面的配合设计使整个大堂充满时尚气息，体现现代感。

③庭院式。

其装饰设计主要是把中国园林设计的风格类型运用到酒店设计中。比如，在大堂内利用假山、叠石让水自高处泻下，其落差和水声使大堂内变得有声有色、动静结合；或者在大堂的一角，种植大量的热带植物，设置小巧的凉亭与瀑布，使大堂空间更富自然山水的意境，让人们在进入之后感受到大自然的清新。在设计装饰庭园式大堂时，应注意确保整体空间的协调，花木搭配与季节、植物习性等自然规律相符，假山体量、溪涧宽窄应与空间大小相称等。

④重技式。

其设计主要体现在严谨的结构和粗实的支柱的表现方面。如在大厅内部并不掩饰结构性支柱，而且有意对支柱进行修饰、雕琢，和大堂的高雅华贵相映衬，形成特有的艺术魅力。

知识链接

酒店大堂设计的原则

（一）满足功能要求

满足功能要求是大堂设计中最基本的原则。大堂设计的目的，就是为了便于开展酒店各项对客服务这一实用功能。在满足实用功能需求的同时，又让客人得到心理上的满足和精神上的愉悦是大堂设计的目标。

通常，大堂设计时，应考虑的功能性内容包括：大堂各功能分区间的空间关系布局；大堂环境的比例尺度；各服务场所的家具及陈设布置和设备安排；大堂采光、照明、绿化、通风、色彩、温度、湿度等；消防与安全；材质效果（环保、防尘、防震、吸音、隔音等）；大堂整体氛围等。

（二）充分利用空间

酒店大堂的空间就其功能来说，既可作为酒店前厅部各主要机构（如礼宾、行李、接待、问讯、商务中心、前台收银等）的工作场所，又能当成过厅、餐饮、会议及中庭等多功能大厅来使用。大堂设计中，应充分利用空间，将满足功能需求与创造环境氛围、形成艺术效果结合起来。

（三）与酒店整体风格保持一致

酒店大堂中不同的区域有各自不同的使用功能。但设计时，若只求多样而不求统一，或只注重细部和局部装饰而不注重整体要求，势必会破坏大堂空间的整体效果而显得松散、零乱。所以，大堂设计应遵循“多样而有机统一”的要求，注重整体感的形成，与酒店整体风格保持一致。

（四）力求形成自己的风格与特色

大堂的设计中，从功能性和审美上，都要力求形成自己的风格与特色。首先在酒店大堂的布局设计上，应着重考虑人员的流动性，合理规划酒店大堂与酒店电梯间、酒店过道等位置，使得人员流动不会显得拥堵，方便人员流动，突出酒店大堂的功能性。同时在酒店大堂设计装修方面，要考虑酒店大堂色调、风格与酒店整体的一致性，合理设计酒店大堂色调与风格，从而提升酒店大堂品位，营造出一种高端大气的酒店风格氛围。

（2）总服务台。

总台的位置、大小、形状等应符合前厅部工作的需要，布局紧凑合理，并以岗位职能划分区域，既要方便客人，又要便于前厅对客服务，提高服务效率。

总台的位置要使在前厅各柜台的员工都能观察到整个大厅及电梯、商场、餐厅等各入口的情况，通常前厅总服务台的主轴线应与宾客进出酒店大门的直线通道垂直或平等。除此之外，在柜台内应能清楚地看到门外车辆到达的情况，以使服务员提前做好接待宾客的准备工作。

总台区域的工作面积由酒店的接待人数、总台服务项目和计算机的应用水平等因素决定。酒店规模越大，接待人数和服务项目越多，则总台面积应越大；反之，则越小。总台高度应以方便客人住宿登记和总台人员的接待服务工作为原则，通常理想高度为 120～130 厘米，台面宽度为 30 厘米左右。总台内侧设有工作台，高度为 85 厘米，台面宽度为 30 厘米。总台内侧与后墙之间通常有 120～180 厘米的空间距离，供接待员活动或摆放工作文件之用。

总台的外观形状与整个大堂的建筑密切相关，较常见的是直线型、半圆形和 L 字形等几种形状。还有些酒店的总台形状是圆形、椭圆形、口字形等。在材料选择上，为了经久耐用、便于清洗和显示出高雅脱俗，主要采用大理石、磨光花岗岩和硬木等。在布置上，各种标牌以及国际时钟、日历、天气预报牌和外币汇率牌等的外观选择与设计，也应注意与整个大堂的环境氛围和谐一致。

案例聚焦

一些酒店为寻求服务差异与特色，改封闭式柜台为开放式坐式前台，在大堂分开放置多张商务办公桌，配以舒适的靠椅，并配置高效运作的笔记本电脑，由训练有素的员工向抵店客人提供面对面的坐式入住登记服务。

传统酒店的总台接待是客人站立办理入住登记，员工也是站立为客人提供服务。现在越来越多的酒店改变传统接待模式，将站式接待服务改为坐式服务。这样的改动会使长途旅行劳累的客人得到彻底放松，增加酒店的亲和力，拉近酒店与客人距离，且将商务楼层的客人待遇延展到普通客人，增加客人的满足感，而员工同样坐着为客人办理入住或结账服务，也体现出和谐社会对员工的关爱。

（3）大堂副理处。

大堂副理处一般设在距离总台或大门不远的某一视野开阔的安静之处。通常放置一张办公桌，一两张座椅，供办公和接待客人之用。

（4）行李处。

行李处一般设在大门内侧，使行李员可尽早看到汽车驶进通道，及时上前迎接。柜台后设行李房。小型酒店行李处不单设，与总台合一。

另外，在大堂中还设有商场、商务中心、大堂酒吧、美容厅等服务场所，还有后台的前厅部办公室、总机室、夜审处等工作场所，来共同提供各种优质服务，给客人带来方便。

3. 休息区

大堂休息区是宾客来往酒店时等候、休息或约见亲友的场所，它既要位置明显，又需保持相对安静和不受干扰。休息区的主要家具包括供客人休息的沙发座椅和配套茶几。沙发可根据需要围成几组方形，也可围着柱子设置，在人流进出频繁、充满动感的大堂空间中，构筑一个个隔而不断、既围又透的宁静舒适小空间。同时，休息区内应有齐备的公用电话等公用设施，较高档的酒店还应配备供客人查询有关酒店服务设施位置及时间等信息的电脑。

4. 公共卫生间

酒店大堂或附近通常都设有男女客人使用的公共卫生间。大厅内应设有用中英文文字及图形明显标志的供男女客人使用的洗手间，洗手间要宽敞干净，各种用品如手纸、面巾纸、香皂、烘手器、小毛巾、擦鞋机等要齐全，洗手间应干净无异味。公共卫生间的设施主要有马桶和洗脸盆，还要有手纸、面巾纸、小毛巾、香皂等器具和用品。

从一定意义上讲，公共卫生间可以看出酒店的档次和服务水准，所以被业内专家称为酒店的“名片”。因此公共卫生间每两小时进行一次清扫、检查和消毒。装饰材料与酒店其他部分规格材质相一致，有中英文及图形标志，灯光照明充足，有背景音乐。公共卫生间通常不设在前厅主要区域，避免外人直视，但要有明显的标志。

总之，前厅内客人的活动区域、酒店员工的活动和工作区域及店外单位驻店服务点的工作区域的设置，都能最大限度地发挥出效率，以满足酒店正常运转的需要和体现出酒店的形象与档次。

（二）前厅的布局装饰艺术

前厅作为整个酒店的中心，其环境和氛围是非常重要的，它是酒店的门脸，也是酒店设计中最醒目的地方。为了创造良好的气氛和环境，必须重视前厅的装饰布局。突出酒店前厅的设计特色，营造出良好的酒店前厅环境和氛围，一方面可以提升酒店的整体品位，另一方面也能够增加客户对于酒店的高度认同感，树立酒店良好形象。

1. 前厅的空间

前厅必须要有与酒店的规模和等级相适应的大堂空间，才能给客人和工作人员提供一个宽松的活动场所和工作环境。一般来说，大堂的面积与酒店客房间数要符合一定的比例标准：一般至少为0.4～0.8比1。若酒店拥有500间客房，其大堂面积就不应少于200平方米（即500×0.4）。同时，大堂要有一定的高度，避免让客人产生压抑、拥挤的感觉。

2. 光线

前厅内要有适宜的光线，要能使客人在良好的光线下活动，员工在适当的光照下工作。前厅内最好通入一定数量的自然光线，同时配备层次、类型各不相同的灯光，以保证良好的光照效果。过于明亮的光线或过于昏暗的光线，都不利于员工工作的开展和客人的舒适度感受。对于工作在总台的工作人员来说，总服务台上方的光线也不能太暗或太亮，不能直接照在宾客和服务员的脸上，使他们睁不开眼睛，也不能把阴影留在服务员脸上，造成服务员工作不便或微笑服务时脸变形。对于客人而言，客人从大门外进入大厅，是从光线明亮处进入到光线昏暗处，如果这个转折过快，客人会很不适应，睁不开眼睛，所以，灯光的强弱变化应逐步进行。要使每位客人的眼睛都能逐步适应光线明暗的变化，可采用不同种类、不同亮度、不同层次、不同照明方式的灯光，配合自然光线达到上述要求。光线的整体要求是照明适度、照明稳定和光线柔和。

3. 色彩

前厅环境的好坏，还受到前厅内色彩的影响。色彩是美化环境的最基本构成要素之一。酒店前厅的装饰美化中，色彩的运用主要体现在色调的确定和色彩的搭配。酒店应首先确定大厅环境色彩的主旋律，它决定着大厅环境的气氛和情调。其次，不同的功能区采用不同的色彩，以适应不同的功能需求。如前厅内客人主要活动区域的地面、墙面、吊灯等，应以暖色调为主，以烘托出豪华热烈的气氛。而前厅的服务环境及客人休息的沙发附近，色彩就应略冷些，使人能有一种宁静、平和的心境。不同酒店采取的色调风格不太一样，比如北京东方君悦大酒店前厅的色调就是一种比较明亮的色彩，而北京丽思卡尔顿酒店、北京金融街洲际酒店采用的色调则给人以比较凝重的感觉，而北京香格里拉酒店的色调则以暖色调为主。总之，前厅的色彩装饰应符合服务员工作和宾客休息对环境的要求，营造出前厅特有的安静、轻松的气氛。

4. 温度、湿度与通风

前厅要有适当的温度，酒店通过单个空调机或中央空调，一般都可以把大厅温度维持在人体所需要的最佳温度，冬季应保持在20～24摄氏度，夏季应保持在22～24摄氏度，再配合以适当的湿度（通常高星级酒店大厅内相对湿度应保持在40%~60%)，整个环境就比较适宜。前厅内人员集中，密度大，人员来往活动频繁，耗氧量大，如通风不畅，会使人觉得气闷，有一种压抑感，应使用性能良好的通风设备及空气清新剂等，改善大厅内空气质量，使之适合人体的要求。高星级酒店大厅内风速通常应保持在0.1~0.3米/秒，大厅内新风量每小时一般不低于160立方米/人，细菌总数不超过3000个/立方米等。

5. 声音

前厅的声源多、音量大，如噪声过于集中，就会超过人体感觉舒适的限度，使人烦躁不安，容易出错，易于激动和争吵，降低效率。因而在建造前厅时，应尽量使用隔音板等材料，降低噪声。酒店员工工作交谈时，声音应尽量轻些，有时甚至可以使用一些体态语言，代替说话进行沟通（如用手势招呼远处的同事)。要尽量提高工作效率，使客人在高峰时间不致长久滞留于前厅大堂。另通常背景音乐的音量应在5~7分贝，高星级酒店大厅内噪声应不超过50分贝。

知识链接

不可忽视的大堂音乐

在星级豪华酒店，音乐早已纳入内部装潢体系，大堂、走廊、餐厅、卧室，环境音乐如看不见的潜流，无处不在，轻轻流淌，给宾客以美妙享受的同时，也为顾客营造出舒适而温馨的消费环境，显示出酒店的高雅与舒适。例如，，宽敞的大堂、迷你瀑布喷泉、各式热带鲜花植物和轻柔曼妙的环境音乐，使人感觉仿佛进入了一个宁静而温馨的城市绿洲。另外，环境音乐所营造的轻松和谐的工作环境，有助于激发员工的工作热情，改善劳动态度，从而提高酒店的服务质量。

科学家通过调查研究发现，不是所有的音乐对人们的学习、生活和工作都能起到积极有益的作用。因此，酒店应做到因店、因时、有目的、有选择地播放环境音乐。

（一）大堂音乐要与酒店的风格相吻合

酒店的风格主要指建筑外观、内部装饰和企业文化气质等，大堂音乐应与之相适应、协调。就像绘画离不开颜色一样，音乐离不开音色，不同的乐器会呈现出不同的音色，音色与颜色一样能给人以明朗、鲜明、温暖、暗淡等感觉。在播放大堂音乐时，应选择与酒店的风格、气质相吻合的音乐，以便对酒店的整体气质起到更好的烘托效果和修饰作用。

（二）应根据营业面积的大小控制适当的音量

在公众场所播放音乐时，音量过大会影响人们的正常交谈，造成交谈的双方不自觉地提高说话的音量，音乐不但没有起到掩盖噪音的作用，反而是制造噪声；

音量过小，又失去了播放环境音乐的实际意义。因此，音量应控制在最佳效果范围之内。在播放的过程中，音量切勿时大时小。

（三）精心选排的音乐既不喧闹又不另类

选择大堂音乐，应以轻音乐或古典音乐为主。轻音乐结构短小、轻快活泼、抒情优美、通俗易懂、娱乐性较强，充满生活气息，表现出朝气蓬勃的乐观情绪，是人们最易理解和接受的一种音乐体裁。而交响乐、进行曲、圆舞曲等不在考虑之列。门德尔松、巴赫、德彪西等的音乐小品，班德瑞、神秘园的音乐作品都是不错的选择。

（四）大堂音乐应根据时间的不同而特别设置

人们对一段音乐的好恶会随着心境的不同而产生变化。大堂音乐应根据人们一天的生活节奏和情绪变化而特别设置，在不同的时间选择播放不同的音乐。如美好的清晨、迷人的下午茶、沉静的夜晚等不同的时间段应该选择不同的环境音乐。

资料来源：练建华．酒店大堂背景音乐浅说 [J]．四川烹饪高等专科学校学报，2016 年 7 月．

6. 花卉布置

配合大堂的建筑设计特色和装饰艺术风格，随着季节、气候变化和活动需要，适时调换花卉品种，以及配置适当的工艺摆件、挂件，可以烘托出前厅服务范围的整体感和艺术感。

思考与练习

一、思考题

1. 简述前厅部的地位、作用和主要任务。
2. 为什么说前厅部是酒店的“神经中枢”？
3. 酒店前厅部组织结构的设置应符合哪些原则？
4. 不同规模的酒店前厅部组织机构设置有什么不同？
5. 列举参观或住过的酒店，描述一下前厅部给你留下的印象。
6. 前厅环境布局有哪些部分构成？在环境设计中要注意哪些问题？

二、实操练习

1. 小李被分到了前厅接待处，她根据客人在酒店内的消费活动，仔细分析了前厅部的主要工作。主管要求她列出宾客在酒店消费的各环节分别需要哪些前厅岗位共同配合为宾客服务（见表1－1）。

表1－1　　前厅岗位与对应服务

对客服务阶段	酒店提供的服务	对应的前厅岗位
宾客抵店前	预订服务	
	店外迎接服务	
宾客抵店时	到店迎候	
	行李服务	
	入住登记	
	外币兑换	
	建立客账	
	传递信息	
宾客住店期间	前厅服务、问讯、换房、提前离店或续住等	
	电话、留言服务	
	商务服务	
	委托代办服务	
	受理投诉	
	客账服务	
宾客离店时	结账服务	
	行李服务	
	门口送行服务	
	更改房态	
宾客离店后	店外送行服务	
	宾客遗留物品及信件处理	
	客史建档	
	与宾客保持联系	

2. 如果你是五星级酒店星级评定员，请任选本地一家五星级酒店，对照酒

店星级评定标准，对酒店前厅环境进行评价打分（见表1－2）。

表1－2　　前厅环境评定

项目	总体印象及亮点特色	评价			
		优	良	中	差
酒店入口处		3	2	1	0
酒店大门		3	2	1	0
大堂公共活动区域		3	2	1	0
总台		3	2	1	0
大堂吧		3	2	1	0
商场		3	2	1	0
洗手间		3	2	1	0
行李处		3	2	1	0
前厅印象：		优	良	中	差

3. 学生分角色扮演前厅部对客服务五个阶段内各岗位员工的工作内容，并做模拟展示。

4. 以小组为单位，参观一家五星级酒店，调研酒店的前厅环境布局、大堂风格，拍下照片（外观、大门、公共区域、柜台、公共设施、洗手间等），并画出酒店前厅的平面布局图，标出前厅主要岗位所在的位置。

三、案例分析

案例1：

某酒店的常住客人万先生预订套房的时候，要求酒店提供接机服务。万先生抵达当天，酒店安排好了司机提前到达机场迎接万先生。当万先生走进酒店前厅时，前厅部的行李员、接待员前去打招呼，“万先生，晚上好，欢迎光临××酒店”。大堂副理看到疲惫不堪的万先生，让行李员先带客人到房间休息，行李员会迅速帮助万先生办好入住登记手续，并送到房间请万先生签名确认。等万先生到达房间时，发现客房的桌上放着刚泡好的他最喜欢喝的铁观音，还附上了客房部经理亲笔所写的温馨卡片，客人感动不已。①

① 资料来源：李春桃，郭防，覃庆华．酒店前厅服务与管理［M］．长春：吉林大学出版社，2017.

问题：

1. 客人为什么会感动不已？本次服务的关键是什么？
2. 前厅部的对客服务全过程包括哪些阶段？前厅应如何做好每个阶段的服务工作？

案例 2：

在酒店最近的一次行政例会上，总经理问大家对酒店各部门团队合作方面有什么建议？客房部经理指出，客房部和前厅部的工作衔接沟通有问题。他已经于上周四多次提醒前厅部，客房部要在上周五对酒店第 16 层和第 17 层进行全面的房间清洁，所以要求前厅部尽量别在上周四晚上将这两层的客房售出。可上周五上午清洁人员来开工时，这两层均有 1/3 的客房处于出售状态。因为酒店清洁人员来自外包公司，按合同要求，人员到位即使没有开工，也要支付对方基本费用，这让酒店无缘无故损失上千元，是工作责任事故。前厅经理反驳道，在三周前，就有一个旅行团传真预订客房了，并对房型无特殊要求，因为在这个旅游团入住之前酒店的房间安排非常散乱，所以只好安排部分房间到这两层。前厅经理说，计算机系统可能出错了，但不管怎么说，这些客房的出售给酒店也带来了收益。①

问题：

1. 出现案例中问题的原因是什么？应如何避免？
2. 今后酒店在部门的工作衔接方面应如何加强管理？

四、工作术语（见表 1－3）

表 1－3　　本章常用的专业术语

专业术语（中文）	专业术语（英文）
前厅部	Front Office
前厅部经理	Front Office Manager
值班经理	Duty Manager
大堂副理	Assistant Manager
大堂	Lobby
前台/接待处	Front Desk/Reception

① 资料来源：杨松．前厅服务管理实务［M］．北京：高等教育出版社，2017.

续表

专业术语(中文)	专业术语(英文)
礼宾部	Concierge
收银处	Cashier
金钥匙	Concierge
预订处	Reservation
问讯处	Information
电话总机	Telecommunication;Guest Service Center; Express Service
商务中心	Business Center
宾客关系部	Guest Relation Officer
前厅主管	Front Office Supervisor
前台接待员	Front Desk Receptionist
收银员	Cashier
门童	Bellman
话务员	Operator

第二章 客房预订管理

【学习目标】

1. 了解客房预订的渠道和方式；
2. 理解客房预订的类型及其特点；
3. 掌握预订服务的服务程序和标准；
4. 理解客房预订的控制及订房纠纷的处理方法。

案例赏析：

某天，南京金陵饭店前厅部的客房预订员小王接到一位美国客人从上海打来的长途电话，他想预订两间每天收费在120美元左右的标准双人客房，三天以后开始住店。

小王马上翻阅了一下订房记录，回答客人说由于三天以后饭店要接待一个大型国际会议的多名代表，标准间客房已经全部订满了。小王讲到这里并未就此把电话挂断，而是继续用关心的口吻说："您是否可以推迟两天再来，要不然请您直接打电话与南京某饭店联系询问如何？"

美国客人说："南京对我们来说是人地生疏，你们饭店比较有名气，还是希望你给想想办法。"

小王暗自思量以后，感到应该尽量勿使客人失望，于是接着用商量的口气说："感谢您对我们饭店的信任，我们非常希望能够接待像你们这些尊敬的客人，请不要着急，我很乐意为您效劳。我建议您和朋友准时前来南京，先住两天我们饭店内的豪华套房，每套每天也不过收费280美元，在套房内可以眺望紫金山的优美景色，室内有红木家具和古玩摆饰，提供的服务也是上乘的，相信你们住了以后会满意的。"

小王讲到这里故意停顿了一下，以便等客人的回话，对方沉默了一段时间，似乎在犹豫不决，小王于是开口说："我想您并不会单纯计较房价的高低，而是在考虑这种套房是否物有所值，请问您什么时候乘哪班火车来南京？

我们可以派车到车站来接，到店以后我一定陪您和您的朋友一行亲眼去参观一下套房，再决定不迟。”

美国客人听小王这么讲，倒感到有些情面难却了，最后终于答应先预订两天豪华套房。

评析：

客房预订是客房销售的首要环节，酒店开展预订业务，既可以让客人的住宿需求预先得到保证，又可以更大限度地推销客房，使酒店获得更大的利润。案例中的小王在预订过程中就做到了很好的促销，一方面通过热情的服务来体现；另一方面运用了主动、积极的促销方式，最终成功售卖了酒店的豪华套房。

资料来源：李俊．酒店前厅经营与管理［M］．北京：北京大学出版社，2013.

第一节　客房预订的任务和意义

客房预订是指酒店与宾客之间达成的一种预期出租或使用客房的协议。是客人预先要求酒店为其在将来某一段指定时间内保留客房所履行的手续，也叫订房。对客人而言，客房预订为其提供住宿保障；对酒店来讲，开展预订工作，有利于酒店做好准备工作，可以使酒店对客服务上掌握主动权，增加客人的满意度；同时可以提高客房出租率，争取更多的客源；预测未来客源情况，为酒店做好总体工作安排提供依据，有利于酒店提高管理成效。

一、客房预订的主要任务

首先，接受、处理客人的订房要求。

其次，记录、储存预订资料。

再次，检查、控制预订过程。

最后，完成客人抵店前的各项准备工作。

二、客房预订的意义

由于预订对于客人和酒店都有重要的意义，为此，预订是酒店中一项重要业务，酒店一般都在前厅部或销售部设有预订部，专门受理预订业务。

（一）开拓市场，稳定客源，提高客房出租率

酒店的客源分为两类：一类是预订客人，包括团队预订和散客预订；另一类是未经预订而直接抵店的散客。目前，酒店为了稳定客源，采取多种预订渠道方式，如更新自己的预订系统、跟OTA等的合作，实现线上线下流量的整合互通，使客房达到最佳的出租率。

（二）掌握客源动态，预测酒店未来业务

通过开展预订业务，酒店可以获取客人的订房信息资料，将这些资料集中起来进行分析研究，可清楚了解酒店客人的动态，把握市场动向，并预测未来一时间内酒店的客源流动情况，以便及时调整营销目标，从而为酒店做好总体工作安排提供一个全面的信息。

（三）协调各部门业务，提高工作效率和服务质量

预定处将客人的信息传递给各有关部门，可协调各部门的经营活动，准备好人、物力和财力，共同安排好接待工作，提高工作效率，保证服务质量。

（四）开展预订工作，是酒店进行推销的一个重要手段

酒店通过有效、高质量的预订工作，可以争取到更多的客源，为酒店增加效益。

第二节 客房预订的渠道及方式

一、客房预订的直接渠道及订房方式

客房预订的直接渠道是指客人或客户不经过任何中间环节直接向酒店订房。客人通过直接渠道订房，酒店所耗的成本较低，而且又能对订房进行直接有效的管理。直接渠道的订房方式有下列几类：

（一）面谈

客人或客户与酒店预订人员面对面洽谈订房事宜，这样能使酒店有机会更详

细地了解宾客的要求，并能当面回答客人提出的任何问题。服务人员能有机会运用销售技巧，必要时还可通过展示几种房型来帮助促使客人选择。

（二）电话

电话预订是客人较常用的一种预订方式。它不仅简便、快捷，而且能使双方达到迅速而有效的沟通。客人通过电话订房，可以立即了解到酒店是否有自己所需要的房间，房价是否合适，而且还能够根据酒店客房的实际情况及时调整其预订要求，订到满意的客房；预订员则可以及时了解客人的订房要求、付款方法、抵离时期、特殊服务要求等。

（三）国际互联网

随着现代电子信息技术的迅猛发展，通过互联网向酒店订房的方式正在迅速兴起，成为现代酒店预订方式的重要组成部分。

1. 通过酒店连锁集团公司的中央预订系统（Central Reservation System，CRS；The Global Distribution System，GDS）向其所属的酒店订房

如万豪酒店集团的 MARSHA III 预订系统、喜来登集团的 CRS、雅高集团的 PROLOGIN 订房系统、华美达的 ROOMFINER 等。

小资料

万豪酒店集团的 MARSHA 预订系统有三个接入渠道：一是与 GDS（The Global Distribution System，旅行业全球预订分销系统）衔接，与全球各地的航空公司、各大旅行社和旅行业务代理商直接连接；二是电话预订，对外公布免费预订电话号码，客人打电话预订客房，通过 MARSHA 统一处理；三是网上预订，自动输入 MARSHA。无论客人通过哪个渠道预订客房，都能当场予以确认。MARSHA 每年为万豪完成的客房预订业务量占到其客房销售量的 50% 以上。

2. 通过酒店自设的网址，直接向酒店订房

一些大型酒店已自设网站，实行全方位的在线订房。近年来，原来主要采用电话方式的系统都实现了在国际互联网上的在线预订（On-line Reservation），信息全、选择宽、成本低、效率高、直面客户、房价一般低于门市价等特点使其越来越受到客户及酒店的青睐。

（四）电子邮件

宾客或其委托人在离预期抵店日期尚有较多时间的情况下，可采取邮件订房方式。通过邮件，客人可具体详尽地提出订房要求。订房邮件是酒店预订员填写订房单和向客人确认预订的有效凭证，作为准确依据应视其为原始的订房资料加以保存。邮件预订有时也需要往返联系几次才能获得双方的最后认可。

二、客房预订的间接渠道及订房方式

对酒店来说，总是希望将自己的产品和服务直接销售给消费者。但是，由于人力、资金、时间等的限制，往往无法进行规模化的有效销售活动。因而，酒店往往利用中间商与客源市场的联系及其影响力，利用其专业特长、经营规模等方面的优势，通过间接销售渠道，将酒店产品和服务更广泛、更顺畅、更快速地销售给客人。

间接渠道的订房方式有：

（一）在线预订

客人除了可以在酒店网站或者预订系统上订房外，还可以通过第三方酒店网络预订平台进行客房预订，例如，国内的携程网、飞猪等以及国外的 Expedia，Booking. com。在这些网站上，不仅可以提供酒店房价优惠预订，而且还拥有强大的评论系统，对客人选择酒店极具参考价值。对于预订客人来说，选择所入住的酒店，横向比较的过程非常重要，有数据称，90%的酒店在线预订用户都会查看和参考他人的酒店评论内容。因此，在线旅游网站上客观的海量评论往往能够吸引他们通过供应商预订酒店。

携程、美团酒店、去哪儿、同程艺龙、飞猪最受欢迎和快速增长的在线酒店预订平台，这五家合计占据整个在线酒店预订市场的96.4%。

（二）通过旅行社订房

旅行社作为顾客与各类旅游产品之间的桥梁，具有专业性强、市场接触面广等优势，是酒店开展订房业务的主要间接渠道。通过旅行社订房的既有散客，又有团体和会议客人。旅行社订房的特点是房价低、订房时间集中、订房取消率高等。另外，酒店通过旅行社订房，还须向旅行社支付佣金。

（三）通过航空公司及其他交通运输公司代理订房

一些国际酒店集团与航空公司携手合作开拓订房客源已有几十年的历史，这种使用随着计算机网络技术的发展，已形成了全球配置系统（Global Distribution System，GDS）。GDS 是以一些大的航空公司的中央预订系统（CRS）为基本框架，由酒店、旅行社以及其他旅游企业加入其中而形成的一个世界范围的、多层次配票的网络。在这个网络中，航空公司的 CRS 与酒店 CRS 联通，有时还会包括一些专门提供酒店预订的旅游中间商的预订系统。为航空公司和酒店的预订系统提供双向界面。当航空公司的预订员接到订房要求后，即可通过网络转到酒店的预订系统中。酒店是否接受预订的信息又立即转回航空公司的预订员，保证即时给顾客答复。酒店也可以用不同的方式与其他交通运输公司联手合作，开拓订房来源。

美国有 96% 的旅游代理商至少与一套计算机预订系统相连接，酒店、出租车公司和其他旅游产品都可以把自己列入这些预订系统中，以便于旅行代理商出售。

（四）连锁酒店或合作酒店订房

连锁酒店可以相互提供免费订房服务，这是连锁酒店在促销时具有的明显优势，为了与连锁酒店竞争，一些独立的酒店之间开展了订房业务的合作，建立自己的预订网络，通过相互推荐的方式接受客人的订房要求。

（五）通过会议和展览组织机构订房

专门承办会议和展览的专业机构和公司是酒店开展订房业务的一个重要渠道。它们订房批量大、带来的业务量也大。酒店往往邀请承办商或组织者来店考察面谈，并以签订合同的形式接受并办理订房事宜。

（六）与酒店签订合同的单位订房

为发展业务，许多公司等都与酒店签订有订房合同，为本公司的客人或者员工外出预订房间提供方便。

第三节　客房预订的种类

一、非担保类预订

（一）临时类预订

1. 概念

临时类预订（Advanced Reservation）是客房预订中最常见、最简单的一种预订。它是指客人在即将抵达酒店前很短的时间内或在抵达的当天联系订房。在这种情况下，由于客人的订房日期与抵店日期非常接近，酒店一般没有足够的时间（或没有必要）给客人寄去确认函，即进行书面确认，同时也无法要求客人预付定金，所以只能口头确认。受理此类订房时，应注意询问客人的抵店时间或航班车次，并提醒客人注意酒店将房间保留至当日 18：00，这个时限被称为"留房截止时限"（Cut-off Time），超过 18：00 以后酒店有权将房间出租给其他客人。

2. 管理要求

按照国际惯例，酒店对预先预订客房的客人，会为其保留客房直至预订日当天的 18：00 为止。如果客人在 18：00 以后还未来店，就算自动放弃订房；如果客人要求晚些时候到达酒店，则必须事先通知酒店，要求酒店同意他延迟抵店。当天的临时性订房通常由总台接待处受理，这是因为总台接待处比其他部门更了解酒店当天客房的出租情况（对于非担保类订房，在保证担保类预定的前提下各酒店依据本酒店当日的出租情况而灵活自定）。

（二）确认类预订

1. 概念

客人提前较长时间向酒店提出订房，酒店方面也有足够时间以口头或书面形式（PS：公司或旅行社担保）予以确认，并答应为订房客人保留客房至某一事先声明的时间。但如果到了规定的时间，客人仍未抵店，又无任何声明，在用房紧张的时期，酒店可将客房出租给未经预订、直接抵店的客人。对于此类预订，酒店一般不要求客人预付订金，但规定客人必须在预订入住日的时限内到达酒店，否则作为自动放弃订房。

2. 方式

确认预订的方式有两种：一种为口头确认，另一种是书面确认。通常使用书面确认，如邮件回复确认书等。口头确认一般只用于客人订房时间与抵店时间很接近时。

3. 管理要求

无论是口头预订还是书面确认，都必须向客人明确申明酒店规定的抵店时限（Deadline），规定客人必须在预订入住日的时限内到达酒店，否则作为自动放弃订房。

（三）等待类预订

1. 概念

酒店在客房订满的情况下，因考虑到有一定的"水分"，如取消、变更等，有时仍按一定数量给予客人以等候订房。所以等待类订房（On-wait Reservation）

是指酒店在客房已经出租完以后，仍接受一定数量的订房，如果有人取消预订，或有人提前离店，酒店就会通知等待类订房的客人来店。

2. 管理要求

对这类订房的客人，酒店不发给确认书，只是通知客人，在其他客人取消预订或提前离店等情况下，可予以优先安排。如果未接到酒店通知就来店的客人，酒店如果无房安排的话，不承担违约责任。酒店可以介绍其到附近的酒店住宿，但不必为他支付房费、交通费和其他费用。

二、担保类预订

（一）概念

担保类预订（Guaranteed Reservation）是指客人通过使用信用卡、预付定金、签订合同等方法，来保证酒店应有的收入，同时酒店必须保证为这类客人提供所需的客房。它使双方由此建立起了一种更为牢靠的关系。此类预订不仅保护了客人的住宿要求，使其免受超额预订的影响，同时也确保了酒店在出现订房客人不抵店入住的情况下，仍有客房收入。如果客人在规定时限内抵达酒店，而酒店无法为其提供房间时，酒店应负全部责任。因此，担保类预订能够保护酒店和宾客双方的利益，约束双方的行为，因而对双方都是有利的。

（二）种类

1. 预付现金担保

宾客通过预付定金来保证自己的订房要求，比如在旅游旺季，酒店为了避免因预订客人擅自不来或者临时取消订房而造成损失，要求宾客预订定金担保订房。客人通过交纳定金而获得酒店的订房保证。

预付定金是指酒店为避免损失而要求客人预付房费（通常是一天的房租，特别情况除外）。对如期抵达的客人，在其离店结账时予以扣除；对未取消预订又不来入住的违约客人则不予退还。如果客人在临近住店日期时订房，酒店没有足够的时间收取订金，则可要求客人使用信用卡担保，预订客房。

2. 信用卡担保

客人预订时，要向酒店声明，将使用信用卡作为预订房间的付款。并把信用卡的种类、号码、持卡人姓名和失效日期等告诉酒店。这样即使客人在违约的情况下，也就是客人届时既未取消预订，也不来登记入住，那么酒店就可以通过信用卡公司收取客人一夜的房费，以弥补酒店的损失。比如，按照“美国运通公司”的订房担保计划，运通卡持有人若要订房，则在向酒店提出订房要求时，要将自己的姓名、信用卡号码等信息告知酒店，说明是美国运通卡担保订房即可。酒店据此为客人保留客房。如果客人届时未到（也未通知酒店取消预订），则酒店可依据客人签寄的信用卡号码、姓名以及酒店的“担保订房—未到入住”纪录向美国运通公司收取一夜房费。

3. 合同担保

这种方法虽不如现金和信用卡那样被广泛使用，但也不失为一种行之有效的订房担保方式。它是酒店与有关旅行社、企业集团、大型商社等经常使用酒店设施的商业公司签订的订房合同。内容有签约单位的地址、账号，以及同意为未抵店入住的订房承担付款责任的声明。当公司的客户要求住宿时，公司就与酒店联系，于是酒店就为其安排客房，一旦到了留房期限，对方又无取消预订的通知，也不来入住，则对方必须保证支付房租。

（三）管理要求

首先，对订房保留时间应从客人预订的入住时间起，保留客房到第二天中午的退房时间。

其次，客人过期不到店，事先又不向酒店声明取消订房的，就要向酒店支付一定的费用，以补偿酒店的损失。

最后，客人到店后，若酒店未按原订客房让客人入住，则必须为客人提供相应的客房替代，并为他支付第一夜房费，或免费送客人到别的酒店入住，这就是所谓的“第一夜免费制度”。

第四节　客房预订的程序

客房预订是一项专业技术性较强的工作，为了确保客房预订工作高效、有序地进行，必须建立完整而详细的工作程序（见图2－1）。

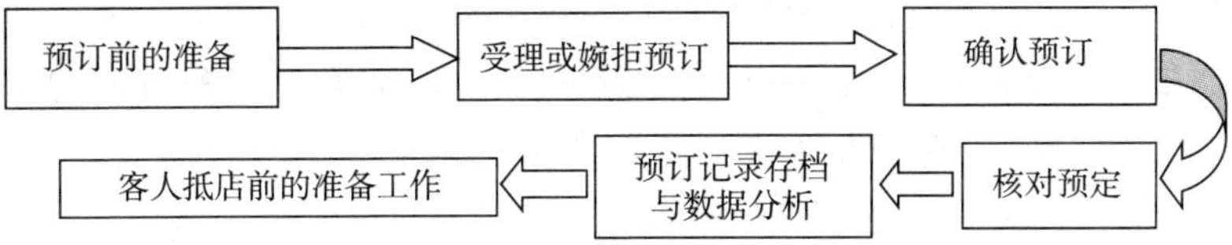

图2－1　酒店客房预订程序

一、预订前的准备

预订员在上班时，首先应该有一个良好的精神面貌，按照酒店要求规范上岗，做好交接班。接班时，查看上一班预订资料，问清情况，掌握需要处理、优先等待、列为后备和未收取定金等不确定的预订名单及其他事宜。

检查计算机等设备是否处于完好状态，准备好预订单、预订表格等各种资料和用品，摆放整齐规范，避免客人订房时临时现查、现找等现象发生。

预订员上班后，必须迅速准确地掌握当日及未来一段时间内可预订的客房数量、等级、类型、位置、价格标准等情况，对可预订的各类客房心中有数，保证向客人介绍可订房间的准确性。

二、受理或婉拒预订

（一）受理预订

客人一般可采用电话、传真、互联网、当面洽谈等预订方式与酒店联系订房事宜。在受理预订前，应充分做好各项准备工作，才能为客人提供满意的服务，提高预订工作的效率和质量。预订员首先要准确掌握本酒店客房产品的特点、价格及当前预订状况和相关促销政策，在接到客人的订房申请后，要明确客源类型（即散客还是团队），听取客人预订要求后，迅速查看有无符合客人要求的房间，从而决定是否能接受客人的申请。

如果能够接受客人的订房，预订员要将宾客的订房要求填写入统一规格的预订单（见图2－2），以明确酒店在处理预订中所需的各种信息，它是订房工作的第一手资料。

散客的订房单内容包括：客人的姓名、预订房数、房间类型、抵离店日期、付款方式、同行人情况的人数、使用交通工具、订房人的姓名及联系电话号码、客人的特殊喜好、填表人的姓名和填表日期（见图2－2）。

团队订房的订房单其内容包括：团队名称、预订房数、房间类型、抵离店日期、付款方式、特殊要求、订房人姓名及联系电话号码、订餐情况（用餐人数、时间、种类和标准）、制表人姓名和填表时间（见图2－3）。

订房单的填写要求字迹清楚、内容完整、有凭有据，以便日后检查（ps：不同酒店的订房单填写与否或形式不尽相同）。

客户预订单

XX HOTEL RESEERVATION FORM

新预订□　　　　　　　　　　改预订□

客人姓名 NAME OF GUST (S)	账号 A/C NO.	房号 ROOM NO.

抵达日期 ARR DATE ______	班次 CARRIER ______	时间 ETA ______
离店日期 DEP DATE ______	班次 CARRIER ______	时间 ETD ______
人　数 GUESTS ______	成人 ADULT ______	小孩 CHLLDREN ______

房数 ROOM	房类 TYPE	房价 RATE	理由 REASON

付款方式
MATHOD OF PAYMENT ______

特殊服务
SPECIAL SERVICE ______

备　注
REMARKS ______

预订人
BOOKED BY ______　　单　位 FIRM ______

电　话
TELEPHONE ______　　地　址 ADDRESS ______

接受预订者 ______	输入预订者 ______	修改预订者 ______	取消预订者 ______
日　期	日　期	日　期	日　期

图 2－2　客房预订单样本

酒店团队预订单

预订号：______________

团　队　号		团队名称	
国　　籍		城　　市	
人　　数		陪同人数	
到 店 日 期		离店日期	
1、预订房型/间数	/	房　　租	元/间晚
2、预订房型/间数	/	房　　租	元/间晚
3、预订房型/间数	/	房　　租	元/间晚
陪同房型/间数	/	房　　租	元/间晚

用餐标准				
早餐	餐费：　　元/人	用餐时间：	用餐人数	用餐地点
午餐	餐费：　　元/人	用餐时间：	用餐人数	用餐地点
晚餐	餐费：　　元/人	用餐时间：	用餐人数	用餐地点
其他				

付款方式	1、公付房费、早餐其他处理。2、房费、早餐由旅行社离店首现付。 3、自付
	4、其他
备　　注	1、房费含早餐。2、早餐转账。3、全天餐　　　元/人天标准

接待单位：______________　　订房人：______________

电　　话：______________　　预订员姓名：______________

宾馆负责人确认：______________________________

电脑输入员：______________　　日期：______________

信息确认

团队名单：______________________________

团队到店时间：______________________________

团队用房确认：______________________________

图2-3　酒店团队预订单样本

（二）接受或婉拒预订

> **特别提示 能否接受订房要求所考虑的四个因素**
>
> 预订员决定是否能够接受一项订房要求时，需要考虑以下四个因素：
>
> （1）预订的抵店日期；
>
> （2）预订的客房类型；
>
> （3）预订的客房数量；
>
> （4）预订的住店天数。

当预订员接到客人的订房申请时，首先将能否接受这一订房要求的上述四个信息记录下来，然后要查阅预订客房状况显示系统，对照抵店当天客房出租状况，判断客人的需求和酒店的接待能力是否吻合，从而决定是否接受预订。如有空房，则立即填写“预订单”接受预订，这意味着预订员将从事下一阶段的确认预订工作。

> **小问题**
>
> 如果酒店在指定期间内没有客人所要求的客房类型，此时预订人员应当如何做？是否直接回绝客人的预订要求？

如果酒店无法接受客人的预订，应对预订加以婉拒。婉拒预订即婉言拒绝客人的订房要求，这并不是因为未能符合客人的最初要求而终止服务，而应该主动提出一系列可供客人选择的建议，例如建议客人更改客房类型、重新选择抵店日期或变更客房预订数量等，要从客人的角度着想，尽量帮助客人订房。如果仍然不能达成订房协议，还可以征得客人同意，将客人的姓名、电话号码等登记在“等候名单”上，一旦有了客房，立即通知客人。

总之，用建议代替简单的拒绝十分重要，它不仅可促进酒店客房的销售，而且有助于树立酒店的良好形象。

婉拒客人预订要求时，还应照顾客人的情绪，要用友好和理解的态度对待客人。通常，酒店预订部在婉拒客人订房要求后，为了更好地树立酒店形象，要为客人寄送一份预订致歉书（见图2－4）。

致歉信

尊敬的____________女士/先生：

由于本酒店______年____月____日的客房已经订满，我们无法接受您的订房要求，我店深表歉意，感谢您对我们的信任与支持，衷心希望今后能有机会为您服务。

×××酒店预订处

×年×月×日

图2-4　致歉信样本

总之，预订员对婉拒预订的处理务必认真，因为被拒绝的客人完全有可能成为酒店未来的客人，如果预订员态度冷淡，语言粗鲁，不仅会永远失去这位潜在的客人，而且还会给酒店声誉造成不良的影响。

三、确认预订

确认了宾客的订房要求后，酒店应及时按照客人的需求发出预订确认书（见表2-1）（ps：预订确认函一般是opera系统自动生成，以邮件确认）。确认书应复述客人的订房要求、房价及付款方式，申明酒店对宾客订房变更、取消预订的规定。对确认类预订的客人要申明抵店时限，对保证类预订的客人要申明酒店收取预订金。最后，还应向客人选择本酒店表示谢意。

预订确认书除预订员确认订房内容外，由预订处主管签署。如果遇到重要团体或贵宾预订时，则由酒店高层经理签署，以示礼遇规格。确认预订是预订业务不可缺少的内容，它标志着预订工作的规范化和标准化。

注意酒店通常不自动接受指定房号的订房，但会答应尽量按客人要求的房号安排，如遇到特殊情况，如VIP或常客订房时指定房号，则应预先安排，把需要的房号管制起来并输入电脑，这些房号在指定期间已留给了特定的客人，不再安排别的客人，别的客人需要这些客房时，只能在管制开始前或结束后日期才能安排。团体客人也可根据需要管制一定数量（可初订一些房号）的客房，在订房总控制表中可用一定的着色来标注管制房号（Block Room），以区别于其他预订。

知识链接

预订确认信息

1. 宾客姓名和地址；
2. 抵达日期和时间；
3. 客房类型和价格；
4. 居住天数；
5. 人数；
6. 预订类型（保证类还是非保证类）；
7. 预订确认号；
8. 其他要求。

表 2-1 **XX 酒店订房确认书样本**

RESERVATION CONFIRMATION

收件人 Attn		电话 Tel	
日期 Date		传真 Fax	
地址 Add		页数 Pages	

我们非常高兴地确认您如下预订内容：

We are pleased to confirm your reservation as follows:

客人姓名：

Name Of Person(s) ______

人数

Number Of Person(s) ______

到达日期 Arrival Date ______ 航班号 Flight No. ______

离店日期 Departure Date ______ 航班号 Flight No. ______

房号及房数

Accommodations ______

客房价格 Rate ______ 服务费 Service Charge ______

备注：预订客房将保留至下午六时，迟于下午六时到达的宾客，请预先告知。若有任何变动，请直接与酒店联络。

Else: Your room will be held until 6:00 P. M. unless later arrival time is specified. Should there be any changes, please contact the hotel directly for adjustment.

确认者： Confirmed By ______ 部门 Department ______

四、核对预订

有些客人提前很长时间就预订了客房，在入住之前的这段时间内，有的客人可能会因种种原因而取消预订或更改预订。为了提高预订的准确性和酒店的预订率，并做好接待准备工作，在客人到店前（尤其是在旅游旺季）预订员要通过书信或电话等方式与客人进行多次核对（即再确认），问清客人是否能够如期抵店？住宿人数、时间和要求等是否变化？

核对工作通常要进行三次：

（1）第一次是在客人预订抵达前一个月进行，具体操作是由预订部文员每天核对下月同一天到店的客人或订房人，核对的主要内容是抵离店日期、预住天数、客房类型与数量等。

（2）第二次核对是在客人抵店前一周进行；核对的要点是抵店时间、乘坐的航班或车次及改动过的订房、重要客人的订房、与登记有关的个人资料等。

（3）第三次则是在客人抵店前一天进行。由于次日客人就要到店，因此订房员应将完整的订房档案提前半天至一天转到接待处，所以这次核对尤为重要。核对的主要内容是更改预订的情况、客人的特殊要求、VIP 的详细资料。在核对预订时，如果发现客人有取消或更改订房，则要及时修改预订记录，并迅速做好取消或更改预订后闲置客房的补充预订。如果变更或取消预订是在客人预计抵店前一天进行的，补充预订已来不及，则要迅速将更改情况通知前台接待处，以便及时出租给其他未经预订而直接抵店的客人（Walk-in Guest）。

以上是对散客预订而言，对于大型团队客人而言，核对工作还要更加细致，次数更多，以免因团队临时取消或更改订房后，造成大量客房闲置，使酒店遭受重大经济损失。

ps：近年来随着工作和生活节奏的加快，越来越多的客人在通知期很短的时间内预订酒店。

（一）预订的变更

预订的变更（Amendment）是指客人在抵达之前临时改变预订的日期、人数、要求、期限、姓名和交通工具等。

客人在办理预订之后，由于气候条件、交通状况和其他因素的影响，在抵店之前，可能会对原始预订提出变更的要求。如果酒店能够满足客人的变更要求，则要重新办理订房手续或订房变更单的内容；如果不能满足客人的要求，则要将客人列入“优先等待名单”。具体做法是，在接到客人要求改变预订的申请后，预订员首先应该查看电脑或有关预订控制记录，看看是否能够满足客人的变更要求。如果能够满足则予以确认，同时，填写“预订更改表”，修正有关的预订控制记录。另外，还需记录来电人的姓名、地址和电话号码。如在此之前已经将客人的预订情况通知各有关部门，则应将变更信息重新传达上述部门。假如不能满足客人的变更要求，则要求预订员将酒店空房类型与有空房的日期告诉客人，并与之协调解决。

（二）预订的取消

由于种种原因，客人有时会取消原有预订。取消预订（Cancellation）意味着客房收入的减少。但如果客人及时取消预订，酒店就有可能将客房转售给其他客人。此时客人花时间通知酒店取消预订，完全是出于礼貌，也是对酒店的信任与支持。所以酒店首先要向客人表示感谢，同时也要简化取消预订手续，提高工作效率，节省客人的时间。千万不要在接受订房取消时，表露出不愉快，而应使客人明白，他今后随时都可光临本酒店并受到欢迎。正确处理订房的取消，对于酒店巩固自己的客源市场具有重要意义。在国外，取消订房的客人中有 90% 以后还会来预订。

客人取消预订时，预订员要做好预订资料的处理工作：首先，取消订房尤其是保证类订房，应以接到客人的书面取消请求为准，酒店应向客人发一份同意取消的凭证，上面应有订房员的签名。在预订单上盖上“Canceled”的印章，并在其备注栏内注明取消日期、原因、取消人等，然后，将其与书面请求取消的凭证与酒店同意取消的凭证的复印件（打上时间，并写上订金的处理方法），与原订单一起存档。此外，还应在电脑或预订控制簿上将其注销。

如果在客人取消预订以前，预订部门（或总台）已经将该客人（或团体）的预订情况通知各有关接待单位（如客房部、餐饮部等），那么在客人取消预订后就要将这一新的信息通知以上单位。

如客人在原订住店日期当天未到，则由总台接待员办理有关事项（但仅限住一天的），这时，接待员应及时与旅行社或其他预订单位或个人取得联系，问清是“Canceled”，还是“No Show”。如属前者，同样要通知有关部门；如属后者，则要根据实际情况，必要时为客人保留房间（如住一天以上，应转预订员处理）。

特别提示

为了防止因客人临时取消而给酒店造成损失或使酒店工作陷入被动，酒店可根据实际情况，比如在旺季时，要求客人预先支付一定数额的订金，尤其是团体客人，可以预收相当于一天房费的订金，并在客人抵达前一个月通知付款，收款后将有关资料送交前台收银处，待客人结账时扣除。

团体订房一般都是保证类的，由于不可抗力的原因如地震、火灾、交通事故等造成的取消或减少预订，酒店不应没收订金，当然旅行社及预订单位也应该尽早通知酒店减少或取消预订。但是如果订房单位由于不可抗力之外的原因取消或更改订房，或者由于减少人数太多或通知酒店太晚，酒店为维护自身的利益，必须采取一定的措施，这些措施会事先在合同或协议中有说明。如某酒店规定对于付过订金的旅游团体，减少所订房的10%以下，要在到店前48小时前通知酒店；减少10%～50%的订房，要在21天前通知酒店；减少50%以上的订房直至取消所订房间，要在客人预计到达日期的45天前通知酒店，否则至少要从订金中扣除客人减少或取消的房间总数一天的全价房费来赔偿酒店的损失。如果客人只是增加订房数量或天数，酒店通常会乐意接受，即使满足不了客人要求，酒店也应该与客人协商，尽量让客人满意。

五、预订记录存档与数据分析

1. 输入及存储订房信息

按照时间顺序和字母顺序，预订员将原始订单的内容输入计算机，以便预订处管理人员对预订情况进行统计、存档和制表。

2. 存档工作

预订处的档案工作非常重要，它包括预订资料档案和客史档案资料卡。预订资料档案是各种预订记录存储的基础，包括客人预订的各种原始资料，如传真、信函等。这些原始资料和预订单须放置在一起保存，以方便日后检查及分析。客史档案资料卡上按照英文姓氏字母顺序排列的，它记录客人的身份、护照情况、入店和在店停留时间以及信用情况等，前台可以根据该资料追踪，向客人寄送邮件，与客人保持联系，邀请客人再度光临。

存档的方法可采用日期法或字母法进行。日期法是按照客人预计到达酒店的日期（注意不是客人预订日期）的先后顺序排列存档。字母法是按照预计到达客人的姓名的第一个英语字母顺序排列。如果首字母相同，则看次字母，次字母相同则看第三个字母，放入预订档案夹和档案柜时，也按此顺序排列。

六、客人抵店前的准备工作

在客人入住酒店之前的最后一项工作便是做好客人抵店前的各项准备。做好这项工作，不但能缩短客人办理入住登记的时间，而且有助于向客人提供针对性的服务。通常客人抵店前的准备工作可以分为三个阶段：

第一，预订员提前一周或数天，将酒店主要客情，如重要宾客（VIP）、大型会议团队、会议接待等信息通知各部门，以做好相应准备。

其方法可采用抄送各类预报表、接待计划，也可建议召开由总经理主持的协调会。如“一周客情预报表”（见表2－2）和“重点客人呈报表”。

表2－2　一周客情预报

日期	星期	预抵散客	团队	离店	住宿	团队住宿	故障房	已满房间数	预计出租房数	预计出租率	预计空房间数	已用房间数	可用房间数

制表人：________

第二，客人抵店前夕，预订员应将具体接待安排通知有关部门。

通知单有“派车通知单”“房价折让申请表”“次日抵店客人一览表”（见表2－3）、“鲜花、水果篮通知单”“礼品申请单”等。预订员还须提前准备好客人的登记表和钥匙信封，并按客人姓名字母顺序排列清楚。这样能有效缩短订房客人（尤其常客）办理入住登记的时间，是酒店提供优质服务的一个重要标记。

表 2-3　　次日预期抵达客人一览

预订号	序号	客人姓名	房间数	房间类别	抵达时间	预计 离店时间	备注

第三，客人抵店当天。

预订员应根据客人的订房要求，提前安排好房间，并将有关接待细节（变更或补充）通知有关部门，共同完成客人抵店前的准备工作。

第五节　超额预订及常见预定纠纷处理

一、超额预订

客房是一种具有不可储藏性的特殊商品，每一天可供出租的客房数都有一个上限，今天的空房损失不能由明天的客满来弥补，虽然酒店都采用了订房确认、预收订金、取消保证类订房将给予一定的惩罚等控制办法，客人仍有可能由于各种主客观原因而不来住宿、推迟入住或减少入住的房数或天数等。上述情况会使酒店的订房管理工作产生混乱，并给酒店带来一定的损失。根据一些酒店订房管理的经验，一般有1%左右的客人订房不到（No Show），另有大约3% ~5%的客人临时变更预订，这些现象会使酒店蒙受一定的损失，所以酒店通常会采用一定的措施防止损失，但需要考虑的是，必须在达到客人满意度的前提下将房间收入最大化。当然，这种策略各酒店也会依据自身情况酌情决定。做好超额订房的关键，在于掌握超额订房的数量和幅度，按国际酒店的管理经验，超额订房的百分数可以在1% ~2%左右。

特别提示1　什么是超额预订？

超额预订（Over-Booking）是指酒店在订房已满的情况下，再适当超过酒店现有的客房数增加订房数量，以弥补因订房不到或临时取消而可能造成的空房损失。

特别提示2　确定超额预订数量应该考虑的因素

根据订房资料及以往工作实践，统计下列客人数量在预订客房中所占的比例：

1. 订房不到者（No－show）；
2. 临时取消者（Cancellation）；
3. 提前离店者（Under stay）；
4. 延期离店者（Overstay）；
5. 提前抵店者（Early－arrival）。

（一）超额预订的控制与管理

现在大多数酒店在一年中的大部分时间不会客满，但在旺季、周末、节假日有可能因出现客满而造成客人无房，因此酒店针对超额订房，应当有充分的准备，最好能够避免出现客人无房的现象，为此酒店最好从以下几个方面着手避免出现与客人之间发生纠纷的情况。

1. 利用酒店内部的潜力，如同一团体内加床减少占房数，套房改标准间、会议室等空地加床、利用酒店员工用房、打折出租轻微损坏的客房等。

2. 仅某类客房超额预订可采用房间升级的办法解决。

3. 对一般类订房不留房。

4. 对确认类订房，如客人迟于18时或双方约定的时间不到达则不留房。

5. 确认类订房早于18时或早于双方约定的时间到达，酒店可让客人先占用一般类订房客人的客房。

6. 保证类订房，如果客到无房，应先占用确认类或一般类订房客人的客房。若确实无房可售，则需要按照下面的纠纷处理措施加以实施。

（二）超额预订的纠纷处理

对于超额预订，从实践上虽然是可以理解的，但从法律意义上来讲，则是违法的，因为酒店接受了客人的预订，应意味着酒店与客人之间确立了关于客房出租的某种合同关系，而酒店进行超额预订，势必会因此而在某个时间，使某个或某些客人不能按“合同”约定的条件入住，这就相当于酒店单方面撕毁合同，因此，客人有权利进行起诉。对此酒店经营者应当有清醒的认识，对于因超额预订而不能入住的客人，应该妥善处理。

1. 一般措施

如果因超额预订而不能使客人入住，按照国际惯例，酒店方面应该做到：

（1）诚恳地向客人道歉，请求客人谅解。

（2）立即与另一相同等级的酒店联系，请求援助，同时，派车将客人免费送往这家酒店。如果找不到相同等级的酒店，可安排客人住在另一家级别稍高一点的酒店，高出的房费由本酒店支付。

（3）如属连住，则店内一有空房，在客人愿意的情况下，再把客人接回来，并对其表示欢迎（可由大堂副理出面迎接，或在客房内摆放花束等。）

对提供援助的酒店表示感谢。

2. 针对担保类预订的额外措施

若客人属于保证类预订，除上述措施外，还应视具体情况，为客人提供以下帮助：

（1）支付其在其他酒店住宿期间的第一夜房费，或客人搬回酒店后可享受一天免费的待遇。

（2）免费为客人提供一次长途电话费或传真费，以便客人能够将临时改变地址的情况通知单位或亲友。同时为客人提供尽可能完美的服务，如通知总机、问讯，客人已改住某酒店，使这些人员处理邮件、电话或问讯时可以转至客人现住酒店或正确答复客人。

（3）次日排房时，首先考虑此类客人的用房安排，大堂副理应在大堂迎接客人，并陪同客人办理入住手续。

超额预订对酒店是一个既可爱又可恨的做法，对于超额订房要敢于进行并要科学管理，以求达到最大的经济效益，并在意外情况出现时把损失降低到最低限度。

二、订房纠纷的处理与控制

客房预订确认后，酒店与客人之间便产生了一种契约关系，这是一种约定俗成的契约。据此，酒店有义务和责任向客人提供预订的房间，而客人则支付酒店规定的房租。但如同任何决策和工作一样，都可能会出现失误，一旦发生了订房纠纷，酒店应根据不同情况妥善处理。

（一）订房纠纷发生的常见情形

1. 客人声称自己已做了预订，接待员却找不到预订资料和记录；
2. 酒店安排的房间与客人预订的房间类型不同；
3. 酒店安排的房间数量不能满足客人的需求；
4. 酒店安排的房间价格与客人预订时的要求不符；
5. 客人抵达时酒店已经客满。

知识链接

投诉纠纷主要体现

1. 酒店不履行与订购网站事先的约定，例如，入住时被告知双方解除合作关系、单方面涨价或以价格标注错误为由取消订单等；
2. 消费者网上订房成功后，到店被告知房间已客满，无法入住；
3. 网站介绍的酒店入住条件及服务内容与实际不符，涉嫌虚假宣传等。

资料来源：https：//www. meadin. com/108687. html.

（二）订房纠纷发生的原因

日常发生的订房纠纷，除了因超额预订引起的之外，主要的原因有以下几种：

1. 工作人员责任心不强导致错漏

具体表现为：姓名拼写错误、日期出错、项目遗漏、存档顺序错乱、变更及取消预订处理不当等。出现类似的问题，都是由于工作人员责任心不强，不能严格按照预订的工作规程来处理。

2. 预订员未能真正领会客人的预订要求

一种情况是客人和预订人员对酒店的相关术语理解不一致，导致预订工作的差错。另一种情况是由于预订员的业务素质不高，没有真正理解顾客的意思。这种情况在接待外宾时，由于预订员的外语听说能力不过关，就会出现这样的问题。

3. 内部沟通不畅

有的酒店内部缺乏沟通的良好环境，服务人员之间缺乏沟通意识和合作精神，使信息沟通不及时，导致预订出现失约。例如，客人在抵达酒店前对预订做了更改，要求将房间保留到晚上十点，但预订员在接到这个信息后，没有及时通知前台接待，等客人抵达酒店时，原先预订的房间类型已经客满了。

内部沟通不畅还表现在：预订处与接待处、销售部的沟通不畅；预订处与预订中心系统、预订代理处的沟通不良；预订处与客房部有关客房状态显示出现差异等。

4. 预订员对销售政策缺乏了解

每个酒店都制定了相应的销售政策，在团队与散客的控制比例、价格折扣、审批权限、客户关系管理等方面都有比较详细的规定，如果预订员对这些政策规定不甚了解，就可能在接受客人预订中出现纠纷。

（三）预订纠纷的处理

酒店在处理订房纠纷时，既要分清责任、维护自身的合法权益，又要耐心、诚恳、设身处地地为客人着想，“情、理、法”三者兼顾，帮助客人解决问题。下面列举一些酒店常见的预订纠纷及其处理办法。

情形一：客人抵店时间超过规定的截止时间，或是未按指定的航班、车次抵达，事先又未与酒店联系，酒店无法提供住房。

处理办法

虽确认订房，但已经超过了酒店规定的留房时限，因此造成客人无房居住的责任并不在酒店。但是作为前厅接待人员对客人同样要热情接待，耐心解释，并尽力提供帮助，绝不可与客人发生争吵。如果酒店一时没有空房，可与其他酒店联系安排客人入住，但酒店不承担任何费用。

情形二：客人打电话到酒店订房，预订员同意接受，但事后并未寄出确认书，客人抵店时无房提供。

处理办法

虽无书面凭证，但口头承诺也应视为有效。作为前厅接待人员应向客人道歉，并参照超额预订的补救方法对客人进行补救。切忌酒店借口未确认而对客人不闻不问。

情形三：客人声称自己办了订房手续，但接待处没有订房记录。

处理办法

若接待处没有订房记录，接待处要与预订处联系，设法找到客人的订房资料，看是否放错位置或丢失，或是其他原因。如经查找，确认客人是前一天的订房客人，但未能按时抵店，或是客人提前抵店，在酒店客满的情况下，总台接待人员应尽力提供各种帮助，解决客人的住宿问题。如果经过查找，客人确系当天抵店的订房客人，但酒店此时已无法提供客房，则按超额预订的补救方法处理。

情形四：客人在价格上发生争执或因不理解酒店入住和住房方面的政策及当地法规而产生不满。

处理办法

若客人对价格或住房不满，接待人员必须耐心而又礼貌地向客人做好解释工作，使其既接受现实，又不致产生不满情绪，无论如何不能与客人发生争执。

（四）预订纠纷的控制

酒店为避免出现预订失约行为引起客人与酒店间的纠纷，酒店前厅部应实施有效的预订控制办法，具体如下：

1. 完善预订各项政策，健全预订程序及其标准。
2. 加强与预订中心、预订代理处的沟通与联系。
3. 建立与接待处等其他部门的沟通制度。如前厅接待处应正确统计出可售房数、直接抵达（Walk-in）、订房不到（No-show）、临时取消（Cancellation）、提前离店者（Under-stay）、延期离店（Overstay）、提前抵店（Early-arrival）等用房变化数，并按时将上述统计数字通知预订处。
4. 注重培训、督导预订员，加强其责任心，提高其预订业务素质。
5. 由专人负责将预订信息按要求输入计算机。
6. 注意预订细节。如电话或面谈预订，应复述客人的预订要求；解释前厅专业术语的准确含义及相关规定，避免产生误解。

7. 加强预订工作的检查，避免出现差错、遗漏。

8. 合理配置部门人力资源，做到人尽其用。

总之，处理订房纠纷是一件复杂、细致的工作，对酒店的服务质量也会产生重大的影响。因此，必须加强对前厅预订员及相关人员的培训教育，提高其工作责任心和业务素质。同时，预订人员平时也应注意多积累经验和技巧，善于把握客人心理。在工作中保持与相关部门和企业的沟通，强化工作检查和监督，按规范要求认真细致地处理好每一个问题，尽量减少订房纠纷的发生，保证预订工作的准确性，提高酒店的经济效益。

小资料

对预订单的控制

表 2－4　“零质量”订单

日期错误	房间数量错误	SRP 使用错误	房型错误
房价错误	未留最晚抵店时间	未留订单编号	未留 Booker 联系方式
客人信息不全、错误	担保方式错误	造成重复预订者	取消错误
Trace 日期错误	Trace 单位错误	未留重要 Request	其他错误

所有预订部成员在积极处理订单的同时，应加强对订单质量的控制，建议采用订单自查的工作环节以确保订单质量，在每日订单质量监察专员查询订单前所做的任何有关订单本身质量的修改均不记为“零质量”订单；此后，凡每日订单质量监察专员查询到的任一有误订单都记为“零质量”订单。在此规定，凡“零质量”订单均由订单质量监察管理小组记录在册，供部门经理年中评估、年终评估、部门月度评优、季度评优时使用，同时所有“零质量”订单以每张五元罚入部门小金库，在文员独立当班前，其导师也同样以每张五元罚入部门小金库，独立当班后，自行承担“零质量”订单后果；另任一由监管小组查出的“零质量”订单除本人及其导师外，当日订单质量监察专员也以每张五元罚入部门小金库。小金库由部门副经理负责，受监管小组监管。

资料来源：王府井希尔顿员工整理。

（五）预订投诉处理技能

客人对预订服务进行投诉，多数是其对预订信息的不了解，信息沟通出现差错所致。如：未能掌握可用客房数量，造成超额预订现象严重，客人到店无法获得所需房间。除加强信息管理与流程规范外，还要学习突发性投诉的处理（见表2-5）。

表2-5 预订投诉处理标准

操作步骤	服务标准与要求
1. 接受投诉	(1)选择合适的场地仔细聆听客人投诉预订服务的信息，如果是电话投诉，要保证聆听环境的安静，接受投诉过程中不被打扰； (2)对投诉内容做好记录，并适当复述投诉关键要点
2. 表达情感	(1)对客人的投诉表示感同身受，安抚客人的情绪； (2)对客人传递"急之所急"的情感； (3)表达立即为客人解决投诉预订服务的问题，并承诺及时回复
3. 解决投诉	分析投诉原因，及时找出解决办法
4. 投诉沟通	(1)将解决问题的办法反馈给客人，并再次表示歉意； (2)问题解决之前，为客人送上小礼品，让客人产生意外之喜，传递出酒店对客人的重视与关注； (3)再次深入与客人沟通，以建立良好的关系，并表达期待再次为客人服务的愿望
5. 总结经验教训	对此次投诉的问题进行深入分析，总结相关经验教训，防止再次发生类似事件

思考与练习

一、思考题

1. 酒店的订房方式有哪些？各有什么特点？
2. 什么是保证类预订？其担保方式有哪些？
4. 什么是超额预订？做好超额预订的关键在哪里？
5. 如何处理酒店预订失约的行为？
6. 一个22人的旅游团队由于飞机晚点，于凌晨3点才到达一个热带小岛。

抵达酒店后，由于该酒店做了超额预订，只有 5 间空房了，而该小岛上又没有别的酒店。请问：假如你是该店前厅部经理，你怎么处理这一事件？

7. 某客人 10 月 1 日 22：00 入住，第二天即 10 月 2 日 19：00 退房，只住了 21 小时，酒店却收取了其 2 天房费，你认为合理吗？为什么？

二、实操练习

以下是某酒店 9 月 27 日以后的客房预订状况显示表（见表 2－6）。假设当前日期是 9 月 25 日，请根据预订状况完成两项预订。

1. 一位客人打电话来，要求预订一个普通套间和一个标准间，入住时间是 10 月 2 日至 4 日，5 日离店，并希望两个房间靠在一起，房价能给予优惠。

2. 一家有合作关系的旅行社发来传真，要求预订 10 月 3 日至 4 日，5 日离店，标准客房 9 间，含早餐。

表 2－6　　客房预订密度

日期		27	28	29	30	1	2	3	4	5	6	7	8	9
房型		房号												
标准间	501					★	★	★	★					
	502				★	★	★	★						
	503		★				★	★	★	★				
	504					★	★	★	★					
	505			★										
	506													
	507	★	★	★	★									
	601					★	★	★	★					
	602													
	603													
	604					★	★	★	★					
	605	★	★	★	★									
	606													
	607													

续表

日期		27	28	29	30	1	2	3	4	5	6	7	8	9
房型		房号												
普通套间	509		★											
	510				★	★								
	609													
	610				★	★	★							
豪华套间	508													
	608	★				★	★	★	★					

注："★"表示当日房间已被预订。

三、案例分析

案例1：山东淄博的消费者王女士日前投诉称，8 月 23 日，她通过某在线旅游平台预订了山东烟台市海阳市的碧桂园十里金滩酒店 8 月 25 日的套房，价格是 1758 元。但 25 日那天，由于导航定位出错，她却到了烟台市蓬莱的一家碧桂园酒店，两家酒店之间相差近 200 公里。

资料来源：https：//www. meadin. com/163715. html 整理而得。

问题：

1. 订酒店未入住订单却"不可取消"，是否属于"霸王条款"呢?
2. 针对本案例，您有哪些建议呢?

案例2：W 先生夫妇通过在线旅游企业 T 社的 App 预订西安的酒店及机票。下单后，旅行社客服人员来电提醒其姓名填成了"W 先生"与"Z 女士"，因此机票将无法使用，须退票再重新预订，相关损失费用由 W 先生承担。W 先生认为所填信息是系统默认可选的，是为保护隐私的举措，且电脑网页版显示的也是全名，所以这是 T 社自动代填的。后又接到催款短信，表示相关信息已通过审核，遂付款。W 先生认为旅行社擅自为游客填写错误信息，未尽审核义务造成游客损失，要求 T 社道歉并承担责任。

资料来源：厦门市旅游发展委员会，http：//wlj. xm. gov. cn/。

问题：

1. 在线预订名填错，企业游客谁担责？
2. 今后旅行社应该加强哪些方面的服务和管理？

四、工作术语（见表2-7）

表2-7　本章常用的专业术语

专业术语（中文）	专业术语（英文）
预订	Reservation/Booking
在线预订	Online Booking
更改	Amendment
取消	Cancellation
押金/预付金	Deposit
房价	Room Rate
非担保类预订	Non - Guaranteed Reservation
担保类预订	Guaranteed Reservation
订房未抵	No-show
预订记录	Reservation Record
超额预订	Over - Booking
在线旅游	OTA（Online Travel Agency）

第三章　前台接待业务

【学习目标】

1. 掌握前台办理入住登记及退房工作的标准操作流程；
2. 熟悉房态控制及客房分配，掌握入住登记过程中排房的技巧；
3. 了解前台收银业务；
4. 了解行政楼层的运作情况；
5. 掌握前台增销的技巧；
6. 学会处理接待工作中的常见问题。

案例赏析：

我们需要房间快点休息

一个寒冷的晚上，酒店接机的班车回到酒店，车上下来的三位顾客马上来到接待处。“先生，你们好，欢迎光临。请问先生们需要什么房间?”接待员微笑地询问。“我们需要两间标准间。”“我们有豪华标准三人间，每晚498元，还有套房每晚788元。”“我说过了要两间普通标准间。”略显疲惫的宾客不耐烦地说。“对不起，标准间刚卖完，还有三人间，请您稍等片刻，楼层服务员正在清扫。”“刚才机场代表告诉我们有房间的!”宾客不禁皱了眉头。“有的，请稍等一会儿，我们马上清理出来，您请在大堂沙发上略坐片刻，我们会很快通知你们的。”宾客看了看接待员，不悦地走向大堂沙发。接待员赶紧催促客房中心立即清扫普通标准间。15分钟后，其中的一位宾客来到接待处：“小姐，到底有没有房间，我们坐了3个多小时的飞机，真的很累，想休息……”接待员忙安慰宾客：“马上就好，请再耐心地等一会儿。”宾客只好又回到座位上耐着性子等候。接待员立刻又打电话到客房中心询问有没有做好的普通标准间。客房中心服务员说：“有一间豪华标准间做好了，其他没有，房间总得一间间做吧，哪有那么快。”说完电话就被挂断了，接待员无可奈何地放下话筒。又过了15分钟，三位宾客再次走向接待处，七嘴八舌地责问接待员：“你们到底有没有房间？把我们骗到这儿，却根本没房间，我们不在你们这里住了。”说完，便向门外走去。这时，大堂副理马上过来想留住宾客，可没等他说话，宾客就劈头盖脸地说：“你不用多说，你们酒店让我们白等了半个小时，你刚才干什么去了，不用多说了！”说完气愤而去。

资料来源：郭一新．店前厅客房服务与管理实务教程［M］．武汉：华中科技大学出版社，2011.

第一节 前台接待基本认知

前台作为酒店的门面，是与客人最直接接触、也是最先对客人影响并做出服务的部门，是迎送客人的最佳地点。一家酒店的服务质量、工作效率的体现基本都是从这里开始的。宾客抵达后，他就通过前厅部与酒店建立了商业和法律上的关系。这时候前台的员工责任就是通过验证这种双方关系来监管相互间的财务交易。

一、前台的特点

（一）接触面广

前台是酒店的门面，是客人首先接触的部门，它在业务上承担着客房的销售工作，负责客房的预订、入住、结账等工作，同时还为客人提供各种服务。

（二）业务繁杂

前台的工作范围广，它包括订房、入住登记、话务服务、结账服务、行李寄存服务、咨询、委托代办等，而且，这些工作直接面对客人，因此，要求前台服务员必须具有高效、准确、周密的工作素质。

（三）关系全局

客人到达后，首先接触的是前台，给客人留下“第一印象”，客人离店后，前台又是他们留下“最后印象”的地方，这些印象决定客人对酒店的总体评价，并且，客人入住期间，前台为其提供的系列服务也会给客人留下深刻的印象，因此，前台的工作好坏，效率的高低，对酒店的整体形象有直接的影响。

二、前台的工作任务

前台是前厅部的业务中心，按照客人抵离酒店的顺序，前台接待业务的主要工作内容主要包含：

1. 客人抵店前的预抵客人管理

预抵客人管理是为了办理正式入住登记手续之前的准备工作，是接待工作非常重要的一个环节。在很多酒店都会被弱化甚至忽视，本章我们将单列出来进行阐述。其中除了日常准备工作以外，房态控制是重点。

2. 办理登记入住及销售客房

入住登记是前台最主要也是最核心的工作，也是宾客与前台的最关键的接触点。同时前台是酒店利润创造的起点，因此客房的销售工作极其重要。

3. 协调对客服务

在宾客住店期间，前台需要接受问询及留言、客人的续住及换房，兑换外币及保管贵重物品等。在住店期间的对客服务中，前台负责提供信息和满足宾客要求，及时、正确地回应客人需求，从而使宾客的满意度最大化。

4. 前台会计

前厅会计系统监控和反映住店客人、公司、旅行社以及其他非住店客人在使用酒店的服务和设施而产生的交易。前台人员在执行会计的准确性和完整性方面的能力将直接影响到酒店收回欠款的能力。

5. 退房及客史档案管理

办理离店退房，并在退房结束后建立客史档案、完成宾客满意度调查并发展忠诚会员，为整个接待工作画上圆满的句号，也为下次的接待工作奠定良好的基础。

6. 在一些高星级酒店会额外设置行政楼层前台，为入住行政客房的商务客人等高消费客人提供专门的接待服务

本章对行政楼层管理在后面进行了专门阐述。

第二节　预抵客人管理

客人做好预定以后，前台接待的工作其实在客人办理入住前已经开始了。为了满足有预订客人对客房的要求，前台员工会在客人抵达前一天甚至提前几天就已经着手准备工作。同时为了争取客房的最大销售，前台接待应对当日有预订客人做如下准备工作。

一、核对预抵客人预订信息

前台员工在系统中导出并打印次日预抵客人的相关报告及报表。主要有次日抵店客人名单（Arrival Report）、重要客人名单（VIP Guest Report）、特殊要求报告（Trace Report）。核对旅游团队/会议团队的安排时，前台一般按照销售部发出的团队接待通知单（Group Resume）进行安排。每个团队有专属代码的通知单，如有更新信息，销售部也会发出相应更改。

运用以上表格复核预抵客人具体信息。主要确认预抵店客人姓名、单位（旅行社、公司、第三方网站）及联系方式，预订房间种类、价格、间数，预抵店时间和预离店日期，预订付款方式及预付定金，是否有安排接送，用餐，加床，取送行李，鲜花水果特殊布置等特殊要求。以上信息会在班次例会中跟每位员工进行分享。

（一）预抵店客人名单及预抵 VIP 客人名单

预抵店客人名单为接待员提供的即将到店客人的一些基本信息，如客人姓名、客房需求、房租、离店日期、特殊要求等（见表 3－1）。VIP 客人会单独列一个名单，客人的信息更详细，其中会包含 VIP 等级等。

表 3－1　预抵客人名单样本

GUEST NAME 顾客人姓名	CF NUM. 确认号	ARRIVAL 入住时间	#NT 间晚数	#Rms 房间数	RMTYPE 房型	RATE 房价	TIER 会员级别
Ann	3145129361	30/08/2019	1	1	T2D	1200.00	DIAMOND
Bill	3145129362	30/08/2019	2	1	K1D	1299.00	
Carol	3145129363	30/08/2019	3	3	K1DRO	1355.00	BULE
Oliver	3145129364	30/08/2019	2	1	T2E	1099.00	
Emily	3145129365	30/08/2019	5	2	K1D	990.00	GOLD
Flora	3145531230	30/08/2019	2	4	K1E	1288.00	
George	3145531230	30/08/2019	3	1	K1D	1166.00	

（二）查阅宾客历史档案

宾客历史档案简称客史档案。高星级酒店均有宾客历史档案，在计算机的帮助下，接待员很容易查到客人在酒店的消费记录，只要客人曾经在该酒店住宿过，根据宾客的历史档案情况，即可采取适当措施，确保客人住得开心。

（三）有特殊要求的预抵客人名单

有些客人在订房时，可能会提出额外的服务要求，接待员必须事先通知有关部门做好准备，恭候客人的到来。

（四）团队通知单

销售经理会根据整个团队的具体安排，向酒店的各个部门发放团队通知单，也叫团队简历（见表3－2）。团队通知单里包含团队的背景，日程，房间安排，餐饮及会议安排，以及客房部、工程部、保安部等需要为本次团队的配合事宜。前厅部根据团队通知单获得整个团队的信息，预订部根据团队通知单以及名单来进行团队的预定，前台也会根据系统里的预定信息以及团队通知单来进行团队的接待。

表3－2　　团队通知单样本

发送日期：
销售经理：
PM号：

团队名称：
团队介绍：
领队/组织者：
领队/组织者联系方式：

GROUP SCHEDULE 团队日程安排

抵店：团队入住时间为5月16日中午12：00左右。
离店：离店时间为5月17日，离店最晚当日下午14：00左右。

ACCOMMODATION 房间安排

房型	2019.05.16	2019.05.19	价格
高级豪华大床房			
行政豪华大床房			
行政套房			
总计			

REMARKS 备注：
所有房价包含 10% 的服务费及 6% 的税金；如需增加早餐，额外收取 135.7 元/位。
请在 5 月 16 日上午 10：00 之前将所有房卡准备完毕。
除大床和套房以外，所有房间不可以挂账，如需挂账请联系销售经理。
除套房房间外，请关闭房间内的迷你吧，关闭电话线。
大床和套房产生的额外费用由公司支付。
请于 5 月 16 日安排 2 间行政套房，赠送 V5 欢迎水果及夜床服务。
F&B ARRANGEMENT 餐饮安排
详细细节请查收宴会 BEO。
请于 5 月 16 日上午 10：00 在大堂设置一个签到处，摆上桌卡，全白布置。
BILLING INSTRUCTIONS 付款方式
房费：所有房费由公司统一支付，统一转入到假房 9006，免收房费和杂费押金入住。
杂费：除套房和大床房以外，所有杂费由客人现金或刷卡的方式现付。
FRONT OFFICE 前厅部
所有客人将以散客形式到达酒店。
行政套房和标间或者大床（秘书房间）安排同一楼层。
客人行李较多，请安排足够人手。
HOUSEKEEPING 客房部
所有的房间请保证卫生及服务。
客房打扫时间为每日 14：00。
ENGEERING 工程部
请提前确保房间内电视频道播放顺畅；请提前确保电梯运行正常；请保证空调正常。
SECURITY 保安部
请在团队入住期间保持停车场的秩序。
团队入住期间请预留 4 个商务车位（京 xxxxx），将于 5 月 16 日上午 10：00 左右到店。
ACCOUNTING 财务部
会务组汇款人民币 68 640 元，剩余费用将于离店前结清。

二、为特定客人做好预登记

为了缩短客人办理入住登记的时间，并掌握还有什么样的空房可以接待未预订的散客，保证宾客能顺利入住，大部分的酒店会为客人提前做好预登记。预登记的工作主要包含提前确认并落实客人的特殊要求，提前分配好房间，打印入住登记单并准备好房卡。

但是预登记也有一些缺点，比如预订有时会被取消或修改，一旦预订资料在最后关头发生了变更，已分配好的客房会被打乱。另外，如果大量空房在宾客抵店前就做好了预分配，可能会影响未做预登记的宾客的用房数。其后果会使入住登记的过程变长，还会形成对酒店的不良印象。所以很多酒店会根据实际的运转经验制定预登记工作的政策。为了防止以上情况的发生，大部分酒店的前厅部一般只给某些特定的客源或宾客、团队客人做预登记。主要有以下7种宾客，这样可以确保此类客人根据他们VIP级别、忠诚等级或公司协议获得相应级别的服务。

1. VIP散客及酒店的忠诚计划会员；
2. 团队房（会议团，旅游团等）；
3. 大公司担保预定，且当日抵达3间及以上房间；
4. 对房型、楼层、房间布置等有特别规定的散客；
5. 预抵长住客户（入住超过14晚）；
6. 早于规定的入住登记时间到达的客人。

酒店前台前一天的夜班以及当天的早班员工会根据客人当前的预定信息以及酒店专业的客史档案系统中记录的客户资料，找到客人本次预定的特殊要求以及过往入住的个人喜好，例如，宾客对于枕头类型的喜好，宾客需要客房内放置的免费瓶装水、报纸等。前厅员工需要提前与客房部、餐饮部等相关部门进行协调，将这些要求落实。酒店在预登记的过程中也会不时地严密监控客房，以确保宾客所订的房间不会落空。

三、为预抵会员及VIP客人安排特殊礼遇

（一）发送礼貌邮件或者电话，准备欢迎信

宾客关系主任会在入住前三天提前向客人预定时预留的邮箱或者电话发温馨提示邮件或者短信。内容主要包含提醒入住日期、询问入住时间、发送入住期间当地的天气预报。将酒店的服务项目以及周边游玩信息进行罗列。通常每个酒店都有自己的固定模板，而且针对不同地区的客人会有不同的语言选择（见表3-3）。

表 3-3　雅高酒店集团给其中国香港、澳门特区及中国台湾地区会员统一发放的抵店前邮件模板

我们期待您的光临 日期 亲爱的“XX”先生/女士， 敬请接受来自“XX 酒店”的热情问候！ 我们非常荣幸成为您在“信息（城市名称）”入住期间的下榻酒店。 我们很高兴地通知您，由于您是尊敬的 Le Club AccorHotels 雅高乐雅会“XX 级别”会员，在您此次入住期间，您入住的客房将被升级为“XX 房型”，并且可享受免费提前登记入住和/或延迟退房。 为使您的入住体验更加难忘，请点击以下网址，占用您几分钟时间填写提前抵达酒店之表格。 预祝您旅途愉快 联系人姓名 资料来源：济南阳光壹佰美爵大酒店。

（二）房间的个性化布置及欢迎礼遇

除了提前确认房号，清扫完毕房间，做好预登记以外，酒店还会根据客人的贵宾级别以及会员忠诚等级进行统一的 VIP 摆放标准。给到店的贵宾一个特殊的礼遇，让贵宾感受到身份的尊贵和酒店的关注。

特殊礼遇一般会有欢迎信、水果、鲜花、甜品、红酒以及小礼品等。当然酒店也会针对不同的客户进行很多的个性化定制，比如按照客人的爱好，如果客人是个 Hello Kitty 迷，酒店可以把房间布置成粉色系；也可以根据当地特色，比如北京的酒店会将送给客人的甜品换成老北京小吃，西安的酒店可以将巧克力做成兵马俑形状。据英国《每日邮报》报道，网友 Cornwallis1 在红迪网上分享了自己入住新加坡万豪酒店的经历。入住前，他要求酒店在床边放上好莱坞演员杰夫·高布伦（Jeff Goldblum）的照片，谁料整个房间都被放满了高布伦的照片。该酒店的超值服务引发网友热议。

酒店前台要与送餐部、厨房、客房部和工程部等部门通力合作，确保客人到达前，保证房间的卫生和设施设备完好，房间已按标准设置完毕，为宾客在酒店美好的入住体验开好头，对酒店留下良好的第一印象（见表 3-4）。

表 3－4　远洲酒店集团 VIP 等级及服务标准

等级 服务项目	VIP－A（简称 VA） （A 级重要贵宾）	VIP－B（简称 VB） （B 级重要贵宾）	VIP－C（简称 VC） （C 级重要贵宾）
贵宾标准	●市长（含正级）以上国家领导、杰出影响的政治家远洲集团所有项目所在地的政府高层：如省级领导、市委（区委）书记、市长（区长） ●世界著名财团、企业总裁、董事长和总经理及在世界上有影响的其他人物 ●董事长指定的合作企业管理高层 ●集团董事长	●集团业务发展需要（或融资需要）接待的贵宾（远洲集团所有项目所在地的政府官员，如主要局办的负责人）国内外著名航空公司总裁/各国驻华大使 ●社会名流（影视娱乐界著名演艺人员/体育界国家著名运动员/广告传媒资深编辑记者等） ●第 15 次返店的回头客 ●集团级别 1C（含）以上的高级管理者 ●情节严重投诉客人（赠送果篮标准）	●旅行社总裁、总经理 ●远洲旅业核心客户 ●长住客 ●支付套房门市价格的住客 ●远洲集团 2B（含）级以上的管理者 ●对酒店有重大贡献人士 ●情节较轻投诉客人（赠送果篮标准）
预留房	●必须提前一日预留相应的客房并做好相关清洁保养工作	●当入住率允许的情况下提前一日预留相应的客房并做好相关清洁保养工作	
欢迎横幅及告示牌灯光等	●酒店门口悬挂欢迎横幅 ●大堂摆放欢迎告示牌 ●开启 LED 灯欢迎 ●开启喷泉（针对有此设备的酒店） ●客人抵达前一小时铺红地毯	●大堂摆放欢迎告示牌 ●开启 LED 灯欢迎 ●开启喷泉（针对有此设备的酒店）	
欢迎信封及欢迎卡、房卡	●欢迎卡内页及同伴人房号姓名需通过打印实现，不能手写 ●如需转交资料给贵宾使用到信封时，贵宾姓名及房号需打印在封面 ●制作房卡离店日期需比实际多做 3 天	●欢迎卡内页及同伴人房号姓名需通过打印实现，不能手写 ●如需转交资料给贵宾使用到信封时，贵宾姓名及房号需打印在封面 ●制作房卡离店日期需比实际多做 3 天	

续表

等级 服务项目	VIP－A（简称 VA） （A 级重要贵宾）	VIP－B（简称 VB） （B 级重要贵宾）	VIP－C（简称 VC） （C 级重要贵宾）
电梯服务	•设专梯（一般选择离房间较近的电梯） •派礼宾部领班电梯专控服务	•电梯门口行李生指引服务	•电梯门口行李生指引服务
果篮	•含5种类型以上的时令大份水果篮，一个小洗手缸，茶叶水上需要浮有花瓣若干 •高品质的刀叉碟及口布 •每日更新	•含3种以上类型的时令中份水果篮，一个小洗手缸，茶叶水上需要花瓣若干 •高品质刀叉碟及口布 •每日更新	•含5只3种类型的时令水果篮 •刀叉碟及口布
鲜花	•迎接献花（手束花12支以上） •在客厅茶几台面摆放一个插有12～24支鲜花的花瓶；在睡房书桌上摆放一个插有1支鲜花加绿叶的小花瓶	•在客厅茶几台面摆放一个插有12支鲜花的花瓶，在睡房书桌面摆放一个插有1支鲜花加绿叶的小花瓶	•在水果篮旁摆放一个插有一支鲜花及绿叶的小花瓶
红酒	•一瓶波尔多红酒（750ml）或同等规格档次红酒 •配上水晶红酒杯3只、开瓶器、口布、冰桶		
巧克力小点心	•含8片一小碟的酒店自制曲奇饼或5块小点心及8颗巧克力	•含5片一小碟的酒店自制曲奇饼或3块小点心及5颗巧克力	•含3片一小碟的酒店自制曲奇饼及3颗巧克力

资料来源：远洲酒店集团。

（三）打造创新的入住形式

做好预登记有利于酒店创造新的入住方式。例如，客人如果预定了酒店的接机服务，司机或者机场代表会准备好必要的资料和表格，可以要求宾客在车上就在预先准备好的入住登记表上签字，复印宾客的证件以及信用卡后就可把预先准备好的钥匙发给宾客。有些酒店也会安排宾客关系主任或者大堂副理引领重要宾客直接进房办入住登记手续，这就可以避免在前台业务高峰时刻造成宾客的等候。

第三节　客房状态的控制

案例赏析：

17 分钟内，完成 350 人会议团队的入住，他们是怎样做到的？

在五星级酒店办理入住，从预订信息确认，在证件扫描、交押金等整个办理入住的流程至少需要 3 ~5 分钟；如果同时有 350 人的会议团入住酒店，7 位员工同时办理入住，需要多长时间？3 个小时？NO！30 分钟？NO！NO！NO！金茂三亚亚龙湾丽思卡尔顿酒店的绅士淑女们仅用了 17 分钟！

2016 年 1 月份，酒店接待了一个 350 人的团队，该团队将在酒店庆祝公司 20 周年庆典。客人的航班统一在海口降落，之后转乘动车到三亚。虽然酒店在过去的七年多中也接到过数百人的会议，但多为客人分批入住，且在不同时间段抵达。但像此团队 350 个客人同时抵达酒店的情况还是第一次。考虑到本次办理入住的工作量巨大，为了保证客人能及时拿到房卡并顺利参加 1 小时后的欢迎晚宴，酒店市场销售总监 Eileen 提出了一个大胆的解决方案："到动车上为客人办理入住"！在与房务部反复沟通下，去动车上办理入住的 7 人小组成立。于是一场极具创意且充满丽思文化的个性化服务就这样风风火火地展开了。

7 名绅士淑女们，提前一天准备好了 350 个客房的房间号和房卡，顺利登上了从三亚前往海口的动车。在从海口返回三亚的 2 个小时动车行驶过程中，她们成功为 350 名客人发放了房卡，也就意味着平均每 23 秒要完成一位客人的身份证扫描并及时找到相对应的房卡分发给客人。客人在抵达三亚动车站后，7 辆酒店大巴已在动车站待命，酒店接待小组挥动着欢迎横幅指引客人上大巴车。而此时大巴车上也已为客人安排好"欢迎饮品"以消除客人长途跋涉的疲惫，让客人体验到了"宾至如归"的感觉。大巴抵达酒店时，全体前厅部绅士淑女们列队欢迎，客人在员工的带领下顺利入住客房。

几天后三亚丽思卡尔顿酒店的绅士淑女们收到了一封特别的感谢信，来自会议组织者的感谢信。他说："如果只说感谢是远远不够的，你们为我们团队所做的一切，超乎想象。没有你们的付出就没有本次我们 20 周年庆典如此顺利的举办。"

资料来源：三亚亚龙湾丽思卡尔顿酒店销售部。

客房状况的显示系统是酒店前厅部门完成接待服务工作所必备的操作系统，通过客房状况显示系统，可以直接或间接地反映出客房的当前状况、在用客房的基本类型和在店客人的类型等基本资料。酒店前厅部担当着酒店客房的销售任务。作为前厅部员工，必须尽可能地增加客房的销售量，以提高酒店的住房率和营业收入水平，而前厅部的客房销售任务的完成必须依赖准确的房间状况控制。

一、客房状态分类及解释

酒店的房间状态是以宾客的入住以及离店为中心进行变换的，大体分成三种状态，住客房、走客房以及空房。住客房以及空房根据清扫状况以及维护状态，还有更多的细分。具体参考下面的客房状态分类及解释表格（见表3－5）。

表3－5　　客房状态分类及解释

英文客房状态	中文	英文	英文缩写	含义
住客房 住店客人正在租用的房间	未清洁住客房	Occupied & dirty	OD	未清洁住客房
	已清洁住客房	Occupied & clean	OC	已清洁住客房
	自用房	House Use	HOU	酒店临时自用的房间，大部分是酒店的高管或者其他内部人员使用。有时当出租率极高的时候，自用房会被灵活控制
	请勿打扰	Do not disturb	DND	该客房的客人因睡眠或其他原因而不愿意受到任何打扰
	请速打扫	Make Up Room	MUR	该客房住客因会客或其他原因需要服务员立即打扫的房间
走客房	走客房	Check out	CO	客人刚离店，房间尚未清洁
空房 客人已退房结账离开酒店，客房正处于清扫以及整理阶段	未清洁的脏房	Vacant & Dirty	VD	尚未经过打扫的走客房
	已清洁空房	Vacant & Clean	VC	清扫完毕，尚未检查的空房
	已检查空房	Vacant & Inspected	VI	已经清扫完毕，并且经过督导人员检查，随时可以重新出租的房间
	维修房	Out of Order	OOO	房间硬件设施设备发生故障，正在维修或者等待维修，暂无法出租的房间
	停用房	Out of Service	OOS	因为各种原因，已经被暂时停止出租的房间
	保留房	Blocked Room	BL	为团体、常客、参观客人以及VIP等预留的房间。他们常常会指明要某个房间，或处于某个位置、某种景观的客房

从保护客人住店期间的人身安全以及酒店的财产安全的角度，客房部在日常清扫作业以及查房时需要关注一些特殊房态，及时与前台沟通。具体参考见表3－6。

表3－6 特殊房态

中文	英文	英文缩写	含义
少行李房	Occupied with LightBaggage	L/B	携带少量行李的客房，应立即与前台沟通，以防止出现逃账等意外
无行李房	Occupied with no Baggage	ONB	房间客人没有行李。应立即与前台沟通，以防止出现逃账等意外
外宿房	Sleep Out	S/O	客房已被租用，但客人昨夜外宿未归。为了防止发生逃账等意外情况，服务员应立即及时通知总台
双锁房	Double Locked Room	DL	住客在房内双锁客房，服务员用普通钥匙无法开启的房间

如果前厅掌握的房态与客房部查房得到的房态不一致，则称为异常房态。出现异常房态需要特别注意。异常房态如果操作不当，会非常容易引起客人的各类投诉，同时也给酒店的运营造成各种不便。具体参考见表（3－7）。

表3－7 异常房态

走单房	Skip	SK	前厅房态为住客房，而客房部房态为空房 原因：客人有可能跑单或者客人退房后，前台没有及时更改房态
睡眠房	Sleep	SL	前厅房态为空房，而客房部为住客房 原因：客人入住以后，前台可能没有及时更改房态

二、房间状态的转换

在客房状况显示系统中，要随时反映客房状况及其变化。随着客房服务工作的进行，排房、入住、换房、退房以及客人自身情况等原因，会使客房状况不断出现新的变化。前台人员要及时将这些变化信息输入客房状况显示系统，以反映客房状况的转换（见图3－1）。

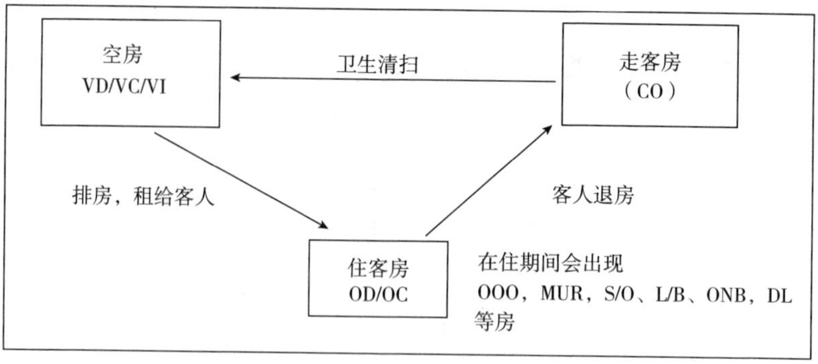

图3－1　房间状态转换

三、房间状态的系统控制

（一）房间出租预测表

根据在住客人和预订情况来实时统计各种房间类型在未来一定时期内的使用情况。酒店一般有三天预测表、周预测表、月预测表等（见图3－2）。

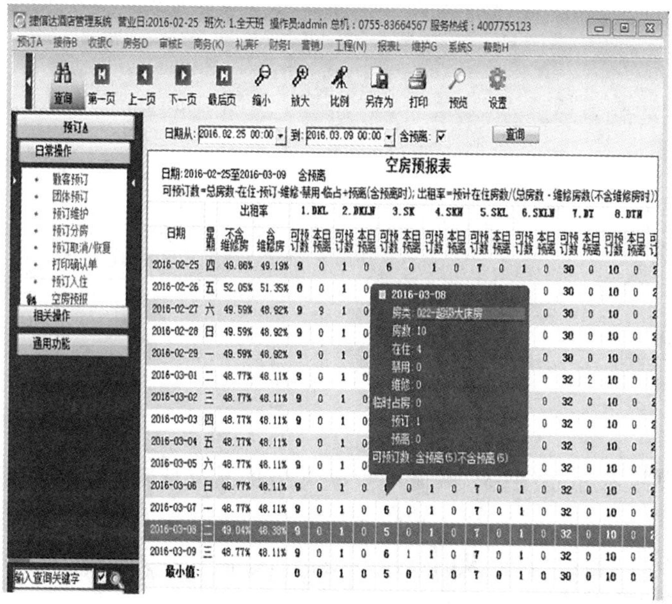

图3－2　房间出租预测

资料来源：刘伟．酒店前厅管理［M］．重庆：重庆大学出版社，2018.

（二）当前房态图

当前房态图（Room Status）实时显示酒店全部客房的当前房态：包括房号、当前房态、在住客人、预计抵达、预计离店等，可使用不同的颜色和图例标识不同的房态。员工操作时，可以按照区域，楼层，房号、房类等多项指标进行筛选、查询（见图3－3）。

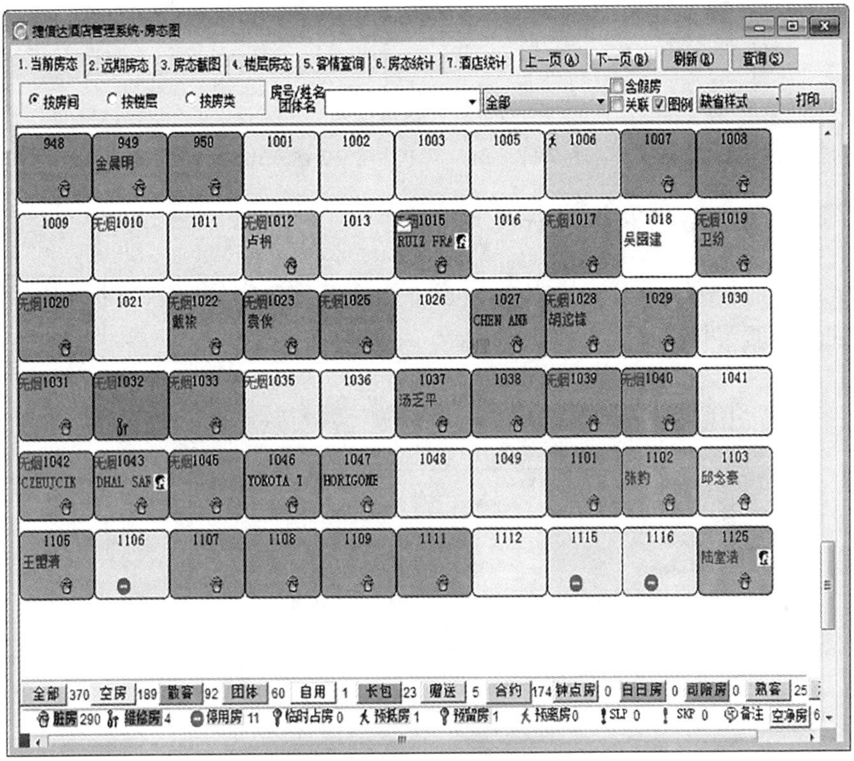

图3－3　当前房态

资料来源：刘伟．酒店前厅管理［M］．重庆：重庆大学出版社，2018.

（三）楼层房态表（Flool plan）

按照酒店建筑平面布局设计的楼层平面图，方便以楼层为对象的客房管理（见图3－4）。

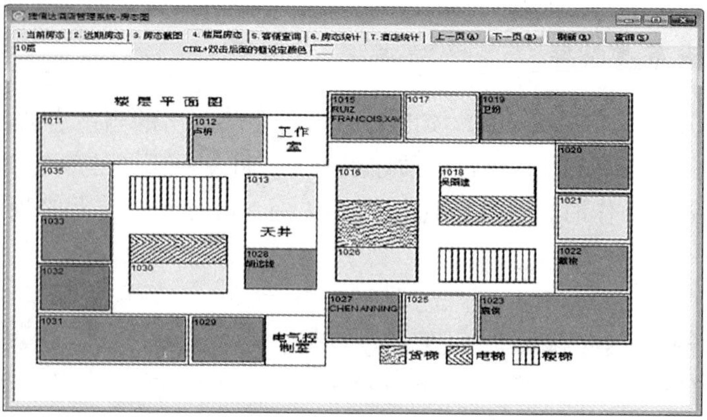

图 3-4　楼层房态

资料来源：刘伟．酒店前厅管理［M］．重庆：重庆大学出版社，2018.

（四）酒店当前状况统计表

酒店当前状况表（House Count）反映酒店客房、管家房态、在住客人、酒店营业指标的实时统计（见图 3-5）。

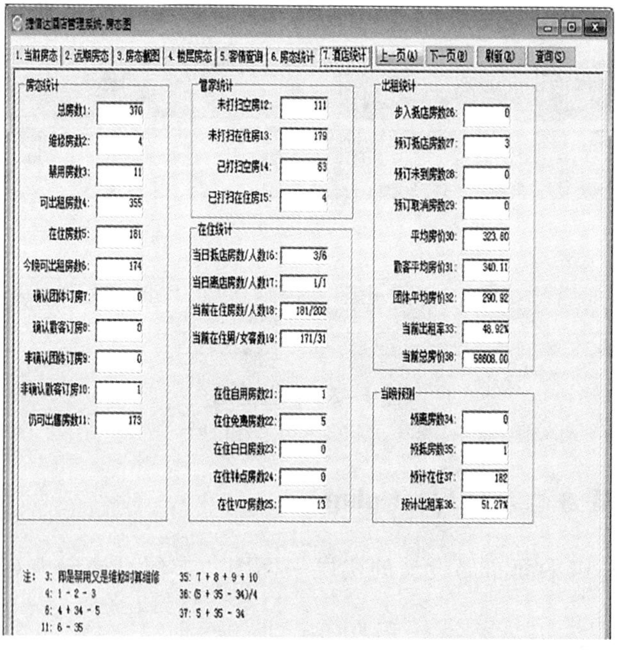

图 3-5　酒店当前状况统计

资料来源：刘伟．酒店前厅管理［M］．重庆：重庆大学出版社，2018.

（五）客房状态差异报告

客房状况差异报告（Room Discrepancy Report）是用于记录总台显示的客房状况与客房部查房结果不一致之处的表格（见表3－8）。

表3－8　　房间状态差异报告

日期／DATE：			时间／TIME：
房间号码	客房房态	前厅部部房态	查询结果
ROOM No.	STATUS OF HSKP.	STATUS OF F. O DEPT.	INVESTIGATING RESULT
客房部签名		前厅部职员签名	
HSKP. Clerk：		Front Office Clerk：	
白联－客房部 White-Housekeeping		黄联－前厅部 Yellow-Front Office	

四、房态信息的沟通

酒店前台一定要做好与预订部、客房部、销售部之间信息的沟通，确保客房预订显示系统的正确性。

前台与预订部之间的信息沟通非常重要，每日及时更新客房预定状态、预测出租率、查看各种房型的可售卖情况、更新房价等。客人入住后，接待员应及时更新信息，如果更换房型、房价变化等情况，也应该及时在系统内进行修改。如果有提前锁房，预分房等状况也要和预订部沟通清楚。

前台应将客人的入住、换房、离店等信息及时通知客房部；客房部则应将客房的实际状况通知前台，以便核对和控制房态。两个部门的管理人员还应就部门沟通中存在的问题，客人对客房的要求、客房维修、保养计划安排等事宜进行经常性的讨论、磋商。

销售部与前厅部的管理人员应经常一起研究客房销售的预测、政策、价格等事宜；旺季来临时，还应就团体客人、散客的组成比例达成初步协议，以最大限度地提高客房使用的经济效益。销售部应将团体客人（包括会议客人）、长住客人等订房情况及时通知前台及预订部，前台及预订部也应将零星散客的订房情况和住房情况及时通知销售部。

第四节　入住登记及离店接待管理

从前台接待员向客人由衷表示欢迎的那一刻起，入住登记工作就开始了。入住登记是对客人服务全过程中的关键环节，其工作效果将直接影响到前台的客房销售、提供信息、协调对客服务、建立客账与客史档案等各项职能的发挥。尽管入住登记会占用客人很多宝贵的时间，常常引起客人的投诉和不满，同时还会增加前台员工的工作量，但实际上，国内外几乎所有酒店都要求客人履行入住登记手续。

入住登记的是公安部门和警方的要求。由于国家及公众安全的需要，各国警方及公共安全部门都要求酒店及客人在住宿时履行入住登记手续。也可以有效地保障酒店的利益，防止客人逃账。通过入住登记，酒店可以取得客源市场信息，为客人提供优质服务找到依据。同时入住登记也可以保障酒店及客人生命、财产的安全。通过住宿登记、查验客人有关身份证件，可以有效地防止或减少酒店不安全事故的发生。

一、散客入住登记程序

当前台接待员确认了客房的预订情况之后，就马上转入为客人办理入住登记工作。本节整理概述了入住登记流程的七个步骤（见图 3－6）。

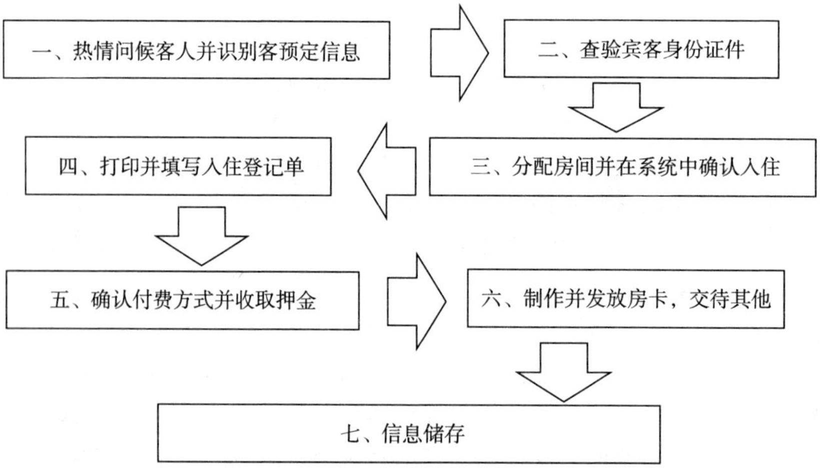

图 3－6　酒店入住登记程序

（一）热情问候客人并识别客人预定信息

笑脸相迎，向客人问好。这是向客人提供礼服务的第一步，表示对客人入住酒店的欢迎，也是对前台接待人员最基本的要求。

有一些酒店还设有宾客关系主任一职，专门在大堂迎接客人的到来，引领客人办理入住。当一位客人来到酒店后。为他开门的是门童，从他手里接过行李的是行李生，他见到的第三个人就是宾客关系主任了。宾客关系主任接过行李后负责带客人去前台定房间，然后将客人带到他的房间，并为客人介绍酒店的设施设备及促销活动，为客人在酒店的整个行程进行规划包括用餐及会议等。宾客关系主任还会为客人奉上欢迎饮料或者茶，给小朋友准备糖果，甚至有一些酒店还会有富有地方特色的欢迎仪式。比如在西藏的一些酒店，宾客关系主任会为每位客人献上哈达表达对远方客人的欢迎；夏威夷的一些酒店会为客人的头顶带上一束花环或者贝壳做的项链，让客人在办理入住以前就感受到酒店的殷勤好客。当然这也可以缓解客人在排队办理入住期间的焦虑心情。

知识拓展

前台的清口糖

在前厅醒目位置放置清口糖，看似无心之举，却为客人提供了便利，无论是饭后客人的需求，还是在等待办理入住或离店手续的等待中，一颗看似简单的清口糖，却让客人感受到一丝沁人心脾的甜意。不要觉得一颗糖并不会增加客人对酒店多许好感，但点滴关怀，看似“多余”，体现的都是服务的细致。

识别客人的预定以及订房信息这部分工作很大程度上依赖于宾客预订记录中留存的信息。当预订信息的准确完整时，有助于让整个入住登记工作变得简洁顺畅。

客人如果已经有提前预订好，客人到的时候，首先应对客人说：“欢迎您，xx先生（小姐），我们正等候您的光临!”以示酒店对客人的关心和重视。在电脑上迅速找出客人的订房资料，确认客人的订房内容，查看有无客人的邮件、留言等。

客人如果未经预订而抵店（Walk-in），在有空房的情况下，应尽量满足客人的住宿要求，价格则需要按照酒店当天的门市价格进行预定，适当地进行增值销售。如果没有空房，可以拒绝其留宿。不过最好帮客人在同等级的其他酒店联系客房，展示酒店的专业和服务。

（二）查验宾客身份证件

查验身份证件能够确保预定信息和实际入住人的信息匹配，以免发生登记失误。

另外酒店需要把客人证件信息和住店信息传输到公安旅业系统中，以备公安查询。有了客人的身份信息，也能为未来给客人提供更个性化服务提供准确的服务依据。

1. 有效证件

国内旅客持用证件有身份证、临时身份证、军官证、武警警官证、士兵证；境外旅客持用证件有护照、外国人永久居留证、外国人出入境证、港澳居民来往内地通行证、台湾居民来往大陆通行证。驾驶证、中国大陆护照不是有效证件。

2. 查验证件原则

旅馆前台服务人员必须严格落实“四实”登记制度（实名、实数、实时、实情），并按要求登记住宿人员信息。“三问”：请出示本人有效身份证；是否本人入住；有否其他一同入住人员；“三核”：核对身份证头像、性别、年龄是否与旅客一致；核对旅馆业系统登记的内容与证件信息准确无误；核对旅客同时入住人员是否已逐一如实登记；“四严禁”：严禁无登记有效证件入住；严禁持他人身份证登记入住；严禁本人登记后由他人入住；严禁一人登记后多人入住。

3. 专人录入 PSB 系统

PSB 为酒店公安户口录入系统，是 Police Station Bureau 的简称，每日客人的入住登记信息及退宿信息都通过酒店的 PSB 系统录入，数据即时上传到公安局。按我国《旅馆业治安管理办法》第六条，旅馆接待旅客住宿必须登记。登记时，应当查验旅客的身份证件，按规定的项目如实登记。接待境外旅客住宿，还应当在 24 小时内向当地公安机关报送住宿登记表。

这项工作对酒店的营运非常重要，很多酒店前台会有专门的 PSB 输入管理员负责这项工作，按照公安局的标准、方针、政策输入、统计酒店公安系统资料并且确保 100% 的正确率并存档。

知识拓展

境外客人护照及签证 PSB 培训资料

1. 护照的种类：外交护照（DIPLOMATIC PASSPORT）、公务护照（SERVICE、OFFICIAL PASSPORT）及普通护照（PASSPORT）

2. 签证的概念：签证是主权国家主管机关颁发给外国公民并允许其入境、出境、过境的许可。中国签发签证的部门分为中国驻外使、领馆，外交部驻香港、澳门公署领事部和国内公安机关出入境管理部门。以护照上签发地点辨别。

3. 签证的种类：外交签证、公务签证、礼遇签证及普通签证

4. 出入境边防检查验验讫章。外国人入境我国，一般须持有有效护照和有效签证，入境时边检工作人员会查验入境人有效护照和有效签证后加盖《入境验讫章》后放行。我国目前使用的出入境边防检验讫章主要由章名，当前日期，边防检查站名称，入境、出境、过境标识，年号，章号，防伪编码，外围防伪信息等组成。

椭圆形章内“中国边防检查”下面的“0203”代表2月3日；“珠思嘎达布其”是指入境口岸名称；“2003”代表2003年。持证人于2003年2月3日从珠思嘎达布其口岸入境。

签证样本

中华人民共和国签证 CHINESE VISA			B4107743
签证种类 CATEGORY	L	次数 ENTRIES	01（壹）
请于此前入境 ENTER BEFORE DAYS AFTER ENTRY	16JUN2006	入境后可停留 DURATION OF EACH STAY	090 天
签发日期 ISSUE DATE	16MAR2006	签发地点 ISSUE AT	首尔
姓　名 FULL NAME	T. BEAK		
出生日期 BIRTH DATE	28MAY1906	护照号码 PASSPORT NO	SV1863750

注释：该签证为中国外交部驻韩国首都首尔大使馆于2006年3月16日给韩国公民T. BEAK（1906年5月28日出生，护照号码为SV1863750）签发的旅游签证（签证号码为B4107743），该签证准予T. BEAK在2006年6月16日前入境中国，一次入境有效，入境后停留90天（从入境验讫章上的日期的第二天开始算起，可以在中国停留90天）内必须出境或申请延期，否则即非法居留。

案例赏析：

入住不登记客人有责任吗？这位客人被希尔顿酒店告上了法庭

2018年底的某天，林某受朋友委托，来到嘉定区的希尔顿某酒店为朋友办理入住。林某先用自己的身份证订了房间并办理了入住，酒店前台工作人员提醒林某，若接下来还有同行其他客人入住，务必要带好相关证件在前台进行登记。林某当即表示同意，但事后却并未将工作人员的提醒放于心上。

没想到入住第二天就遇上了上海市嘉定区南翔派出所的安全检查，将没有进行任何登记就直接入住的林某朋友“揪”了出来，并以违反旅馆业未执行住宿登记制度为由，对该希尔顿某酒店做出了行政处罚，同时处以人民币5万元的罚款。

面对这样的被罚款事件，是否全部责任都在酒店方呢？酒店方认为，自己已经对客人进行过口头提醒，并且酒店前台也摆放了相关的提示标识牌，此次酒店被处罚归咎于林某帮他人订客房后私自让朋友未经登记入住酒店，林某的行为违反了该酒店的入住管理制度，且未履行对酒店登记的告知义务，对酒店造成了经济损失，因此该希尔顿某酒店诉至上海市嘉定区人民法院，要求林某赔偿酒店的经济损失。

庭审中，被告林某辩称，原告酒店方只在入住时提示要登记，但并未当场告知不登记的法律后果，因此原告希尔顿某酒店也不能避免责任。

最终，在法庭主持下，双方同意调解并自愿达成协议，由被告林某一次性赔偿该希尔顿某酒店人民币5000元。

资料来源：https：//www. thepaper. cn/newsDetail_ forward_ 3630070.

（三）分配房间并在系统中确认入住

排房是入住登记过程中一个重要的组成部分。排房是指向宾客确认并为他安排一种特定类型的可出租房并分配固定房号。在给客人办理入住登记手续或分配客房前，接待员必须掌握接待工作所需的信息、房态和可供出租客房情况等。通过这些准备工作，接待部工作人员可以提高工作效率。客人入住的前一晚很多酒店已经开始了预排房工作。排房工作经过入住登记过程验证才算最终完成。

排房工作不仅仅是酒店客房的推销、分配工作，还要通过排房所提供的优质服务，树立酒店为客人热心服务的形象，以巩固现有的客源市场，并不断扩大新的客源市场。

仅仅靠客房类型来满足宾客的需求是远远不够的。酒店同类型的客房因位置、景色、内装潢的不同，仍存在差异，故在排房时应核实客人住宿要求，并了解客人对客房的具体要求，如相邻房、外景房、内景房、连通房，以及房号数字的偏爱等，同时还要根据当时酒店的客房使用状况来为客人考虑和选择。前台接待员必须熟悉客房类型间的差别，并能通过计算机系统查找每间客房的房价类型、最新的出租率状况、家具设施、客房位置以及客用品种类，以求最大限度地满足宾客的要求。排房种最关键的是要了解客人的需求并尽量满足其需求。一般的排房的原则为：

1. 方便客人为第一要务

尽量使团体客人住在同一楼层或相近的楼层，方便管理，也不会对散客造成打扰。与家人、同事或亲朋好友一起来的客人，一般分以连通房或隔壁、对面的房间等。新婚夫妻要安排在较安静的客房。常客尽量安排其上次住过并满意的房间。

2. 尊重客人的生活习惯、文化、宗教以及民俗

对身份、地位高的重要客人，除了分配高级别的房间，还要考虑警卫房、事故发生的可能性和优质服务的方便性等因素，以及针对性原则和特殊性原则。

对来自两个敌对国家的客人或商业竞争对手，应尽可能将其安排在不同楼层。如美国客人和伊拉克等中东国家的客人、百事可乐和可口可乐的团队。

要注意房号的忌讳。如西方客人忌讳“13”，中国客人忌讳“4”（同“死”）字的楼层或房号。比如大年初一，给一位中国香港特区客人安排的房间是“1414”号时，他肯定会恼羞成怒，认为很不吉利，愤然离去。

3. 便于酒店的日常运营和服务提升

在保证正常的接待服务的情况下，注意让客房的新旧程度均匀，避免部分客房因频繁使用造成损坏。可从低层到高层或由高层往低层排房，淡季可封闭一些楼层，而集中使用几个楼层的房间。这些都可以有利于节约能耗、劳力，以便于集中维护、保养一些客房。

排房时除 VIP、常客等外，若客人要求指定房号预订，通常不应予以保证，但可答应尽量争取，这样酒店有更大的主动性，也利于其他运营部门的操作。

对噪声大、寒冷、奇热、光线差、空调效果差的客房，应该放在最后排或采用房间差价的办法，对这些客房定出较低的价格。这样可以给客人留下良好的印象，努力形成口碑效应。

（四）打印并填写入住登记单

1. 入住登记表的内容及模板

入住登记单都是由酒店的管理信息系统打印出来。我国酒店通常设计有三种形式的入住登记表，即“国内旅客住宿登记表”“境外人员临时住宿登记表”（Registration From of Temporary Residence for Visitors）和“团体人员住宿登记表”。无论哪种形式的住宿登记表，酒店制作时必须满足下列条件：

（1）国家法律对中外客人所规定的登记项目：国籍、姓名、出生日期、性别、护照和证件号码；签证种类、号码及期限；职业、停留事由、入境时间和地点及接待单位。

（2）酒店运行与管理所需的登记项目：房号、房价、抵离店时间、结算方式、住址、住客签名、接待员签名、酒店责任声明。

2. 填写入住登记表

在办理客人入住登记过程中，填写登记表是花费客人时间最多的一个环节，前台应在保证登记质量的前提下，尽量减少办理入住登记手续的时间。

对于预订过的散客或者常客、贵宾等，因酒店在其订房时就已掌握了部分或者较多资料，客人在抵店前的准备工作会更充分、更仔细，可以预先打印入住登记单并将其按客人姓名字母顺序排列在专用的箱内。客人抵店时，即可根据姓名查找出该客人的预先登记表，请其填完其他有关内容并签名，经核对证件后，入住接待的记录就形成了。

对于未经预订而直接抵店的散客，只能在现场查验客人证件，确认房型房价信息、结算方式等关键信息，尽可能快速地形成入住接待记录，客人签字确认即可入住（见表3－9和表3－10）。其他的信息可以等客人入住以后再进行手动填写。

表3－9　　　　宾客住宿登记表　（中英合版）

Registration Form of Resident for Guest

<table>
<tr><td rowspan="3">姓　名
Name in full</td><td>中　文
Chinese</td><td colspan="3"></td><td>性　别
Sex</td><td colspan="3"></td></tr>
<tr><td rowspan="2">英　文
English</td><td>姓 Surname</td><td colspan="2"></td><td rowspan="2">出生日期
Date of birth</td><td rowspan="2" colspan="3"></td></tr>
<tr><td>名 Given　name</td><td colspan="2"></td></tr>
<tr><td>国　籍
Nationality</td><td></td><td colspan="2">证件名称
Certificate name</td><td></td><td>号码
Number</td><td colspan="3"></td></tr>
<tr><td>签证种类
Type of visa</td><td></td><td colspan="2">签证或居留许可有效期
Validity term of visa or residence permit</td><td></td><td>签证或居留许可号码
Number of visa or residence permit</td><td colspan="3"></td></tr>
<tr><td>入境日期
Entry date</td><td></td><td colspan="2">入境口岸
Entry port</td><td></td><td>入住时间
Date of arrival</td><td></td><td>停留事由
Object of stay</td><td></td></tr>
<tr><td colspan="2">签发机关
Issuing authority</td><td colspan="3"></td><td colspan="4">接待单位及接待人
Host and host organization</td></tr>
<tr><td colspan="2">从何处来
From where</td><td colspan="3"></td><td colspan="4">到何处去
To where</td></tr>
<tr><td colspan="5">楼、房号或留宿人住址
Building and room numbers or the householder's address</td><td colspan="4"></td></tr>
</table>

表 3-10

境外人员临时住宿登记表(中英合版)

Registration Form of Temporary Residence for Vistors

<table>
<tr><td>证件种类
Type of certificate</td><td colspan="2"></td><td>证件号码
Certificate no</td><td colspan="2"></td><td rowspan="3">照片
Photo</td></tr>
<tr><td>英文姓
Surname</td><td colspan="2"></td><td>英文名
Given name</td><td colspan="2"></td></tr>
<tr><td>中文姓名
Chinese name</td><td></td><td>性别
Sex</td><td></td><td>出生日期
Date of birth</td><td>年 月 日
y m d</td></tr>
<tr><td>国籍(地区)
Nationality or region</td><td></td><td colspan="2">居留国(地区)
Residence country/region</td><td></td><td>停留事由
Object of stay</td><td></td></tr>
<tr><td>在华身份
Occupation in China</td><td></td><td colspan="2">证件有效期
Certificate expiry date</td><td>年 月 日
y m d</td><td>签证(注)种类
Type of Visa</td><td></td></tr>
<tr><td>有效次数
One/two/multiple entri(es)</td><td></td><td colspan="2">签证(注)号码
Visa No</td><td></td><td>签证(注)有效期
Visa expiry date</td><td>年 月 日
y m d</td></tr>
<tr><td>签证(注)签发地
Visa issued at</td><td></td><td colspan="2">入境口岸
Port of entry</td><td></td><td>入境日期
Date of entry</td><td>年 月 日
y m d</td></tr>
<tr><td>入住日期
Date of check in</td><td>年 月 日
y m d</td><td colspan="2">拟停留天数
Duration date</td><td></td><td>联系电话
Telephone No</td><td></td></tr>
</table>

续表

电子邮件 E-mail			携行人亲属关系 Relationship with the accompanying person		
在华住址 Address in China					
工作/接待单位 Work/host unit					
住所类型 Type of lodgment	旅业 Hotel	□旅业 Hotel			
	物业小区 Residential area	□出租屋 Rent house　□居民家 Residence's home　□单位宿舍 Unit dormitory　□自购房 Lodger's own house			
	其他 Other	□出租屋 Rent house　□居民家 Residence's home　□单位宿舍 Unit dormitory　□自购房 Lodger's own house　□工地现场　□其他			
留宿人 Host		留宿人电话 Host's telephone No		留宿人证件号 Host's certificate No	
代办人 Agent		代办人电话 Agent's Telephone No		代办人证件号 Agent's certificate No	
备注 Remarks					

注：灰色项目为必填。

（五）确认付费方式并收取押金

为确保酒店利益不受损害，建立酒店和客人之间的信用关系是非常必要的。这里讲的信用关系就是指客人决定付款的方法。目前，酒店可以接受的付款方法主要有现金支付、信用卡、旅行支票、转账、挂账等。为了防止不良客人的逃账行为或者损坏酒店的设施设备，同时也为了方便客人在酒店内的各个营业场所进行消费。

对于现金支付，其优点是有利于酒店资金周转，风险最小，因此，它是酒店最理想的支付方式。然而，现金支付也存在着一些弊病，如不易区别预付定金还是最后结算。不过现阶段现金支付已经越来越少，信用卡及电子支付更受欢迎。

对于用信用卡支付，这种方法也比较方便、安全。在接受信用卡付款时，前台应请客人出示信用卡，确认该卡是否有效后，按照刷取预授权，同时归还卡片，最后将信用卡签购单和账单一并交收银处。不过信用卡支付需要向发卡行支付手续费。

使用转账或者挂账结账的，这种方式一般是针对团队或者商务散客。这类客人的部分费用由团队组织方或者公司来支付。入住时前台应向客人说明支付的具体范围以及费用额度等。如房费转账，其他杂费自理或者超出每天 1000 元需自理。客人的这类结账方式需要在订房时被接受且获得酒店批准，若其在入住接待时才提出转账单要求，需要和预订部、销售部和财务部等相关部门进行确认，获得相关担保信息后才可更改。

收取押金后，前台需要妥善保管所有押金，并在向客人提供相应的付款凭证，以方便客人退换押金。

具体的收银流程将在另外一节进一步详细说明。

（六）制作并发放房卡，交代其他事宜

房卡是为住店客人提供的一张住店身份证明卡，因此，也称酒店护照。有效期自客人入店至客人结账离店日为止。前台在房卡（欢迎卡）上填写相关内容，并为客人制作钥匙，把钥匙插入欢迎卡中，交给客人，欢迎卡应当打开，正面朝向客人。并将押金单，预授权单，为客人保存的邮件、留言单等一并转交客人。

根据酒店实际情况为宾客提供早餐券、免费饮料券、各种促销宣传品等。告知客人房费内是否含早餐，早餐的时间地点，告诉客人客房所在楼层及房号，指示电梯位置，问客人是否需要行李服务。然后，安排行李员搬运客人行李。主动与客人道别或者将客人送至电梯处，祝客人住宿愉快。

房卡承载的不仅仅是开门的功能，还会有以下作用：

（1）向客人表示欢迎。很多酒店的房卡上都印有总经理对客人所致的欢迎辞。

（2）表明客人的身份。客人在餐厅等酒店其他场所消费或购买酒店服务时签单的依据。

（3）促销作用。很多酒店在其房卡上印有酒店服务项目，以便向客人推销酒店的服务。有一些酒店的房卡还可以享受一些其他相应优惠。比如有一些国外的酒店房卡背后会写："凡持有该房卡的外国人在免税商店购买宝石和首饰可享受额外 10% 的优惠"。

（4）向导作用。一些酒店在其房卡上印上本酒店在城市中的位置及地址、电话等酒店信息，客人外出时可作为向导卡使用。

（5）声明作用。有的酒店在其房卡上印上诸如"请将贵重物品存入酒店贵重物品保险箱，否则酒店概不负责"等类似酒店声明或客人须知之类的文字，就一些容易发生的纠纷，明确酒店与客人之间的权利和义务。

（6）区分客人类别。有一些团队付费，无法在酒店消费场所签单挂账的客人，酒店会有专属样式，持其他种类房卡的客人则可凭房卡去酒店经营场所签单消费。很多酒店还会根据客人的身份或者团队定制房卡。

（7）展示酒店的品牌文化。每个酒店集团的历史、审美价值等都不同，所以顾客拿到的房卡风格、设计等都不一致。比如文华东方的风格都是画扇常驻心间，柏悦的房卡都是黑白艺术风，半岛是简单的金银色调。

案例聚焦

房卡也是收藏品

每个酒店的房卡都各具特色，而且能从独特的视角折射出一些当地的文化、艺术面貌，很有收藏的价值。在国外，许多国际品牌的酒店房卡都可以免费赠送给住客留做纪念，只要你喜欢，向他们提出要求，酒店一般都会满足；而本地的酒店一般要收取 30～60 元的费用。

有很多的酒店常旅客或者酒店集团的忠诚顾客会有收藏酒店房卡的爱好，它不仅记录了旅游时的经历和感受，而且，和邮票等收藏品一样，设计精美的酒店房卡本身就是值得欣赏的艺术品。比如，杭州千岛湖海外海大酒店的房卡上面是一幅美丽的千岛湖图片，色调明丽，博人眼球；而厦门悦华酒店的房卡图案则是一幅酒店美景的素描画，极富诗情画意。

开业比较久的酒店也会随着时间的变化、硬件设施的升级以及品牌标准的更新等，进行房卡的更新。房卡也可是见证酒店历史变迁的载体。

（七）信息储存

告别客人以后，前台将客人具体信息录入电脑 PMS 系统，建立完整的客史档案。同时建立该客人的有关资料并输入电脑，作为今后对客人服务的依据。再次确认房态是已入住状态，可售房状况改为住房状况。

将与结账有关的信息输入计算机客账单内，将客人支付押金的账单连同入住登记表和客人的信用卡签购单一起保存。每个客人在前台都会有一个专门的信息储存夹，用于储存入住登记单和相应的账单。同时将宾客入住信息传递给相关部门，如客房部、总机等。

二、团队登记程序

以上主要介绍了散客入住登记流程，团队的接待服务流程会根据每个团队的规模、性质、组织者的具体要求等情况有很大的差异。现在以团队客人入住接待标准服务流程表（见表 3－11）来对团队接待进行具体展示。

表 3－11　团队入住接待标准程序

操作步骤	服务标准与要求
1. 接待准备	★根据“团队接待单”核准客房状况，事先排好房，准备好足够的客房及相应的钥匙 ★将团队客人用房的钥匙和房卡等装入信封，在信封上填写好团体名称与房号 ★将“团体用房分配表”“团队客人登记表”提前交给会务组或地陪 ★将团队用餐单送达餐饮部 ★分配好房间后打印分房单送客房服务中心、行李部、团队领队、团队联络员、前台接待处存档，做好接待团队客人的准备工作
2. 入住登记	★大堂副理、团队领队或联络员出面迎接，热情地问候客人，并将团队客人引领到团体客人入住登记处 ★接待员与领队或地陪核实团队名称、人数、客房数、用餐情况等内容 ★请领队或会务联络人填写团队确认书，并签字确认 ★将房卡和房间钥匙交给领队或会务联络人分房，并说明房间的种类及朝向等情况 ★向领队或会务联系人要一份客人的分房名单及全部证件，团队名单一式两份，一份由总台留存，一份交礼宾部 ★询问地陪或会议联络人团队的用餐时间及有何特殊要求，然后将餐券交给陪同签收 ★向领队或会务联系人了解并记录团队叫醒时间和出行李时间，离店航班、车次、退房时间，行李是跟客人还是专车运送，以及领队房号等有关信息 ★按合同规定安排会务组或导游专用房，在“陪同住房分配表”上记录其房号、姓名、性别、所属单位、证件号码等 ★将准确的分房名单交行李组，便于行李员分送行李

续表

操作步骤	服务标准与要求
3. 安排团队客人入住	★通知客房服务中心客人入住 ★行李员带房 ★主动与客人道别,祝客人住宿愉快
4. 信息储存	★及时将团队相关信息输入电脑,立即在电脑中将该团的房间改为住房状态 ★在“开房员”一栏签名 ★向总机报该团的叫醒时间及房号,请总机复述一遍,并记下对方工号 ★制作团队主账单 ★打一份 Guest Ledger 报表,检查资料是否正确输入 ★完成检查程序后,在“复核职员”一栏签名 ★复印团体名单,将团体名单、入住登记表和账单资料交给财务部,两份名单分别交问讯组和保安部,四联单分送客房部、行李组,一联同原版的名单本组留底

三、离店结账程序

(一)礼貌问候

客人至前台结账时,应礼貌问候,确认客人房号以及姓名是否正确,根据客人提供的房号检索出客人账单。

(二)通知客房部查房

通知客房中心该房号客人退房,与客房服务人员保持密切联系,看客人客房中是否有财物损失及迷你吧的酒水使用情况。

(三)收回客人的钥匙

确认客人是否发生过最新消费,保证客人所有费用都能入账。

(四)准备账单

计算客人的客账余额,打印账单呈交客人过目,如无疑问,即办理结账手续,请客人在账单上签字。如有疑问,则主动为客人核清账目。

（五）结账

回收客人的押金凭证，使用现金、信用卡、支票，转账、电子支付等方式进行结账，为客人开立发票收据，在账单上加盖现金收讫章。将收据客人联及其他凭单发票装入酒店信封，呈交客人保存。

（六）道别客人

结账时是前台接待员让客人了解酒店关心他们在店期间感受的最好时机。许多酒店前台在结账时会发送客人意见调查表或者意见卡，希望客人对酒店进行评估。

向客人道谢，欢迎其下次光临，询问客人是否需要行李和叫车服务，并祝客人旅途愉快。

第五节　客房增值销售技巧

增值销售也称向上销售，英文术语为 Up-selling，简称增销。增销是指预定员和前台接待员设法使宾客租用高于标准房价的设施。酒店客房通常由于装修、面积、位置、景色和家具配置的不同有几种不同房型以及价格。有时两间类似的客房由于享受的待遇不同，其价格也相差很大。很多酒店有时候会有“免费升级”的文化，这种文化不利于客房的增销工作。如何在合适的时间将合适的产品以合适的价格卖给适合的客人是酒店客房销售的制胜之道。

一、客房增销的必要性

（一）增加客房收入及平均房价

酒店的市场竞争现在越来越激烈，在保证宾客满意度的基础之上提升客房销售收入和平均房价至关重要，客房销售工作的成功与否直接影响到酒店的经营效果。前厅和预订员工已经不再只是单纯地接受订单，除了做好日常的接待服务工作外，更应做好面对面的对客销售。增销对酒店来说是一个巨大的创造收入的机会。所以，不断地研究、总结和运用销售方法和技巧，已成为前台管理工作取胜的一个重要环节。

（二）提升顾客满意度

据 2015 年环球旅讯的报道称，TSA Solutions、香格里拉酒店集团和 Brand Karma 三方研究分析了 11 000 条在线酒店点评并得出了如下结果：

（1）选择付费升级服务的客户点评分数为 4.6 分，而接受免费升级服务的客户点评分数为 4.7 分。

（2）当问及“物有所值”时，付费升级的客户点评分数为 4.2 分，比没有升级服务的分数高 25%，而获得免费升级的客户满意度比没有升级服务的高 33%。

（3）比较一下前台推荐对客户的影响，Brand Karma 的总分为 3 分，接受升级服务的客户评分为 1.3 分，比接受免费升级服务的客户所评的 1.2 分更高，比没有获得任何升级服务的客户所评的分数高两倍多。满意度最低的点评是由拒绝了升级服务的客户所提供的。

此项研究表明，酒店前台的升级服务销售与好评和客户满意度有直接关联。也说明了这是一个良性循环，即前台销售升级服务能够提高收入，并带来更多好评，而好评又会带来更多收入。

案例聚焦

TSA Solutions

TSA Solutions 是拥有首屈一指的专业增销团队的权威培训机构。为合作方专心研制的一套销售技巧培训课程，旨在全方位提高销售技巧，从容应对销售各环节中的问题，更具体、更容易掌握和实践。课程内容涉及团队成员必须掌握的各项的销售技能，制定行而有效的营销策略以及合理安排行动计划等。很多知名的酒店集团都和 TSA 合作，让员工接受系统的付费培训。

资料来源：https：//www. tsa-solutions. com.

（三）员工受益

通常酒店会为了鼓励前台员工推销客房的积极性，根据不同的房型、房价、销售业绩等发放不同额度的奖金，这也是员工展现个人工作能力并赚取合理的劳动报酬的好机会。因此，掌握一定的销售艺术及技巧很有必要。

所以，酒店需要对员工进行系统的培训，提高员工的销售技巧，让他们能为客户提供精准的销售服务，最终实现收益最大化以及客人满意度最大化的双重目标。

二、客房增销的技巧

（一）培养良好的个人素养

提前熟悉酒店的所有产品知识和各个客房的不同特点，始终以友好的声音和笑容迎接每一位宾客。保持令人愉悦的、有条不紊的工作态度。和客人保持眼神的接触。及时询问客人的名字，在对话中至少称呼客人3次。经常使用礼貌用语，如“先生/女士”称呼客人，用客人的姓，不要直呼其名。记住：你在销售客房的同时也在销售你自己。

（二）挖掘宾客需求，从宾客的期望出发

试图识别出客人的需求，因为这些需求可能在订房过程中没有被识别出来。酒店前台员工在办理入住时要拥有强大的洞察力，分析和了解客户需求的能力。通过与客人互动，有助于建立信任、发现客户需求，并确定适合每位客人的房间匹配。

提供不同种类的客房供宾客选择是预订和入住登记过程中进行推销的关键。不同类型的客人有不同的特点，对酒店服务也就会有不同的要求，结合客人的这些需要使之与可提供的房间的家具、客用品等相配对。看破客户类型很重要，因人而异地推销客房。例如，一位在酒店住三到四晚的客人可能比一位只住一晚的客人更愿意住一间面积大一点的房间或独立的房间。商务客人一般是因公出差，对房价不太计较，时间安排得非常紧凑，前厅部服务人员应向他们推荐幽静、便于会客、设有足够的先进通信设备的行政楼层客房。对度假旅游的客人，可向他们推荐布置精美、景色宜人的客房；向度蜜月的新婚夫妇推荐蜜月套房；向知名人士、高薪阶层的客人推荐豪华套房。

散客的销售机会很大，特别是无预定直接步入酒店的客人，他们中的许多人不清楚他们喜欢什么样的房间或设施。前台员工有很好的机会给他们良好的第一印象，引导他们购买高价客房。比规定入住时间早到的客人，经历了疲惫的长途旅行或者时差，他们也很容易接受更好的房间。

（三）突出客房产品的价值

在任何类型的销售中，最糟糕的错误是只报价而不证明消费价值！如果酒店所销售的商品使客人感到物有所值，那么商品的价格是会被客人接受的。所以在销售客房的过程中，应该强调的是客房的价值，而不是价格。客房的价值必须经前厅服务人员的宣传，客人才能理解。因此销售客房时要善于用描述性语言向客人提供几种客房的优势，说明能给客人带来的好处，以供客人选择。

由于客人对产品价值和品质的认识程度不同，相同的价格，有些客人认为合理，而有些客人则感到难以承受，就会产生犹豫不决的情况。这时接待员要将价格转化为能给客人带来的益处和满足，对客人进行启迪和引导，促进其购买行为。例如，强调“客人受益”，强化了客人对产品的价值的理解程度，从而提高其愿意支付的价格限度。一名接待员是这样讲的，“此房间床垫、枕头具有保健功能，在让您充分休息的同时，还起到预防疾病的作用。”“此房间价格听起来是高了点，但配有冲浪浴设备，您不想体验一下吗？”

知识拓展

突出客房产品的价值

1. 不能只说：“一间500元的客房，您要不要？”而应说：“一间刚装修过的、宽敞的房间……”“一间舒适、安静、能看到美丽海景的客房。”“一间具有民族特色的、装修豪华的客房”，等等。

2. “由于安静，您一定能休息好。”“孩子与您同睡一间客房，您可以不必为他担心。”另外，在没有认真地介绍客房前，不要急于报价。而且接待员还应注意用词。例如，应该说：“您的运气真好，我们恰好还有一间漂亮的单人房。”而不能说：“单人房就剩这一间了，您要不要？”应该问：“您在这儿住多久？”而不应该问客人：“是不是只住一夜？”

（四）掌握适当的对客报价方法

根据不同的房间类型，客房报价的方式有三种：

1. “冲击式”报价

即先报房间价格，再提出房间所提供的服务设施与项目等。这种报价方式比较适合价格较低的经济等级房间，也较适用于推销酒店的一揽子包价服务，主要针对消费水平较低的顾客。如“先生，您好，我们有280元的标准客房，配有电视等设施，免费提供擦鞋服务并赠阅报纸。”

2. “鱼尾式”报价

先介绍所提供服务设施与项目，以及房间的特点，最后报出价格，突出物美，减弱价格对客人的影响。这种报价方式适合中档、豪华客房。在客人需要特殊房间或引领客人参观客房时，采用此种方式较为有效。如“先生，您好，在5楼有一间最近才装修过的客房，房间很安静，而且离电梯也不远，它的房价是380元。”

3. “夹心式”报价

“夹心式”报价又称“三明治”式报价，即将房价放在所提供的服务项目中间进行报价，能起到减弱价格分量和作用。此类报价一般由前台接待人员用口头语言进行描述性报价，强调所提供的服务项目是适合于客人利益的，同时要注意报价不宜过多，要恰如其分。这种报价方式适合于中、高档客房，可以针对消费水平高、有一定地位与声望的顾客。如“一间宽敞、舒适的客房，价格只有600元，这个房价还包括一份早餐、服务费、一杯免费咖啡……”

（五）对员工进行授权，适当让步

由于酒店产品越来越强的议价特点，所以价格因人而异已经成为十分正常的现象。况且市场的多变性决定了价格的不稳定性，对于确实无法承受门市价格的客人，适当给予优惠也是适应市场、适应竞争的重要手段。“该出手时就出手”，避免客人投入竞争对手的怀抱的现象。但做出的让步要在授权范围内或十分有把握获得上级绝对支持的情况下才可行。要注意优惠幅度应控制在授权范围之内，并要求员工尽量不以折扣作为达成交易的最终手段，并配合各种奖励措施，鼓励员工销售全价房。

第六节　前厅会计

前厅会计系统监督和反映住店客人、公司、旅行社以及其他非住店客人使用酒店的服务和设施而产生的交易。前厅人员在执行会计的准确性和完整性职能方面的能力将直接影响酒店收回欠款的能力。本章将论述前厅会计的基础知识，包括建立和维持账户，入账及跟踪交易以及内部控制程序和结账。

一、前厅会计概述

一个有效的客人会计系统要在客人服务循环体系的各个环节发挥作用。如下面的循环图所示（见图3－7）。

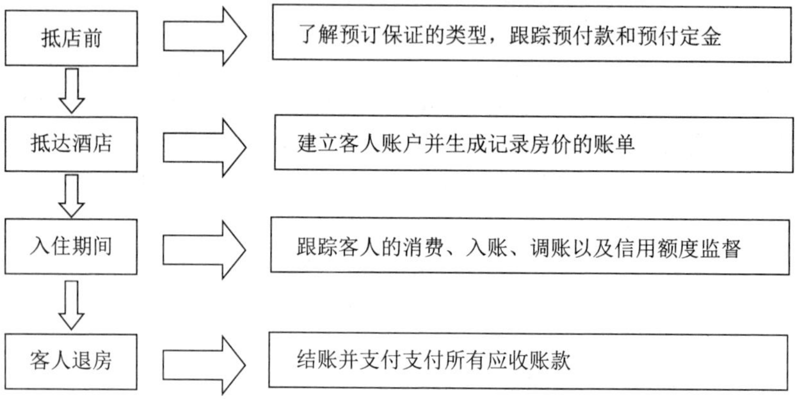

图3－7　酒店前台会计循环

前厅会计系统通常包括：

- 为每位住店和非住店客人建立和维护准确的会计记录；
- 在整个客人循环过程中跟踪每一项财务交易；
- 保证内部控制覆盖到所有现金和非现金交易；
- 记录所有已实现消费的结算情况。

前厅客账管理是一项十分细致复杂的工作，时间性和业务性都很强。住店宾客每天都同酒店各部门发生各种各样的交易，如住宿、餐饮、洗衣、客房送餐、商务中心、长途电话等。客人在使用这些设施和享受服务后，不必马上支付这些费用，现代酒店一般采用“一次结账”的收款方式。

酒店行业有一般公认会计准则。酒店前厅会计程序通常只适合于某个酒店经营方面。不同酒店集团的会计术语和报表格式都不相同。以下几个方面仅介绍前厅会计的一些概念。

二、账户的建立

在客人办理完入住登记手续交付保证金之后，总台收银处将会为客人建立账户。账户是记账、入账的第一步，用于记录客人和酒店之间的所有财务交易，账户所包含的一般信息有宾客姓名、房间号、消费场所、账单号、消费摘要、签字等。由于一次性结账方式的存在，酒店允许宾客在逗留期间将他们在酒店的消费记入其客房账户中，因此前台接待处给每位登记入住的宾客设立一个账户，供收银处登录该宾客在酒店入住期间的房租及其他各项花费。宾客账户是编制各类营业报表资料的来源之一，也是宾客离店结账时的依据。清晰的账户是正确计算宾客账目的前提条件。

酒店账户的类型通常有以下几种：

（一）散客账户

散客账户也称为个人账单、客房账单、宾客账单，它是为每一位散客设立的账户，其作用是记录他们和酒店之间发生的会计事务。

（二）团体账户

又被称为团体账单，是团体使用的账户，包含着不转至个人账单的一些交易记录，一般用于多数团队和会议的记账服务。对于团体住客，一般应设两个账户：公账账户（也称主账户）和私账账户（也称杂费账户），公账账户用于记录团体的集体消费账目，由旅行社或接待单位付款。私账账户用于记录团队中的个人消费，由宾客个人支付。

（三）非住客账户

非住客账户又称半永久账户，是为那些不是住店宾客但产生店内费用的个人而设置的账户，如健身房成员、仅在店内进行餐饮或者其他康乐消费的单位客户。非住客账户号在账户建立时要为客人办理账户卡，当收银员向非住客账户成员收费时，必须要求宾客出示账户卡，以确认转账有效。

（四）编制账户

编制账户又称控制账单，用于酒店各营业部门跟踪转账至其他账单（个人、团体、非住客或员工账单）的所有事务，例如，住店散客在餐厅吃饭，他的花费总额将转账至对应的个人账单，与此同时，该总额又将作为餐厅延迟付款转账至对应的控制账单。

（五）永久性账户

永久性账户是指与酒店有业务合同的信用卡公司账户，用来跟踪由信用卡公司结算的宾客的账单余额。酒店将为每个和它有合同付款程序的实体建立一个永久账户。如果宾客要求其账单余额通过一张可接受的信用卡支付，则将宾客余额转账至对应的永久账户。永久账户使得酒店在宾客逗留时间之外仍能跟踪应收账款，只要酒店继续和该实体保持业务联系，对应的账户将永久存在。

三、入账及消费跟踪

（一）营业点

营业点是提供商品和服务的地点。在酒店任何一个对其商品和服务收取营收的部门被认为是一个收益中心，也就是营业点。大型酒店通常有很多营业点，如餐厅、酒吧、咖啡厅、房内用餐、洗衣和干洗服务、泊车服务、停车场、电话服务、健身中心、运动设施、水疗和商场。前厅会计系统必须保证所有在各销售点发生的账项应记录到相关住客或非住客账户上。宾客在每一个销售点的花费就形成一个分户账，如客房房租分户账、餐厅分户账、康乐分户账等，宾客的账单就是由各营业场所的分户结账单组成的。

（二）凭单

凭单详细反映记录到前厅账户的交易。这个凭单列示了产生营业点所发生交易的详细交易信息。然后这些凭单被送到前厅过账，在前厅会计的凭单包括现金凭单、收费凭单、转账凭单、折让凭单和付款凭单。大多数计算机系统几乎不需要凭单，这是由于各营业点的终端直接与前厅计算机接口，能够直接将电子交易信息转到电子总账单上，结果是凭单的使用被大大减少了。

（三）入账

前厅为客人建立客账后，即开始记录客人住店期间的一切费用。建立了宾客账户，客人在酒店内的各项消费单有了汇总、存放的地方，酒店就开始把客人的预付保证金、各项消费数记入客人户头，输入消费、结算的账目到账单中，这就叫入账。

在电脑系统管理下，入账分为电脑自动入账和手工入账两大类。房费、电话费、各个互联网收银点的挂账均由电脑自动记入。未联网收银点的客人消费，如洗衣费、客人预定押金，结算付款的记录一般由前台负责手工录入。

前厅收银员主要通过借方（Debit）和贷方（Credit）两个方面入账。借方入账内容包括客人在店的所有消费费用金额，以及代付款项和赔偿。贷方入账内容主要是：预付的保证金、押金，结账时的补足款项，以及账单修改的冲减。

酒店宾客一般入住时间短，费用项目多，因此要求入账不仅要及时迅速，还要清晰准确。

（四）调账

在记录或者登记入账时做到认真仔细、准确无误，特别是宾客房号、姓名、消费日期与时间、消费项目与金额等更应当详细记录，以减少入账错误给宾客或者酒店带来经济损失及不利影响。

（1）取消（Void）：由于个人失误导致入账的数目错误，需要在系统中以一正一负来抵销错误的账目，重新进行入账。

（2）转账（Transfer）：用于将当前账单中选中的交易记录转账到选定的目标账户或账单。

（3）拆分（Split）：用于将一笔交易账目按指定比例或金额拆分为两笔记录。例如，可用于同住客人分担房费或部分结账。

（4）冲减（Rebate）：用于酒店的一些投诉或者其他原因对客人的账目进行减免，要有批准单才可进行。

（5）代付款项（Paid out）：酒店代为客人支付店外消费的款项，常见的如租车费、旅游观光费、邮资等。

（6）赔偿（Penalty）：客人不小心损坏酒店设备物品后，需要做出赔偿的款项。

（五）信用额度监督

客人入住时收取的押金金额或者预授权金额一般为客人的信用限额，在不超过信用限额的情况下，前台可以直接记账。前台必须监督客人账户以保证它们没有超过可以接受的信用限额。

当账户接近其信用限额，这些账户叫作高风险账户或超限额账户。前台需要让客人尽快缴纳新的押金，在超限额账户问题解决前，可能拒绝新的消费记入客人总账单。大多数酒店的前台经理每天要定期检查，由计算机打印一份客人清单，主要列出账户接近或超过批准的信用限额的客人姓名。

在大型酒店，可能有一个全职的信用经理检查超限额账户。

四、账户结算

账户结算是前台对客服务以及前厅会计的最后一个部分。在离店前，客人通常在前台停留检查他的账单，结清任何应付未付账款，收取账款发票，归还房间钥匙。如果结账时不能达到准确、友好和快捷，客人将忘记酒店员工之前所有的礼貌服务和辛勤工作，所以结账环节非常重要。

（一）结账方式

1. 现金结账

当客人使用现金进行结账时，收银员务必要认真清点现金数目，鉴别现金真伪，唱收现金，唱付找零。另外收取现金时，收银员必须注意：现金结账的客人必须使用人民币结账，如客人只有外币，应请客人先办理外币兑换，再付款结账。

2. 信用卡结账

使用信用卡结账时，需首先确认客人入住时是以现金方式，还是以信用卡预授权方式交纳的押金。如客人是以现金方式交纳的押金，结账时以信用卡方式结账，则直接按照电脑显示的消费金额在 POS 机上刷卡消费，当 POS 机的签购单打印完毕后，务必请客人签字确认。若客人入住时以信用卡预授权方式交纳押金，收银员需先取消客人信用卡的预授权，再按正常方式进行结账。

收银员应查看客人信用卡是否为本酒店接受的类型；检查反光标记、查验信用卡号码是否有改动的痕迹；检查其有效日期和外观完整与否，如有明显无效、残缺的情况，应立即向客人指出；检查客人的签名是否与信用卡的背签一致。检查持卡人的消费总额是否超过该信用卡的最高限额，若超额，应向银行申请授权。把签购单其余联像现金一样存放并保管好。

3. 支票结账

如客人使用支票如旅行支票进行结算，需要注意检查支票的真伪，注意辨别那些银行已经发出通知停止使用的旧版支票。检查支票是否已经过期，金额是否超过限额。检查支票上的印鉴是否清楚、完整。在支票背面请客人留下联系电话和地址，并请客人签名，如有怀疑请及时与主管单位联系核实，必要时请当班主管人员解决。

4. 直接转账结账

转账结账是指客人凭合同、挂账协议或证明函件消费酒店产品，日后由消费者或第三者公司付款的结算方式。酒店一般给予信誉好的往来公司、旅行社等单位转账结账的方便。转账结账可以简化离店手续，方便客人。客人只需在总台收银处签认账单，不必支付账单便可办完手续。最终客人账单的复印件会直接给到公司，由酒店的财务部门收取相应钱款。

5. 混合结账方式

客人可能使用超过一种结算方式结账。例如，客人可能使用现金支付一部分账款，一部分信用卡结算，剩余部门公司转账。前台接待员必须准确记录混合结账方式。

（二）创新的结算方式

在酒店计算机化时代以前，中型和大型酒店的前厅接待员的工作负荷较大，因此接待和收款岗位是分开设立的。客人是由前厅接待员办理登记入住，而由前厅收款员办理结账离店。当今由于前厅自动化系统的运用，大多数酒店培训前厅人员掌握登记入住和结账离店两种程序。

现阶段自助结账已越来越通行，它让客人不必在前台，而在他们自己房间的电视或移动终端上进行结账。自助结账后，可在前台领到住客账户的总账单，也可通过邮寄或电子邮件的方式送达客人。

第七节　行政楼层管理

一、行政楼层概述

对于大多数人来说，行政楼层都是神秘奢华的代名词。行政楼层诞生在美国。20 世纪 80 年代初期，美国的大型酒店为了淡化团体酒店的感觉，也为了满足行政官员、商务人员的需求而设置了这种特殊客房。假日酒店集团首先在其皇冠广场旅馆开设了公务楼层（Concierge Floor），后来这种做法传到了世界其他国家及地区。英国一些酒店也开始出现了一种称为经理俱乐部（Executive Club）的客房群，专门为商务旅行者提供一些特殊的服务，并有一个专门为之服务的咖啡间。经常入住行政楼层的商务客人都有一个习惯，没有特殊原因，一般不愿意更换酒店，于是这些客人就成为酒店的忠实客源。

行政楼层的房间一般楼层会更高，房间更新，设备更先进。当然房价比一般楼层房价高出约20%～50%，这意味着入住这里的宾客也可以享受到更尊崇的待遇和更细致的服务。行政楼层的顾客可以享受快速入住登记，推迟离店时间，有专门设立的行政酒廊，还有交通、洗衣等更多礼遇。

二、行政酒廊及行政礼遇

酒店针对行政楼层客人的接待服务一般都会在行政酒廊中进行。行政酒廊译为 Executive Lounge 或者 Club Lounge，可简单理解为高端客人休息室，是酒店给入住行政客房的客人使用的专属酒廊。直白的来说，行政酒廊和飞机商务舱比较像，坐在商务舱，可以享受贵宾登机待遇，不用排队面对嘈杂的人群，而且可以享受更高质量的飞行体验和餐食。行政酒廊的作用也是如此，它提供了一个更加私人的场所，在酒店中营造一个更舒适的环境。

行政酒廊一般只对付费入住行政楼层的客人、品牌忠诚顾客计划的高级会员以及一些酒店的 VIP 免费开放，比如万豪白金卡、香格里拉钻石卡、希尔顿精英钻石、雅高白金卡等。其他客人一般是不允许使用或者需要付费的。

在各个国际品牌酒店集团行政酒廊的称呼也大不相同。在香格里拉它叫豪华阁；在索菲特它叫米勒西姆俱乐部；在凯悦酒店它叫嘉宾轩；在文华东方酒店它叫 MO 俱乐部。行政酒廊的礼遇每家酒店会稍微有一些差别，但是大同小异。一般包含以下几个方面：

（一）享受更贴心的服务

一般酒店当然会把素质较高、形象姣好、工作经验比较丰富的前台员工安排在行政酒廊工作，客人可以获得更优质、更专业的服务。

（二）专属私人快捷办理入住和退房

行政楼层的客人可以在行政酒廊办理入住和退房，不用跟在酒店大堂前台的大部队后面排队，而是坐在行政酒廊的沙发上面，点一杯软饮或者一杯香槟，悠闲地享受行政酒廊的工作人员为自己有条不紊地办理入住，入住体验会更加优越。另外，如果房间允许的情况下，住在行政楼层，视住房率可延迟退房至16：00。

（三）丰富的餐食选择

对于很多客人而言，行政酒廊最大的优惠便是免费的餐饮了。行政酒廊的全天营业时间一般为06：00～23：00，全天供应免费的软饮、咖啡、饼干和水果。大部分酒店的免费餐饮时间段为以下几种，时间及种类每个酒店及酒店集团都有轻微的差距。

单独的早餐供应：06：00 ～10：30

中午小食：11：00～14：00（部分酒店提供）

下午茶：15：00～17：00

欢乐时光：17：30 ～19：30

（四）会议、商务洽谈及阅读休闲

行政酒廊一般都会配备一间6～10人的小型会议室，专为商务客人使用。一般入住行政楼层的客人，每天可免费使用会议室1～2小时。行政酒廊也会放置一两台电脑和打印机、复印机、传真机等，供客人上网办公。

为了迎合不同人群的需求，行政酒廊一般都有明显的区域划分，例如，会有就餐区和会客区。行政酒廊是谈生意的好地方，酒廊装修高档，音乐舒缓，服务还周到，更利于双方洽谈的促成。另外行政礼遇是身份地位的象征，行政酒廊的“高门槛”，有种贵宾的优越感。

行政酒廊每天都会有最新的中外报纸，各类当月最新的杂志，大部分行政楼层都会有一片区域放置书籍，有各类语言或者是讲述当地历史人文的书籍。

（五）洗衣及熨烫、交通及其他

许多酒店在行政酒廊待遇中，会附送每日一两件免费的洗衣或熨烫衣服，对于出差的客人是一项很方便的福利。

部分酒店还会为行政楼层的客人提供免费的接送机服务，如吉隆坡的文华东方酒店就为入住行政楼层的客人提供梅赛德斯奔驰E级车的接送机服务。另外，为吸引更多的人来预定行政楼层，部分酒店还会提供spa打折、收费康乐项目的免费使用、购物折扣等。

案例聚焦

北京王府井希尔顿酒店的行政楼层礼遇

行政酒廊为您精心准备了每日不同时段的三次餐饮选择。为了您方便用餐，请查阅以下服务时间表：

1. 早餐 06：30～11：00
2. 下午茶和午后点心 15：00～17：00
3. 晚间欢乐时光 18：00～20：00

除此之外，您还享有以下行政酒廊尊贵体验：

1. 行政酒廊私人办理入住和退房服务
2. 礼宾服务
3. 营业时间内在行政酒廊免费享用精选咖啡、茶水或者饮料服务
4. 在行政酒廊内的高速互联网接入服务
5. 每房每晚一件衣物的熨烫服务（此服务不可累积）

资料来源：王府井希尔顿酒店预订部。

三、行政楼层接待与前台接待工作的区别

行政楼层的接待工作有与前台基本相似的常规服务，但是两者之间也存在着一些不同。另外由于客人享受待遇项目的增多，行政楼层比前台的工作也多出了一些相应的服务工作以及流程规范。入住退房的手续办理会有区别，行政楼层的客人可以在酒店享受专属快速入住及退房手续，可以不必在大堂排队办理。所以酒店工作人员会护送客人至行政楼层。退房也会享受快捷退房服务。另外行政楼层的员工还会增加早餐、下午茶以及欢乐时光等餐饮服务的工作项目，酒水的盘点工作，会议室租赁及打印复印的工作等都与前台接待有很大的差别。

第八节　前台接待常见问题及处理

前台接待是最重要也是最主要的工作内容，在接待中肯定会遇到很多的问题。可能会遇到下列情况，应灵活处理。

一、查找预定时遇到的问题

（一）找不到客人的预定信息

出现这种情况的可能性有两种：一是客人没有预订或者预定的日期不符；二是预订员或接待员工作疏忽造成的。无论属于哪种情况，如有空房应尽量满足客人的需要。

如该房型客房已经住满，可请客人出示酒店发出的确认函，如果客人有确认函，则向客人表示道歉，同时为客人免费升级一间高档客房。如果高档客房已售完，则可将稍低档次的客房以优惠价出租给客人。假如本酒店已无空房，则要将客人介绍到其他同档次的酒店，其处理方法与前面所讲的“超额预订”时的处理方法相同。如客人没有确认函，应向客人解释清楚并表示歉意，同时可以建议为客人在附近同等级的酒店找一间客房。不过最好帮他与其他酒店联系，这样，客人是不会忘记你的善举的，而且如有机会，下次客人还会来酒店入住。

（二）能找到客人的预定信息，但该房型已没有了

可以为客人免费升级一间高档客房。如果高档客房已售完，可向客人表示歉意，则可将稍低档次的客房以优惠价出租给客人。如果是超额预定的状态，可以参考前一章的处理程序。

（三）停留天数与预订的不符

预订客人抵店登记时，一定要获得客人对离店日期的确认。假如客人提出的离店日期与最初预订的不同，如果有房间满足则需要当场进行修改确认。但是如果延长的日期酒店已客满，可告诉客人：“等过两天再说，有些客人可能会提前离店，那样您就可以保留房间了。”并且做好备注。但是不能为客人保证肯定有房间可以满足。

（四）预订客人提前抵店

酒店一般规定中午点以前为结账离店时间，如果预订客人在此之前抵店，这时应向来客解释清楚，并建议客人在大堂等候，或把行李留在酒店，先去咖啡厅喝咖啡或出去散散步。如果房间准备好了，酒店一般会批准客人早期进入，这样也能有助于提供良好的服务。但如果前一晚的入住率高，可行度就不高了。酒店

无法提前唤醒另外一位客人，为这位客人腾出房间。如果客人在深夜抵店，并住进客房，可加收半天房费。

二、查验证件中遇到的问题

（一）客人未携带有效身份证件

坚决不允许为其办理入住，可建议客人至派出所办理临时身份证明，临时证明需有当地派出所盖章、民警签字方可使用。任何人不可为其担保。遇见过期、超过停留期限的证件，应尽量留取证据，报备治安大队、外事办，注意留证技巧，尽量不让客人察觉及发生争执。

（二）携带非本人身份证件/不确认携带是否本人证件

可通过核对身份证件上的信息来确认：身份证号码、出生年月、证件办理日期等。如不确定是本人证件，不给予办理入住，建议客人至派出所办理临时身份证明。

（三）多人入住，后补证件

不允许，必须登记齐全后，方可给房卡，但可提前为客人办理其他手续（收取押金等）。

（四）访客登记

入住旅客需会客时，访客需出示身份证并办理登记手续，记录会客人数、身份、会客原因、客人离去时间等。设立来访登记处，由前台负责办理来访手续。来访客人必须于晚上 11 时前离开客房。发现公安机关通缉人员或有现行违法人员应立即报告，并交公安机关处理。

三、结账业务中特殊情况的处理

（一）对房费争议的处理

1. 向客人讲解房费的计算方法。有的客人并不清楚房费的计算方法，特别是在晚上过夜过完夜审后电脑自动过一天房费，过中午十二点至下午两点后电脑提示加半天房费（注：不同酒店规定不同，有的酒店会针对会员提供延时退房的优惠，如可以延时至下午四点退房），过晚六点至晚八点后退房，电脑提示加一天房费。此时，接待员应耐心地向客人讲解房费在电脑中是如何计算的，并向客人解释清楚："××先生\小姐，您每晚的房费为××元，您一共住了××晚，房费共计××元。"

2. 查找争议原因。若客人对每晚的房价有疑义，接待员应立即与客人入住期间的接待员或者销售部、预订部联系，查询预订单、合同上的价格。

3. 确认房价，解决争议。如房价确实无误，将酒店与客人或者客人所属公司签订的预订单、合同或者其传真件出示给客人，在得到客人确认后，请客人付费。

若房价错误，如是由于预订员或者客人入住期间接待员输入错误，接待员应马上向客人真诚致歉，取得客人的原谅，在请示主管或大堂副理后将电脑中错误的费用做冲账处理，并打印新的账单，所冲费用待客人结账后请部门经理签字批准。

如房价确实无误，但客人仍无理由拒付费用，接待员需马上交由大堂经理处理。

（二）客人对其他费用争议的处理

1. 辨认争议类型，根据情况确定由哪级人员负责处理。客人费用发生争议的常见情况有：迷你吧费用、汇率差、餐厅或康乐等其他部门消费，上网费用，收费电视费用等。客人对费用产生争议，费用在100元以内，当班主管和大堂副理可酌情处理，若在此之外，则由大堂副理负责处理（各酒店可按各自的授权进行处理）。

2. 查找争议原因，确认争议中客人费用产生的来源，解决问题。与相关部门核实，如客人确实使用过酒店的产品与服务，需要耐心地向客人解释，必要时需要出示客人曾经消费的证据，使客人打消对账单的疑问。例如：

- 迷你吧费用：与客房部及楼层确认客人使用迷你吧的日期及详细消费项目，耐心向客人解释，请客人付费。
- 汇率差：请客人出示外币兑换水单并将其收回，汇率所产生的差额部分在电脑中做冲减，在调账报告上写明原因并将其和外币兑换水单一起，转交财务审批。
- 餐厅或康乐等其他部门消费：将客人在餐厅或其他部门消费的明细单找出，与客人确认明细单上的宾客签字。
- 上网费用：将电脑房打印出的上网记录清单出示给客人，并在得到客人确认后，请客人付费。

• 收费电视费用：将音像中心记录的点播清单出示给客人，并在得到客人确认后，请客人付费。

如客人确实未曾消费，接待员应诚心地向客人致歉，取得客人的谅解，并将差异部分在电脑中做冲减，向客人打印出示新的账单，快速地为客人办理结账手续，减少客人等待的时间。在为客人办理完结账手续后，要正确填写冲账单，写明原因，将所冲的费用请部门经理签字，并转财务审批。此后，及时与相关部门协调，查找入错账的原因，以减少酒店的损失。

在查找争议原因及争议费用来源时，应当本着为客人着想的原则，相信客人，节约客人时间。

思考与练习

一、思考题

1. 提前为宾客做好入住登记有什么好处？
2. 请谈谈酒店的总统套房该如何能更好地进行销售？

二、实训练习

以学习小组方式进行实训，每两人为一个小组，两人轮流互扮前台接待员及客人的角色，模拟演示酒店客人入住登记以及客人离店时的收银结账情景。

三、案例分析

案例1：

客人拒付房租

某日，两位客人有说有笑地来到宾馆，他们一起登记住宿，一位入住820房，另一位入住816房。登记完毕，总台小姐礼貌地询问：“先生，请问你们的账怎么付？”820房客人回答说：“一起付。”于是总台小姐填写了预付款单，全额3000元人民币，并在单子上注明“816房客人账由820房客人付。”然后对

820房客人说："请签名确认，由于你们两间房统一付款，所预付款要交3000元，请到结账处办理。"客人签名交钱。

两天以后的中午12：00，820房的客人来结账，与总台发生了争执："我没有看到预付单上写有'816的客人账由820房客人付'的字样，一定是我签名后你们总台加上的，我们登记时说各付各的账。"接着说，"我只结自己的账。"(816房的客人已于当天早上离店，并未结账。）听到争吵，大堂经理卓女士来到现场，对客人说："您好，我是酒店的大堂经理，有什么事，我会想办法为您解决的。"

在听完客人和总台小姐的讲述，看了客人的预付单后，卓经理对事情的大概有了一个了解。

为了安慰客人，卓经理转过身来对客人说："先生您先别着急，我们一定会尽快查清，尽量给您一个满意的答复，您看能否先去用午餐，等用完餐后再过来结账?"

13：00，客人用完午餐来到结账处，不客气地问："事情怎么样了，我还要赶飞机呢!"同时反问道："你有那么高尚吗？别人吃喝玩乐，你来帮他付账？那谁来帮我付账?"又说："我朋友很有钱，他肯定会付账的，不会要我替他付的。"

卓经理很有耐心地向客人解释道："先生，我相信您的朋友肯定会付账的，但他未结账就离店了，肯定知道你们是一起付款的。按照我们酒店的常规，一间房客人入住1~2天，一般预付1000~2000元，您的预付标明是3000元，表明总台小姐考虑了两个房间的预付款项；另外，总台规定，客人若未替其他客人付账，而只是交预付款，是不需要在预付款单上签字，单子上有客人签名，就说明820房客人帮816客人付账，这一点是得到客人本人认可的。"

听到这儿，客人不以为然地说："我怎么会知道你们酒店什么规定。"

卓经理仍有耐心地说："您若不相信我，我可以当场给您看其他交预付款客人的单子，假如您能在上面看到客人签名，您就不用付这笔账了。"

至此，820房的客人不吭声了，却仍硬撑着，卓经理笑道说："发生这样不愉快的事情，确实有我们做得不够的地方，既然给您添了麻烦，也让我们感到为难，您看我们能否想个两全齐美的办法来解决这个问题呢?"

客人马上问道："怎么解决?"

卓经理说："我相信您说的，您的朋友肯定会支付这笔账，您能否给我留下他的地址、电话号码，以便联系。同时请您帮个忙，先帮他付这笔账，我们及时与您的朋友联系，由酒店出面追回这笔款项，同时以酒店信誉担保，款一到马上退款给您，您以为如何?"听到这里，客人顺水推舟地回答说："算了，算我倒霉，我付了。”

问题：

1. 总结本案例中大堂副理处理客人账务纠纷的经验。

2. 根据所学及案例中所反映出的问题，请你思考：如何完善酒店前厅的收银管理制度，防止类似问题再次发生？

四、本章工作术语（见表3－12）

表3－12　　本章常用的专业术语

专业术语（中文）	专业术语（英文）
房态	Room Status
升级销售	Up-selling
客房分配	Room Assignment
快捷入住/退房	Express Check In/Check Out
当日预抵/预离	Due In/Due Out
预抵/预离客人	Expected Arrival/Departure
入住登记单	Registration Form
行政楼层待遇	Executive Floor Benefit
欢迎礼遇	Welcome Amenities
夜审	Night Audit
账单	Bill/Folio
杂费	Incremental Charges

第四章　前厅综合服务管理

【学习目标】

1. 了解礼宾部的岗位设置和主要工作内容；
2. 理解金钥匙服务理念；
3. 掌握门童、机场代表、行李员的工作职责；
4. 掌握总机服务的工作职责；
5. 了解商务中心发展趋势。

案例赏析：

滴滴携手万达酒店推出一体化“出行＋酒店”服务

2019 年 8 月 7 日，滴滴出行与万达酒店及度假村在北京万达文华酒店举行战略合作发布会，此次合作以酒店场景为切入点，由礼橙专车、滴滴豪华车联合万达酒店，结合滴滴豪华车专属机场助理、礼橙专车接机员、CIP 快速安检通道等服务，让用户从机场前往酒店的每个环节，都享受更优服务方案。打通出行与酒店领域的资源和服务，在出行服务升级、会员权益互享、品牌联合营销等方面展开深度合作，为用户提供高品质的一站式商旅出行新体验。

用户可在万达酒店微信公众号内使用滴滴叫车，双方将逐步提供“酒店住房＋专车/豪华车用车”打包套餐，未来可通过万达酒店微信公众号、小程序、官方网站或 OTA 平台在线购买，让行程安排更省心。为提升入住旅客的出行服务和效率，合作将在万达酒店旗下的礼宾部植入一键代叫服务，并设置滴滴车站。酒店礼宾部可通过滴滴代叫车系统，根据用户需求，呼叫礼橙专车或滴滴豪华车等车型。滴滴车站可实时动态展示酒店前往机场、火车站、核心商圈和景点等地点的时长，提前为行程做出参考。在司机接驾时，可根据滴滴车站精准定位乘客上车点，减少司乘沟通成本。

此次战略合作还将推出会员权益互享计划，标志着滴滴与万达酒店在住宿及出行产业链的深化合作。万达酒店及度假村忠诚客户计划“万悦会”将向滴滴各级别会员共享专属会员权益，包含订房折扣、客房升级、额外积分、优先入住、延迟退房、行政酒廊使用权等。滴滴也将向“万悦会”会员开放快速通道、免费升舱、会员折扣等滴滴会员权益。合作将基于现有会员体系和权益，共同拓展更丰富、更具价值的会员福利，共建会籍权益生态。此外，双方将进一步在主题产品打造、线上联合促销、品牌联合活动等营销方面展开合作。

评析：

滴滴与万达酒店的深度合作，优化了酒店礼宾叫车服务，为客人提供了便利，为酒店礼宾服务提升了效率，同时拓宽了酒店前厅综合服务范畴。基于手机智能化时代，人们对微信及各类手机 App 的高频率使用，前厅综合服务也应向智能化和多元化转变，从而高效率地满足客人的需求。

资料来源：https：//www. meadin. com/203712. html.

第一节　礼宾服务

从宾客抵店入住到离店期间，礼宾部为客人提供接机、迎送、行李搬运、递送邮件、留言找人、物品租借、车辆安排及客人委托代办的各项服务，一般设迎宾员/门童、行李员、机场代表、委托代办等岗位。由于礼宾部既是最先迎接客人，也是最后送别客人的酒店部门，所以该部门的服务能否为客人创造良好的第一印象和难忘的最后印象起着重要的作用，常被视为客人心目中的“酒店代表”，在很大程度上体现着酒店对客服务质量，是现代酒店对客服务中的重要组成部分。

现代酒店中设有专门的礼宾服务值班台，一般与前台相毗邻，位于酒店大门内侧、客人容易发现的地方，便于大厅值班人员观察客人的抵、离店情况，同时可以及时与开房组、收银处联系。大厅值班台一般应由领班或经验比较丰富的值班人员担任，他们负责解答客人的询问，接受客人的各种服务要求，指挥、协调大厅服务人员的对客服务工作。

一、门童及迎宾服务

门童（Doorman）是代表酒店欢迎和送离客人的专门人员，位于酒店大门处，向前来酒店的客人表达问候，是酒店的“门面”，象征着酒店的礼仪，代表着酒店的形象。门童通常身着镶有醒目标志的特定制服，精神饱满，思维敏捷，创造出一种热烈欢迎客人的气氛，满足客人受尊重的心理需求。

门童在工作时，站立要自然挺直，双手背后，两脚分开约与肩同宽，同时与保安员、行李员相互配合，保证迎客、送客服务工作的正常进行。

特别提示　门童的选择

由于工作性质所决定，门童应该由身材高大的男性担任。所以被称为“Doorman”，但使用女性也未尝不可，因为餐厅的迎宾员大都由女性担任。由女性担任门童不仅具有特殊的魅力，而且能够突破传统，因而受到客人的欢迎。事实上，国内已有酒店开始启用女性担任酒店的门童，如国际假日集团管理的广州文化假日酒店的门童就由一位身着黑色燕尾服、具有英国绅士风度的漂亮小姐担任，受到客人的欢迎。香港新世界集团管理的广州五星级中国大酒店，也已开始启用女性做门童，受到新闻界的关注，《广州日报》为此专门做了报道，并给予好评。由女性担任门童的不足之处在于：一些档次较低的酒店为了节约人力资源，要求门童在负责迎送宾客的同时，也要为客人拎行李，担负起行李员的职责，此时，女门童则显然“力不从心”，难以胜任。还有酒店启用儒雅绅士的长者和异国情调的外国人做门童，标新立异，增强客人的吸引力。

资料来源：刘伟．前厅管理［M］．北京：高等教育出版社．2012.

1. 迎宾服务

当客人抵店时，门童要主动相迎，面带微笑向客人点头致意，表示欢迎，并道声“Welcome to XXX hotel!”（欢迎光临）。若客人乘坐轿车客人抵达时，则应替客人开车门，开门时，用左手拉开车门呈 70°左右，将右手放在车门上方，为客人护顶，并提醒客人“小心碰头”（Mind your head!）。

特别提示 迎宾的注意事项

(1) 护顶需要注意有两类客人不能护顶，一种是信仰佛教的客人；另一种是信仰伊斯兰教的人。门卫应当根据客人的衣着、言行举止、外貌进行判断，无法判断时则可将右手抬起而不护顶，但随时作好护顶准备。

(2) 开、关门时要小心，注意勿夹、碰客人的手或脚，同时，要注意扶老携幼。开门时注意按“先女后男、先外后内、先老后幼”的顺序。

(3) 在下雨天、地面滑或有台阶时，迎宾员要摆放醒目的标志牌或以口头的形式提醒客人小心路滑，以防意外，并提供雨伞临时寄存服务，设置伞架、防滑除尘踏垫等。

门童要协助行李员卸下行李，提醒客人并同时查看车内有无遗留物品，为防止客人将重要物品遗留在车内，门童应在便签上记下客人所乘出租车的牌号，并将便签转交给客人，然后关门，退后一步，示意司机发车，并向司机道谢。

在替客人开门时，门童应用一手打开大门，微鞠躬，然后向客人微笑致意，道欢迎词，同时用另一只手示意客人进入大厅，若使用自动门、旋转门则可不必开门。对于重要客人及常客的迎送工作，门童要根据通知做好充分准备，向客人致意时，应礼貌、正确地称呼客人的姓名，使客人获得宾至如归的感受。

此外，住店客人进出酒店时，门童同样要热情地招呼致意，如遇雨天，门童还应打伞为客人服务。

课堂讨论

门童拉门服务是否多次一举

相比西方酒店，我国高星级酒店一般设有礼宾处，Concierge 服务范围更广泛而且更具个性化。对于门童迎送客人拉门服务，有人认为国际上酒店大门大多数都是自动启闭，国内酒店的大门也都安有自动启闭装置，专门在礼宾处设门童拉门，是画蛇添足，还增加了劳动力的成本。你是否认同这种看法？

2. 指挥门前交通

门童要掌握酒店门前交通、车辆出入以及停车场的情况，准确迅速地指示车辆停靠地点，大型车辆会阻挡门口，故应让其停在稍离酒店正门口的位置。

3. 做好门前保安工作

门童应利用特殊的工作岗位，做好酒店门前的安全保卫工作。注意门前来往行人、可疑分子，照看好客人的行李物品，确保酒店的安全。对于送外卖人员，由于考虑到客人的安全问题，一般不允许其进入酒店，应让其联系客人自取，或将外卖放在酒店统一设置的礼宾服务台区域内。

4. 回答客人问讯

因其工作岗位的特殊位置，经常会遇到客人有关店内、店外情况的问讯，如酒店内有关设施和服务项目、有关会议、宴会、展览会及文艺活动举办的地点和时间等，以及市区的交通、游览点和主要商业区情况，对此，门童均应以热情的态度，给予客人以正确、肯定的答复。

5. 送客

客人离店时，首先协助行李员装好行李，并请客人清点过目，当客人上车时，预祝客人旅途愉快，并感谢客人的光临。最后，轻轻关上车门，面带笑容，后退一步，向客人挥手致意，目送客人的车离去。

此外，门童在工作时，可能会遇到形形色色、各种各样的人或事，必须妥善地、灵活机智地加以处理。

二、机场代表的迎送服务

机场代表为酒店在机场、火车站、码头等派出的工作人员（有些酒店在机场、火车站设有固定的接待点），是客人到达酒店所在城市时遇见的第一位服务人员，他们应该代表酒店对客人抵达表示热烈的欢迎与亲切的问候。他们的工作职责是：主要负责对酒店客人（特别是VIP）抵达机场时的迎接和离开酒店的送机服务，将酒店的对客服务范围由酒店大门扩伸到酒店外，同时积极回答客人询问，把握时机灵活地向客人推销客房，尽力争取客源。机场代表所提供的服务是否热情、周到、专业，直接反映酒店的档次和服务水平，因此机场代表要做好各项协调工作，切忌出现误接、漏接客人而影响酒店声誉。

由于机场代表需单独配置人员，并且工作地点都在酒店之外，因此对客服务质量和出勤表现很难监测，为了保障接送机服务质量，同时减少人力成本，所以现在大多数酒店无须单设机场代表。通过与汽车租赁公司、机场第三方地面服务公司联合来共同完成客人的接送机服务。但除一些机场酒店外，仍需机场代表负责各航空公司机组人员接送机服务。

案例聚焦

礼宾部与机场第三方合作

现在酒店更多通过与机场第三方地服公司合作来完成客人接送机服务，酒店礼宾会在客人抵达前一天与汽车租赁公司安排车辆调度工作，并将接机安排发送给地服公司、GRO（宾客关系部）、酒店总机等相关部门。客人抵达当天，由地服公司工作人员在下机廊桥附近等待客人，并将客人引领至机场停车场，送客人上车。司机接到客人后，会分别在接到客人时和预计剩余15分钟抵达酒店时发送两次提醒（电话或微信群）给礼宾部和GRO，接到第二次通知后，GRO会在酒店大堂提前等待客人，当接到客人后，引领客人至客房内完成Check in手续，无须在前台等待办理入住。

三、行李服务

酒店行李服务是由前厅部的行李员提供的。行李员在欧美国家又称为Bellboy、Bellman、Bellhop或Porter，其工作岗位是位于酒店大堂一侧的礼宾部（行李服务处），礼宾部主管（或“金钥匙”）在此指挥、调度行李服务及其他大厅服务。每天早上到达岗位后，礼宾部主管就要认真阅读、分析由预订处和接待处送来的预计“当日抵达客人名单”（Expected Arrivals）和“当日离店客人名单”（Expected Departures），以便掌握当日客人的进出店情况，做好工作安排。以上两份名单中，尤其要注意VIP和团体客人的抵离店情况，以便做好充分准备，防止出现差错。在此基础上，做出当日的工作安排计划，并召集全体行李员进行工作布置。

行李服务的主要职责是为客人提供行李搬运（抵店、离店、换房）和行李寄存，行李服务过程中，依据散客和团体客人的特点，服务程序有所不同。

（一）散客的行李服务程序与标准

1. 散客抵店的行李服务程序

（1）欢迎客人。当客人抵店时，行李员主动问候客人表示欢迎。

（2）清点行李。迅速卸载行李，请客人一起清点行李件数并检查行李有无破损，并记住客人到店乘坐车辆的车牌号码，以便行李遗忘时可迅速查找行李下落。

（3）引领客人至前台。清点并检查完客人的行李后，根据行李的多少，决定手提行李或使用行李推车。搬运行李时，贵重物品及易碎品，如相机、手提公文包、便携式电脑等要注意请客人自己提拿；装行李车时，将大件、重件、硬件放在下面，小件、软件、轻件装在上面。搬运行李时应轻拿轻放，防止行李损坏和丢失，禁忌图省力气使用脚踢行李。引领客人时，要走在客人的左前方，距离两三步，配合客人的脚步频率，拐弯处或人多时，要回头招呼客人。

（4）等候客人。引领客人到总台接待处后，行李员放下行李，站在总台一侧（约 2 ~3 米处），替客人看管行李，并随时关注总台接待员办理情况，等候客人办理住宿登记手续。

（5）领取客房钥匙，并引领客人至客房。待客人办妥手续后，主动上前从接待员手中领取房间钥匙，帮客人拎行李，并引领客人到房间。途中，要热情主动地称呼客人名字，向客人介绍酒店服务项目和新推出的活动，推荐酒店的商品。

（6）乘电梯。乘电梯时，要先请客人进出电梯，进电梯后行李员靠边侧站立以便按楼层键。

（7）敲门进房。进入房间时，要先按门铃，停三秒，介绍自己的身份，再敲门，再停三秒，若房内无反应，再用钥匙开门。开门后，环视一下是否为 OK 房，然后请客人先进入。将行李放在行李架上或按客人吩咐放好，如在白天，要为客人打开窗帘，将钥匙交还给客人。若开门后发现房间未整理或客人对房间不满意，则要立即向客人致歉，并与前厅联系，为客人换房。

（8）介绍房内设施及使用方法。简要介绍房内的主要设施及使用方法，比如：门后疏散图所示的房间位置；房内空调和电动窗帘开关的位置；冰箱小酒吧的位置及使用方法；电视机遥控器位置；请勿打扰灯等床头控制开关的使用方法；卫生间冷热水开关等。

特别提示　行李员介绍房内设施注意事项

介绍房内设施的目的是帮助客人尽快熟悉如何使用客房设施设备，提升客人的入住体验，但要分清重点，切忌使用“这是电视”“这是卫生间”之类的废话语言，因为客人经过长途旅行和长时间的车船劳顿之苦，此时最需要的是尽早休息，而不是听取服务员没完没了的介绍。并且行李员过度介绍并迟迟不离开房间，会使客人怀疑是否是试图索取小费的心理，变成画蛇添足。对于曾经住过本店的客人，更可不必介绍。

（9）离房。离开前咨询客人是否有其他吩咐，若无即道别，祝客人在本店入住愉快，然后迅速离开，将房门轻轻拉上。

（10）填写散客入住行李搬运记录（见表4－1）。填写时注意字迹清楚，内容规范详细。

表4－1　　散客行李进店登记表

F. I. T. Check in Record

日期（Date）：______________

房号 Rm No.	行李员 Bellman	进店时间 In Time	行李员回到大厅时间 Bellman Down Time	行李件数 Pieces		备注 Remarks
				大件 Big	小件 Small	

（二）散客离店的行李服务程序

（1）服务准备。时刻注意大厅内客人进出情况，如发现有客人携行李离店，应主动提供离店行李服务。

（2）接到电话。当接到电话通知去客房为离店的客人拎行李时，应问清客人的房间号码并核对客人姓名，迅速赶到客人房间。

（3）进房。进入房间前，要先按门铃，再敲门，帮助客人清点行李后再离开房间。

（4）等候客人。来到大厅后，要先到结账处确认客人是否已结账，如客人还未结账，应有礼貌地告知客人结账处的位置。

（5）送别客人。送客人离开酒店时，再次请客人清点行李件数后装上汽车，并提醒客人交回房间钥匙，向客人道别，祝客人旅途愉快。

（6）填写散客离店行李搬运记录（见表4－2）。填写时注意字迹清楚，内容规范详细。

表 4－2 散客行李离店登记表

F. I. T. Check out Record

日期（Date）：______________

<table>
<tr><th rowspan="2">房号
Rm No.</th><th rowspan="2">收取行李行李员
Up Bellman</th><th rowspan="2">收取行李时间
Up Time</th><th rowspan="2">客人离店时间
Dept Time</th><th rowspan="2">送客离店行李员
Out Bellman</th><th rowspan="2">是否结账
Bill Paid</th><th rowspan="2">行李存放卡号码
B/C No.</th><th colspan="2">行李件数
Pieces</th><th rowspan="2">行李车车号
Car No.</th><th rowspan="2">备注
Remarks</th></tr>
<tr><th>大件
Big</th><th>小件
Small</th></tr>
<tr><td></td><td></td><td></td><td></td><td></td><td></td><td></td><td></td><td></td><td></td><td></td></tr>
<tr><td></td><td></td><td></td><td></td><td></td><td></td><td></td><td></td><td></td><td></td><td></td></tr>
<tr><td></td><td></td><td></td><td></td><td></td><td></td><td></td><td></td><td></td><td></td><td></td></tr>
<tr><td></td><td></td><td></td><td></td><td></td><td></td><td></td><td></td><td></td><td></td><td></td></tr>
<tr><td></td><td></td><td></td><td></td><td></td><td></td><td></td><td></td><td></td><td></td><td></td></tr>
<tr><td></td><td></td><td></td><td></td><td></td><td></td><td></td><td></td><td></td><td></td><td></td></tr>
</table>

（三）团体行李服务程序与标准

1. 团体抵店的行李服务程序

（1）清点行李。团队行李到店时，由领班与送行李的来人清点行李件数，检查行李的破损情况，然后把团队行李进出店登记单填写齐全，写明交接情况，最后请来人签字。如有破损，必须请来人签字证实，并通知团队陪同及领队。

（2）集中行李。行李运进行李房后，要将行李放到指定的地点，标上团号，用行李网将行李罩上，注意不同团体的行李之间应留有空隙。

（3）按分房表在行李牌上标明。当接到分房表后，要准确地查出住客的房间号码，写在行李牌上，以便分送到客人的房间。

（4）行李送至房间。分完房后，要迅速把客人的行李送到房间去，并保证不出现差错，上下使用职工梯。如发现行李出现差错或件数不够，要立即报告当班领班和主管，帮助客人查清。每个行李员要把自己所送的房间和每个房间的行李件数记录下来。有姓名卡丢失的行李，应由领班帮助确认。将行李摆放在行李车上，不得过高，注意不能损坏客人和酒店财物。

（5）进房。到达房间门口后，应将行李放在门一侧，轻轻敲门三下，报出“行李员”。

客人开门后，主动向客人问好，把行李送入房间内，等客人确认后才可以离开。

（6）填写记录并存档。对于破损和无人认领的行李，要同领队或陪同及时取得联系以便及时解决。送完行李后应将送入每间房间的行李件数确认登记在

"团队行李进出店登记单"（见表4－3）上，并核对总数是否同刚入店时一致，按照团队行李进出店单上的时间存档。

表4－3　　团队行李进出店登记表

<table>
<tr><td>团队名称</td><td colspan="2"></td><td>人数</td><td></td><td>抵店日期</td><td></td><td>离店日期</td><td></td></tr>
<tr><td></td><td>时间</td><td>总件数</td><td colspan="2">行李押运员</td><td>酒店行李员</td><td colspan="2">领队签字</td><td>车号</td></tr>
<tr><td>进店</td><td></td><td></td><td colspan="2"></td><td></td><td colspan="2"></td><td></td></tr>
<tr><td>离店</td><td></td><td></td><td colspan="2"></td><td></td><td colspan="2"></td><td></td></tr>
<tr><td rowspan="2">房号</td><td colspan="3">进店件数</td><td colspan="3">离店件数</td><td>行李收取时间</td><td></td></tr>
<tr><td>行李箱</td><td>行李包</td><td>其他</td><td>行李箱</td><td>行李包</td><td>其他</td><td>备注</td><td></td></tr>
<tr><td></td><td></td><td></td><td></td><td></td><td></td><td></td><td></td><td></td></tr>
<tr><td></td><td></td><td></td><td></td><td></td><td></td><td></td><td></td><td></td></tr>
<tr><td></td><td></td><td></td><td></td><td></td><td></td><td></td><td></td><td></td></tr>
<tr><td>合计</td><td></td><td></td><td></td><td></td><td></td><td></td><td></td><td></td></tr>
</table>

进店　　　　　　　　　　　　　　　　　　　　离店：
行李主管：　　　　　　　　　　　　　　　　　行李主管：
日期/时间：　　　　　　　　　　　　　　　　日期/时间：

2. 离店行李服务程序

接到团队行李离店通知后，要将团队号码和取行李的准确时间记清，并写在交接班本上，找出该团入店时填写的行李表核对并重建此表。收取行李时，按照下列程序和要求进行：

（1）收行李。依照团号、团名及房间号码到楼层收取行李，与客人确认行李件数。如客人不在房间，又未将行李放在房间时，及时报告领班解决。

（2）集中行李。将所有行李运到行李部，与陪同一起检查无误后，在行李进出店登记单上签字，用行李网将所有行李罩上，将表固定在行李网上。

（3）装车并填写登记单。运送行李的车到达之后，协助押运人员将行李装车，并由押运员清点行李件数，在行李进出店登记单上签字，写上车号。

（4）存档。最后由领班将填写齐全的行李进出店登记单存档。

（四）调房的行李转送

1. 接收通知。接到前厅换房通知，问清客人房间号码，核对客人姓名，并确认客人是否在房间。

2. 抵达房间。行李员需从接待处接过换房通知单和所换客房的钥匙，推行李车去客人正在使用的房间，到客人房间时，要先敲门，经过客人的允许方可进入。

3. 转运行李。若客人在房内，请客人清点要搬的行李及其他物品，尽量请客人自己整理细小东西或按客人的要求帮助整理和搬运。如在客人外出期间换房，应事先得到客人的允许，并请客人整理好行李，然后与客房服务员一起搬运行李，如客人的行李未整理好，要记好客人行李件数、种类、摆放位置等，行李搬到新的客房后按原样放好。报纸杂志等要全部搬过去，不可任意处理，行李员还应注意仔细检查衣柜、抽屉、卫生间、保险柜，查看有无客人遗留的物品。

4. 换房。带客人进入新房间后，帮助客人把行李重新放好，然后收回客人的原房间钥匙和住房卡，将新的房间钥匙和住房卡交给客人，向客人道别，离开房间。

5. 登记。客房换好后，应到接待处交回客人的原房间钥匙和住宿卡，并告诉对方已换好房，同时把相关的事项记录备案。

（五）行李的寄存和提取

除了在客人抵、离店及换房时，为客人搬运行李以外，行李员还要负责住店客人行李的寄存业务，其工作程序及要求如下：

1. 确认客人身份。客人要求寄存行李时，要先问清是住店客人还是外来客人，非住店客人要求寄存行李时，应委婉地谢绝，确实有特殊原因要寄存的，需经当班主管或领班同意后方可办理寄存手续。要严格按下列程序办理：要求客人出示身份证，并记录客人的身份证号码、姓名及地址，请客人签名，核对证件无误后，再查清交存物品是否有酒店不予寄存的物品，最后按规定收取保管费用（酒店免费寄存非住店客行李的，无此步骤），如果要收取保管费用，一般由当班主管或领班办理并开收据（交收款处）交客人。通常住店客人寄存行李应当是免费的。

2. 办理寄存登记手续。如为住店客人，需先检查了解行李及寄存物品的情况，向客人报行李件数，检查行李外观，如发现有破损，应立即向客人说明。客人寄存行李的同时，行李员要认真检查每件行李是否已上锁，并告诉客人行李内不能放入贵重物品或易燃、易爆、化学腐蚀剂、剧毒品、枪支弹药等。如客人执意要寄存未加锁的行李时，要把寄存行李的规章给客人看，发现有未上锁的行李或购物袋无法上锁，要马上通知领班，向客人说明后，把行李放在安全的地方。如果行李没有问题，则取出行李寄存牌为客人办理寄存登记手续，请客人填写寄存卡，并签名。

3. 寄存卡发放。将寄存卡的提取联交给客人，提醒客人注意保存，寄存联系在客人行李上。若客人提出行李将由他人代领，行李员应礼貌地请客人把代领人姓名、联系方式等信息登记清楚，记录在行李寄存牌上，请客人通知代领人携带寄存联及相关证件前来提取行李。

4. 行李摆放。寄存的行李应有秩序地码放好，以免客人领取时错拿。同一位客人的数件行李应用绳子串起来集中摆放，对寄存的易碎物品应挂上“小心轻放”的标志，把行李寄存牌上联挂在寄存的行李上。凡进入行李房的行李均要登记在存放行李登记簿上，还要记录存放日期、时间、房号、行李件数、行李寄存牌号码和经手人等。

5. 领取行李。客人领取行李时，行李员要当面把行李件数点清楚再交给客人，同时把寄存卡的上、下联订在一起存档。

特别提示　行李寄存和提取注意事项

行李员在为客人办理行李的寄存和提取业务时，一定要按规定手续进行，决不可因为与客人“熟”而省略必要的行李寄存手续，以免产生不必要的纠纷，或为客人造成损失和带来不必要的麻烦。

如客人丢失寄存卡，行李员一定要凭借足以证实客人身份的证件放行李，并要求客人写出行李已取的证明。如不是客人本人来领取行李，一定要请他出示证件，并登记上证件号码，必要时联系行李所有人，征得其批准，否则不予放行。

另外，如果客人要求长期寄存行李（24 小时以上），行李处服务员应填写长期寄存卡及长期寄存登记册，并将长期寄存的行李与短期寄存的行李分开放置，客人提取时，请其在登记册上签字确认。对于长期无人领取的行李，应报告部门经理。

四、“金钥匙”服务

（一）“金钥匙”的含义

“金钥匙”起源于法语单词 Concierge，词义为门房、守门人、钥匙看管人。欧洲有些较古老的酒店设有门房一职，又称为大门服务长或守门人，负责迎来送往和酒店的钥匙保管。但随着酒店业的发展，“金钥匙”的工作范围在不断扩大，在现代酒店业中，“金钥匙”已成为为客人提供全方位“一条龙”服务的岗位，只要不违反道德和法律，为满足客人要求，任何事情都尽力办到。其代表人物就是他们的首领“金钥匙”（Chief Concierge），他们见多识广、经验丰富、谦虚热情、彬彬有礼、善解人意。也被客人称为“Get Everything Done Person”。现在“金钥匙”已成为一些酒店个性化服务的标志，是酒店内外综合服务的总代理。

案例聚焦

“金钥匙”的含义

“金钥匙”通常身着燕尾服，在制服衣领两侧各佩戴一个由两把垂直交叉的钥匙构成的十字形金钥匙徽章，两把垂直交叉的金钥匙的含义是：金钥匙是一种服务标志，两把金光闪闪的交叉金钥匙代表着酒店委托代办的两种职能：一把金钥匙用于开启酒店综合服务的大门；另一把金钥匙用于开启该城市综合服务的大门（一条龙服务）。

“金钥匙”是一个以友谊、协作为原则的合作网络，规范化是基础，个性化是特色，“金钥匙”服务正是个性化服务的具体体现。

国际饭店金钥匙组织联合会（Union International Concierge Hotel Les Clefs D’or j）是指全球酒店中专门为客人提供“金钥匙”服务并以酒店礼宾司个人身份加入的国际专业服务民间组织。Les Clefs D′or j 是法文，发音为 Lay Clay Door，就是法语“金钥匙”的意思。截至 2016 年，国际金钥匙组织共有 36 个国家和地区参加，约有成员 10000 名。在“金钥匙”职位上工作比较出色的人，通过一定的手续，会被吸收为国际酒店金钥匙组织的成员。

（二）国际金钥匙组织的发展历程

1929 年 10 月 6 日，来自法国巴黎格兰德酒店（Grand Hotel）的 11 个委托代办建立了金钥匙协会，协会章程允许“金钥匙”们通过提供服务而得到相应的小费，他们发现那样可以提高对客服务效率，随之还建立了城市内的联系网络。欧洲其他的国家也相继开始建立类似的协会。1952 年 4 月 25 日，来自欧洲 9 个国家的代表在法国东南部的戛纳（Cannes）举行了首届年会及创办了“欧洲金钥匙大酒店组织”（Union Europeene des Portiers des Grand Hotel），简称 UEPGH。来自法国巴黎斯克里布酒店（Hotel Scribe Paris）的斐迪南·吉列特（Ferdinand

Gillet）先生被推选为该组织的主席。作为金钥匙组织的主要创始人，为金钥匙事业呕心沥血，并被尊称为“金钥匙之父”（Fathers of Les Clef D’ or）。

案例聚焦

无论在世界的哪个角落，“金钥匙”们都将倾尽全力，去延续我们肩负的使命：以真诚服务于我们的职业、我们的酒店，乃至整个旅游业.

——国际金钥匙组织创始人：斐迪南·吉列特

There will always be , in every country, Clefs D’ or members who are able to continue with our mission: to be of service to our profession and the hotel and tourist industry.

——The Founder President: Ferdinand Gillet

1970 年，UEPGH 更名为“国际金钥匙大酒店组织”（Union International Portiers Grand Hotel）。简称“UIPGH”，这一联盟的成立象征金钥匙组织的国际化，不只在欧洲，而且来自全球的不同国家都在争取加入金钥匙组织。在 1997 年又改变为沿用至今的名称“UICH”（Union Internationale Des Concierges D’hotels）。

中国的“金钥匙”起步较晚，广州白天鹅宾馆委托代办负责人于 1993 年率先加入国际酒店金钥匙组织，成为中国第一位国际酒店金钥匙组织的成员，现在国际酒店金钥匙组织中国区的首席代表也在广州白天鹅宾馆。自 1995 年 11 月召开第一次金钥匙服务研讨会开始，几年间，“金钥匙”服务在规模和理念上，都有了飞速的发展。1997 年 1 月，在第 44 届国际酒店金钥匙组织年会上，中国酒店金钥匙组织被接纳为第 31 个成员国，1999 年 2 月国家旅游局正式批准中国酒店金钥匙组织成立，划归酒店业协会管理，名称为“中国旅游酒店业协会金钥匙专业委员会”。2000 年 3 月，中国旅游酒店业协会金钥匙专业委员会、中国酒店金钥匙组织正式注册。在酒店实行“金钥匙”服务能够提高一家酒店自身的服务品位、声誉和市场竞争力，还能提升酒店所在城市的服务功能和整体形象。在中国的一些大城市里，“金钥匙”委托代办服务被设置在酒店大堂，他们除了照常管理和协调好行李员和门童的工作外，还负责其他礼宾职责。

（三）“金钥匙”的服务理念

“金钥匙”的服务理念是在不违反当地的法律和道德观的前提下，使客人获得“满意加惊喜”的个性化服务。现代的酒店服务已涵盖了住店客人的各个方面，甚至有时会外延到抵店前和离店后的客人服务，“金钥匙”正体现了这一趋势。“金钥匙”需要面带微笑地站在值班台前，对每一位客人需要的甚至是稀奇古怪的服务，“金钥匙”都不能说“NO”，而且要提供打破常规的服务。“金钥匙”还可以委托遍布全球的“金钥匙”组织成员输出异地服务。酒店“金钥匙”的“一条龙”服务是围绕着宾客的需求展开的，对客人而言，“金钥匙”是一个旅途中可以信赖的朋友，是一个解决麻烦问题的人，是一位个性化服务的专家。“尽管不是无所不能，但一定要做到竭尽所能”这就是“金钥匙”的服务哲学，酒店金钥匙组织的工作口号是“友谊、协作、服务”（Service Through Friendship），酒店金钥匙的人生哲学是“在客人的惊喜中找到富有乐趣的人生”。

Concierge就如同万能的“金钥匙”一般，可以为客人解决吃、住、行、游、购、娱方面的一切难题。“金钥匙”服务内容涉及面很广：行李及通信服务、问讯服务、托运及快递服务、接送服务、订餐、订车、订票、订花服务、旅游咨询及其他一些服务，如可以帮助客人提前预订到火爆的京都三星米其林餐厅，为客人预订其他城市酒店客房，为客人制定旅游计划，并为客人代购歌剧院和足球赛的入场券；或为城外举行的团体会议作计划，满足客人的各种个性化需求，包括计划安排在国外城市举办的正式晚宴；为一些大公司做旅程安排；照顾好那些外出旅行的客人和在国外受训的客人的子女；他可以为客人代办“奶嘴”，也可以为客人“代租飞机”，代购“2000只孔雀和4000只鸵鸟”；甚至可以为客人把金鱼送到地球另一边的朋友手中……故“金钥匙”又被视为“万事通”“万能博士”。

知识链接

国际金钥匙组织中国区会员的资格要求

（1）在酒店大堂柜台前工作的前厅部或礼宾部高级职员才能被考虑接纳为金钥匙组织的会员。一般应是在酒店大堂工作的礼宾部首席礼宾司。

（2）21岁以上，人品优良、相貌端庄。

（3）从事酒店业5年以上，其中3年必须在酒店大堂工作，为酒店客人委托代办服务，同时必须达到一定的工作水平。

（4）有两位中国酒店金钥匙组织正式会员的推荐信。

（5）一封申请人所在酒店总经理的推荐信。

（6）过去和现在从事酒店服务工作的证明文件。

（7）掌握一门以上的外语。

（8）参加过由“中国酒店金钥匙组织”的服务培训。

资料来源：刘伟．前厅管理［M］．北京：高等教育出版社．2012.

五、其他服务

前厅行李服务处的服务范围较广，各饭店根据自身实际情况服务内容有所不同，下面是比较常见的服务项目：

（一）电梯服务

现代酒店大多使用自动电梯，不需要有人看管和服务。但饭店为了对某些重要客人显示礼宾的规格或为尽快疏散客人，酒店行李服务处派行李员专门为客人操纵电梯或在电梯口照顾引导客人。

（二）递送转交服务

递送转交服务的内容主要有：客人的快递、邮件、报纸、内部单据、外卖等。递送转交的方法有两种：第一种大部分饭店的大厅服务人员将客人普通信件或报纸从门缝底下塞入房间，这样做是为了尽量不打扰客人；第二种快递、包裹和其他有关物品，一定要当面交给客人，并请客人在登记本上签收。在提供递送转交服务时，以下 5 个方面需要注意：（1）不得延迟，重要的东西要签收；（2）在邮件及留言单上打上时间；（3）不得拆阅客人的快递、邮件或留言；（4）完成任务后，须填写“行李员工作任务记录表”；（5）如需将邮件送至餐厅或大厅的客人时，最好使用托盘。

知识链接

客人外卖该怎么转交？

入住高档酒店点外卖已经不再是普遍现象，当客人点的外卖送达酒店时，为了保证酒店客房安全性，外卖人员无法将餐送至客房，同时由于涉及食品安全，酒店也无法提供将外卖送至客房服务，所以大多数酒店会在礼宾台开辟一个专门放置外卖的区域，请外卖人员联系客人，客人亲自来礼宾台提取。如遇到客人强烈要求礼宾将餐送至客房，先向客人解释清楚食品安全问题，同时送餐时请客人签订免责协议。

（三）出租服务

为了增设服务项目，满足客人需要，提高服务质量，很多饭店为客人提供出租自行车、轮椅、雨伞和饭店专用车服务。服务人员向客人说明租用的方法，请客人填好租用单，预交订金，办好手续即可提供。对租用车辆的客人，应提醒其注意安全。

（四）预定出租车、网约车服务

大厅礼宾员应该将客人的订车要求准确及时通过网络平台（如首汽约车）预约出租汽车或网约车，并留意查看车辆预约进程及车辆抵达时间。

（五）替客人泊车服务①

有些酒店在前厅行李服务处专设泊车员来负责客人车辆的停放工作。客人驾车来到酒店，泊车员将车辆钥匙寄存牌交给客人，并将客人的车开往停车场。

此时，应注意检查车内有无遗留的贵重物品、车辆有无损坏之处、车门是否关上。车辆停妥之后，将停车的地点、车位、经办人等内容填写在记录本上。客人需要用车时，须出示寄存牌，核对无误后，泊车员去停车场将客人的汽车开到饭店大门口，交给客人。

第二节　总机服务

酒店总机服务被称为“看不到的接待员”，是酒店对外沟通联络的通信枢纽。总机话务员以电话为媒介，为宾客提供电话转接、叫醒、留言、查询等各类服务，用语言的魅力为客人带来宾至如归的体验。酒店总机连通宾客与酒店的同时，也维持着酒店内部运作，传递着与酒店相关的多种信息，是前厅部的重要组成部分。

一、总机话务人员的素质要求

话务员每天需要处理大量电话业务，为未曾谋面的客人提供热情周到的服

① 唐飞．前厅与客房管理［M］．重庆大学出版社．2016.

务，其服务质量主要通过语音语调、礼貌用语、服务效率等来展示，因此，根据话务工作的特点，酒店话务员必须具备以下素质：

1. 良好的个人修养，较强的责任感；
2. 口齿清楚，普通话标准，音质甜美，语速适中；
3. 听写迅速，反应敏捷；
4. 专注认真，记忆力强，对电话号码数字敏感；
5. 有较强的外语听说能力，能用三种以上外语提供话务服务；
6. 有熟练的计算机操作和打字技术；
7. 掌握酒店服务、旅游景点及娱乐等知识与信息；
8. 较强的人际沟通能力；
9. 严守话务机密，有良好的职业道德；

此外，总机主管和领班等管理人员还应具备较高的学历、外语水平和管理能力，最好是酒店管理专业毕业生。

二、总机服务程序与标准

总机提供的服务项目主要包括电话转接服务、留言服务、叫醒服务、问询服务、免电话打扰服务、内部呼叫服务、店内报警及其他紧急情况的处理。

（一）转接电话服务程序

话务员为了高效地进行电话转接服务，必须熟记酒店各部门及本市内常用电话号码，熟知酒店各部门职责范围，能够尽可能多地准确辨识酒店管理人员、员工及住客的声音。

1. 电话铃响三声内接听；用礼貌用语向客人问好，对外线：您好！××酒店（Good morning，×× Hotel，how may I assist you）。对内线：您好！总机（Good morning，Operator XX speaking，how may I help you），问候语先中文还是英文，视酒店客人母语而定。

2. 接电话时面带微笑，声音柔和，认真倾听客人的要求，对客人提出的问题耐心、细致地回答。杜绝使用非专业词语。

3. 对要求转接到客房的电话必须问清查找的客人姓名、房号，核对无误后方可接线。

知识链接

只知姓名或房间号的电话能否转接?

总机接到转接电话的要求时，只知晓查找客人的姓名，不知道房号，需要询问对方要查找的客人是酒店住客，还是酒店员工，如是酒店住客，需要查出房号并询问住客经同意后予以转接；如果外线来电查询酒店员工，可以将电话转至酒店人事部进行查询；若通话中只告知房间号码，首先应请对方提供转接客人姓名，核实准确后方可转接，如无法提供客人姓名，一般婉拒转接。

4. 对于要求转接到酒店相关部门的电话，问清客人的需求，如需客房送餐即转送餐部；当遇到顾客投诉时，应该先稳定客人情绪后转前厅值班经理。

5. 为客人转接电话无人接线（响铃五声后），必须向客人说："对不起，电话没有人接听，请问您是否需要留言?"

6. 电话占线时，话务员按取消键并及时向客人说明电话占线情况，若客人有急事，要求必须转接的，询问可否协助留言。

7. 对于保密客人，查看客人保密程度，如绝对保密，遇电话转接，即答复客人未在本酒店入住。若遇特殊紧急情况来电查询此客人，应先问清来电客人姓名、单位与客人关系等相关信息，征询保密客人的意见是否接听电话，按照客人的指示进行答复。

8. 如若客人设置"免电话打扰"，应礼貌地向来电者说明，并建议留言或待取消"免打扰"之后再打来电话。

（二）问询服务程序

1. 接听电话。按规范用语礼貌接听电话，询问客人是否需要帮助。

2. 回答询问信息。可重复客人提出的问题以证明自己明白客人的需求，根据自身掌握的知识合理应答客人的问题。如来电客人希望查询与酒店经营相关的信息，对于如餐饮、康乐部门的经营时间、具体地点、促销活动等普通信息可如实告知，需其他部门如公关、营销、前厅等具体部门协助回答的，总机话务人员不能以非本部门职责而进行推诿，可将电话转至相应部门，涉及商业机密的问题需婉转拒绝。对于一些客人寻求酒店帮助的紧急情况，如客人生病、客房设备被破坏或客人自身受伤等突发事件，要先安慰客人，并帮助客人迅速解决问题，必要时迅速通知大堂副理或者驻店经理，由大堂经理或驻店经理负责联系处理。

3. 做好记录。认真倾听客人问题，对问题内容做好记录，包括客人姓名，如电话属内线电话，需要同时问清楚客人的房号，如电话属外线电话，需要问清楚来电客人与住店客人之间的关系，或者来电客人致电客房的原因。

4. 回访跟踪。在问题解决后要回复客人，询问客人意见。对于当班次未能彻底解决的问题，要通知下班次工作人员跟踪解决。

特别提示　内外线电话问询服务特殊情况的处理

针对内线电话对不确定的问题，应记下客人姓名、房号及询问内容，待查询后立即给予答复。对不清楚，又一时查不到的信息，要向客人说明查询相关信息可能需要一定的时间，请客人予以谅解，或转交大堂经理处理，待查询确认清楚后再回复客人。对于经查询后仍无法解答的问题，应在回复客人时向其致歉。将客人感兴趣、经常查询的信息资料及一些难点信息资料列入培训手册，帮助总机话务人员更好地完成对客人提供的问询服务。

（三）叫醒服务

叫醒服务是酒店根据客人指定的时间通过电话或者敲门的方式叫客人起床的一种人性化服务，叫醒服务可以避免客人因睡过头错过了重要的事情，同时保证客人良好的睡眠质量。

特别提示

叫醒服务不只是早晨起床的叫醒服务，可以是任意时刻的叫醒，因此叫醒时间设定时要复核客人下午叫醒与早晨叫醒的时间差异，主动询问白天要求叫醒或很晚预订叫醒的客人，在此时间段是否接听电话，如客人表示不接，应将房间做“请勿打扰”。

实施叫醒服务前应提前核查，检查所输入叫醒有无差错以及是否有提前结账而影响叫醒等情况。按时检查电脑叫醒记录执行情况，如电脑出现故障，应采取人工叫醒方式将客人按时叫醒；如电脑自动叫醒服务无人应答，则用人工叫醒的方法再叫醒一次；若仍无人应答，则立即通知大堂副理或者客房服务员，前往查看叫醒客人。

1. 散客叫醒服务。接收到散客叫醒服务要求时，认真聆听来电客人要求，问清客人房号、叫醒日期和叫醒时间、是否需要二次叫醒，复述确认。将客人房号、叫醒日期和叫醒时间、申请人、申请时间、受理人等信息记录在“叫醒记录本”上。准确将叫醒信息输入电脑或者叫早机器，输入过程中，如发现同一房间有重复叫醒、空房状态等，一定要与客人或申请人进行再次复核。重要客人房间提供人工叫醒。

2. 团队叫醒服务。接收前台或团队陪同、领队或负责人的叫醒服务要求时，将团号、团队所有客人房号、叫醒日期和叫醒时间、申请人、申请时间、受理人等信息记录在“叫醒记录本”或者“团队叫醒表”上。注明团队陪同、领队或者负责人的房号，如遇同一房间有不同叫早时间的，应与客人进一步复核并做好记录。准确将叫醒信息输入电脑或者叫早机器。

案例聚焦

人工叫醒

人工电话叫醒是在指定的叫醒时间，通过人工拨打电话进行叫醒服务。人工叫醒可以更好地体现人文关怀，使用亲切和蔼的语气称呼客人的姓名，适当地增加天气情况、穿衣指南等信息，优化人工叫醒的服务。例如,：早上好/......，现在是 XX 点钟，已到您的叫醒时间，今天天气晴，最高温度 31 度，最低温度 26 度，外出要注意防晒，祝您度过愉快的一天。

（四）免电话打扰服务

接受客人免电话打扰服务要求，将提出免电话打扰服务要求客人的姓名、房号及免打扰时段准确记录在交接本上，同时询问客人要求电话设置“免打扰”时，应确认是否全部电话免接，最后注明接到通知的时间。将客人房间的电话号码通过话务台锁上，及时准确地把这一信息通知给所有的当班人员。在客人接受免打扰服务期间，若有人来电要求与客人通话联系，话务员应严格按照客人叮嘱的语言回复来电客人，在客人住店保密期间，如有外线电话查询该客人，我们要根据客人的要求对客解释，如：没有此人登记入住或客人不在房间。若需要解除该房间的设置拨入，须征求客人的意见。客人取消了免打扰服务后，接到通知的话务员应立即通过话务台释放被锁住的电话号码，并在交接本上注明取消的时间。

（五）电话报警服务

当酒店发生紧急情况，如火灾、水灾、伤亡事故、恶性刑事案件等时，总机房变成酒店管理人员采取有效措施、迅速控制局势的临时指挥协调中心。总机应协助酒店管理者充当临时指挥协调中心的角色，做到冷静、果断、迅速地完成沟通任务。

1. 总机应按指令执行任务，保持冷静，不惊慌；应立即向报告者问清事情发生地点、时间、紧急事件简单情况，报告者身份、姓名、并迅速做好记录。

2. 即刻使用电话通报酒店相关部门与领导（中控室、保卫部、总经理等），并严格根据指令，配合与市内相关公共安全部门（如消防、公安等）紧急联系（具体按各酒店集团紧急反应程序操作）。

3. 总机应及时通报，传递所发生情况，严格执行现场指挥人员的指令。

4. 保持镇定，坚守岗位，继续接听电话，并安抚宾客，稳定宾客情绪，如有人打听情况，一般不做回答，转大堂副理答复。

5. 详细记录紧急情况发生时的电话处理细节，以备事后检查，并加以归类存档。

三、总机服务新变革

随着人工智能的发展，手机已成为人类另一个延伸器官，因此通过手机来寻求智能化服务的需求越发强烈，酒店行业也正向智能化逐步转变，智慧酒店应运而生。智慧酒店的一种新型总机服务模式为网络聊天服务（Chat Service），Chat Service 为在酒店官方 App 平台中设置的 Chat 服务模块，客人完成预定后及入住期间可通过登陆酒店官方 App，在 Chat 模块下与酒店总机人员进行实时聊天，如四季酒店的 Chat Service，客人需要任何服务，随时随地对话四季 Chat ，并且总机会在 90 秒内完成回复，做到即问即答，客人无须再通过拨打总机电话来寻求问询、叫醒和客房等服务。

酒店总机是用其服务人员的声音来对客服务的，我们就不难联想到 Siri，因为聊天/对话机器人的机制与其类似。大数据和人工智能技术在酒店智能推荐和查询和客房推荐和查询等方面相当出色，例如，当客人入住某些酒店后，客人不知道房间内的相关设施设备的具体位置以及使用方法时，无须通过电话拨打总机询问或要求转达客房服务人员上门帮助，打开手机微信公众号或者官方 App 一键即可解决。酒店网络聊天服务的优势在于简单的服务诉求需求可以通过网络聊天来完成请求，后端接收服务信息，系统直接发送至总机或匹配相应部门服务人员，使复杂的需求沟通更便捷，极大地提高了客人的满意度并有效提升酒店服务效率。客人除了通过平台了解酒店信息之外，还能与客人建立起很好的互动，进行良好的沟通，酒店实行 24 小时在线人工客服，客人只要有服务需求，他们就能够通过聊天服务平台获悉，相当于将传统的总机电话问询转化为网络上的实时沟通。网络聊天服务是酒店对客服务的新“利器”，方便客人的同时，也进一步提升了酒店的服务效率，拉近了酒店与客人之间的距离。

第三节 商务中心服务

商务中心被称为商务宾客“办公室外的办公室”，现代酒店尤其是商务型酒店为了满足宾客住店期间商务活动的需求，都会设立商务中心，专门为宾客提供相应的信息传递和秘书等商务服务。酒店商务中心一般设置在酒店大堂附近环境安静、优雅的地方，有明显的指示标志便于客人前往。

一、商务中心的工作内容

传统的商务中心服务包括为顾客提供打字服务、打印、复印、装订服务、接收和发送传真服务、国际长途电话服务、会议室服务、办公设备出租服务、票务服务和翻译服务等。近年来随着手机和便携式电脑的普及，智能科技的发展，商务中心的服务内容在发生转变，打字服务和国际长途电话服务基本消失，传真业务已被 Email 取代，OTA 取缔了票务预订。尽管越来越多的客人喜欢用自己的电脑在客房办公，使商务中心的业务日益萎缩，但并非每一位客人都是电脑专家，而且由于信息技术发展极快，人们很难赶上新技术的发展步伐，为了应对工具多元化、智能化的要求，转变商务中心的服务重点，增加提供强大的技术支持力量服务内容，为客人解决电子技术问题。

（一）打印、复印及装订服务

1. 热情、主动接待客人。
2. 了解客人需打印、复印、装订的内容、数量、特殊要求以及需要完成的时间。

3. 告知客人所需价格，询问客人是否可以接受。

4. 仔细阅读资料内容，若有不清楚的地方，应先与客人口头核对一遍。

5. 问清客人房号，请其留下联系电话，以便于随时联络。

6. 按照要求进行文件处理完成后，联系客人进行检查确认。

7. 归还原件给客人，征询是否存盘保留该文件，要求保留，则存盘并记录保留时间；若客人不要求保留，则删除文件。

8. 开具商务中心收费单，询问客人付款方式，若客人要求挂账，则请其出示房卡并在收费单上签名确认，将收费单送到前厅收银处入账；若是非住店客人，应请其直接付账。

（二）商务中心出租会议室服务

1. 会议室预订

（1）了解使用预订人公司名称、联系人、会议时间、人数、布置形式、会议信息等。

（2）应按宾客要求，先察看会议预订表，核实有无时间闲置，如闲置则接受预订；如已有公司预定，则应在确认前预订仍生效的情况下再回绝本预订。

（3）会议室的预订时问清有关细节，询问其他要求，如是否需要提供咖啡、茶水或其他饮料，告知收费标准，并告知会议期间可免费提供白板、电视机、录像机、幻灯片、铅笔、纸、矿泉水。

（4）核对预订内容，详细填写预订表，并要求对方预付 50% 定金后预订方可生效。

（5）会议室确认于预订开会日期的前一天，致电相关公司联系人，再次核对预订内容，做到会议前半小时会议室处于准备状态。

2. 会议前准备

（1）按照客户要求的会议形式，准备设备设施，纸、笔、杯子以统一标准的方式摆放，对于客户特殊要求进行特殊准备。

（2）主管或领班要亲临现场指挥和督导员工按需求布置会场，发现问题及时纠正。

3. 会议接待服务

（1）从第一个客人进入开始，文员主动询问、指明方向，清洁工及时提供茶水服务。

（2）客户开始使用会议室时，在“会议室使用记录表”上登记客户名称、房号、服务项目及开始使用时间。

（3）会议过程中要添好茶水、更换烟灰缸工作。

4. 送客离场

（1）礼貌送别客人，客人离开后，检查会场有无遗忘物品。

（2）记录会议结束时间和产生费用，请会议联络人或组织者签字认可。然后，由前台通知清洁工清扫。

（三）商务中心借用物品服务

酒店为方便客人在客房内进行商务办公活动，可以根据客人需要，向客人出租手提电脑、打印机、扫描仪、多媒体投影仪等商务设备。酒店规定出租设备仅限在酒店内部使用。

1. 了解客人租用设备要求，设备规格、型号，借用期限和归还日期。

2. 将物品交给客人，接待员填写借条并请客人签字后，可提供将设备送到客房及安装调试服务。

3. 写交班记录，请同事在归还时间内跟办归还工作。若客人到退房当天仍未归还，接待员应致电前厅收银处，请其在客人退房时通知本组。

4. 客人归还物品时，检查有否损坏，出现损坏马上请领班处理赔偿事宜。

5. 物品归还后，将借条当面撕毁。

（四）商务技术支持和帮助

酒店业从“金钥匙”的委托服务衍生出专为商务客人提供电脑技术服务的“技术侍从”。一旦客人的笔记本电脑出现问题，这些电脑技术侍从会随叫随到，当即为客人排除“故障”，保证其能够顺利工作。在著名的四季酒店集团和丽晶集团，则撰造出一个新名词 Compcierge，由电脑和“金钥匙”两个单词各取一半，拼构而成，意即“电脑金钥匙”，能高水平地解决客人遇到的一切电脑技术问题。

二、商务中心职能的发展趋势

随着商务办公设备的便携化、快速化及网络化的发展，商务中心原有的服务功能正逐步消失。许多商务客人已经可以自己处理日常业务，而不依赖于商务中心的服务。例如，原先商务中心承担着为商务客人打印、复印及传真文件等的服务功能，但现在商务客人可以通过笔记本电脑、便携式打印机或复印机、传真机等自己来完成这些工作，再加上客房配备的互联网设施使客人已经可以与外界进行更快捷的信息沟通与联系，因此越来越少客人使用这些服务。随着经济全球化的快速发展，商务客流在日益庞大，商务中心应该适应时代的变革，及时调整自己的服务内容，跳出商务中心的狭隘概念，为商务客人提供更有效、更便利的服务，真正成为“商务之家”。

（一）商务中心办公设施向自助化转变

商务中心的工作都由商务中心的专职人员负责，随着商务办公设备的普及和家用化，客人文化水平的提升，可以毫无障碍地使用日常办公设备，并且现在许多商务客人习惯于自己动手操作办公设备，尤其是一些保密性强的文件的处理更是想要自己亲力亲为，通过提供自助化商务中心办公设施，可以吸引这一部分消费者的青睐，同时也解放了商务中心接待员的双手，减少人力成本，增加商务中心收益。

（二）服务场所转变为酒店+联合办公

酒店将其商务中心和会议设施转移到酒店大堂扩展为联合办公区域。对于某些受够了穿着睡衣在写字桌前工作一天，靠客房服务解决吃喝问题的客人，他们更青睐在酒店大堂的咖啡馆或者吧台工作，闲暇时可以和邻桌客人畅聊，与工作伙伴的会面也更轻松舒适，创造出轻松的工作氛围，智能手机和更轻便的手提电脑的普及更是助长了这一趋势。出于同样的原因，本地的商务办公者也可以付费共享酒店的公共办公空间。酒店联合办公区需要在大堂中设置一块集中办公区域，并配有 USB 插口、充电插座、智能电器、自助打印机，甚至附带手提电脑支撑架的扶手椅，你可以在大堂的任何角落工作。对于有私密办公需求的客人，酒店还应设置专门的办公区“Your Space（你的空间）”，具有相对独立的办公空间，进行私人谈话或独立工作。提供办公桌椅和高速无线网，24 小时开放，供应咖啡、茶水和小点心。酒店和共享办公空间也可以提供短期租赁的不同大小规模的私人办公室，并制定以供较小的企业可以选取灵活的租赁合同。入住酒店者与联合办公者之间充满互动，彼此没有明显的界限，鼓励客人们在那里工作，并彼此建立工作联系。

（三）服务人员灵活调整，由多部门共同兼职协助

随着商务设备自主化和酒店联合办公区域的出现，可由前台接待、礼宾部和客房管家来共同协助为客人提供商务需求。自助设备如电脑、传真复印机放置在大堂适宜的地方，可以没有人值守，客人可自助操作，需要人帮助的时候前台接待或者礼宾员机动协助。为了体现高星级酒店商务中心的规范化，可以设置成一个虚拟的商务中心，这个虚拟的商务中心可以有场地和门脸，有招牌也有设备，但是可以没有专职的商务接待员值班，当有客人到访的时候，通过在门口触发的人体感应装置通知临近部门的员工及时赶到接待客人。这样既降低了商务中心的

人力成本，也保留了传统商务中心的人性化服务形式。

（四）服务内容及时更新

淘汰无人问津的商务服务项目，增强大批量会议文件复制、印名片、激光打印、四色打印及文本的高级装订业务，转向以出租商务办公设备和技术支持为重点。

（五）服务方式增强主动性

从被动地在商务中心为客人提供服务，到主动为各类会议提供支持和帮助，提供进客房租用设备调试以及 24 小时技术支持服务，是当今商务中心兴起的一个极为重要的新的服务领域。商务中心不能只是被动地等客上门，更要主动、热情、全面地为在酒店里举办的各类会议提供技术服务和其他各种劳务，如文本的打印、校对和复印，当好主办单位的秘书。

知识链接

客人隐私保护

1. 商务中心有客人来访时，应立即关闭正在使用的酒店内部文件。

2. 禁止客人进入工作区域，如若客人需要修改，可使用商务中心客用电脑，再将其拷贝至工作电脑进行打印。

3. 使用完成后应立即删除电脑上的文件并粉碎打印错误文件，并告知客人下载文件已删除。

4. 所有打印、复印的纸张必须是没有使用过的新纸。

第四节　综合服务问题案例及处理

情形一：门童开错门

有一个四座的私家车，副驾驶坐了一位女士，后排坐了位男士，车辆抵达酒店门前，门童热情地上前服务，按照自己工作的原则，首先为后排右座的男士开了车门做好护顶，然后迅速走到前门为女士开车门护顶迎接，可是女士下车后却是一脸的不悦，门童很茫然。

处理办法

门童为客人开车门时，一般遵循后排为上座，先开后门。但女士和男士同车时，遵循女士优先原则，应先给女士开门，按当时情景应先开前门。先开后门的服务操作应该灵活掌握，首先确认贵宾、长者、女士的落座位置，根据实际情况先开前座车门还是后座车门，如当时后座坐的是女士，前座坐的是男士，则应先开后座车门再开前座车门，这考验了门童的随机应变能力。

情形二：门童机械式问候

一天下午3点钟左右，因公出差的黄女士住进了XX酒店的425房间。原计划约定了与毕业以后从未谋面的大学好友见面，她十分激动，马上换好衣服，便直奔大堂等候同学。10分钟过去了，她按捺不住地向大堂外走去。这时门童为她开门时很有礼貌地说了一句“您慢走，欢迎下次光临”，她听着不由一愣，但看到门童微笑的表情，她明白是他误解了她要离开的意思，所以这句不合时宜的送别语并没有让她觉得有什么不妥。由于当时要下雨，加之盼友心切，所以她一会儿在大堂内等候，一会儿又到门外翘盼。这样往返了三次，但每次她都听到门童机械的“您慢走，欢迎下次光临”和“您好，欢迎光临”。这种语不达意的“礼貌”听一次尚能接受，听多了反而让人觉得不舒服。为了能少听到一次这样的“问候”，黄女士只好收住脚步，耐心地在大堂内等候她的客人，她心里在嘀咕：为什么就不能换个说法呢！

处理办法

本案例中按照服务程序，向进门的客人说“您好，欢迎光临”，向出门的客人说“您慢走，欢迎下次光临”，是饭店门童的规范用语。这对于正常进出饭店的客人来说，不会觉得有什么不妥。但问题是，黄女士因为盼友心切，在很短的时间内，进出饭店三次，门童均使用同样的问候用语，黄女士当然会觉得不舒服。对于黄女士多次进出，不应该机械刻板地使用规范问候语，而是在黄女士第二次、第三次进出时，门童应换一个说法，如“您等朋友啊，别急，她一定会来的。”“外面风大，您还是到里面等吧！”相信黄女士对饭店一定是另一种感受，门童服务过程应该多用心观察，随机应变。

资料来源：http：//blog. sina. com. cn.

情形三：行李损坏

一位客人准备离店，行李员接到通知，立刻到该客人房间取走3件行李，推送至前厅行李间，待客人结好账后，请客人清点行李。客人朝行李打量时，忽然颇为不悦地指着一只箱子说："箱子上的小轱辘被你碰掉了，你看怎么办!"行李员听罢辩解道："我到客房取行李时，您怎么没提前告知？这只箱子原来就是坏的，我在运送时根本没有碰撞过呀。"客人一听，火冒三丈："明明是你弄坏的，不承认还反咬我一口，我要向你们经理投诉。"

处理办法

行李员员操作不当之处在于：第一，客房内取行李时没有查看行李是否完好无损，也没有当场绑上行李牌请客人核对行李件数，而是到了行李间才这么做。第二，行李员不应和客人争辩，这样会使矛盾激化，客人行李箱的轱辘也许是客人以前丢的，当时没有检查出问题，这就是行李员的失职。前厅值班经理处理此次事件，首先应该耐心听取客人的指责，查看箱子受损痕迹，并向行李员询问操作的全过程。然后对客人赔礼道歉，尽快帮助客人修理好行李箱，并感谢客人及时让酒店发现了服务工作中的差错。因为客人越是"对"了，酒店的服务也就越能使客人满意。从这个意义上来理解，客人和酒店大家都"对"了。

资料来源：http：//www. 1628gd. com.

情形四：取错寄存行李

早晨7：38：王女士晚上的飞机，白天打算在成都市内游玩一下。方便起见，她早上退房把行李箱拿到行李处寄存，行李员A按照流程为王女士办理了寄存行李。下午18：15：王女士来到酒店前台告诉行李员B要取寄存的行李，并一眼就看到了自己的行李箱并指给B，B于是将行李箱递给了客人。晚上19：02：王女士到了机场准备将平板电脑取出在飞机上追剧，却发现密码无法打开。于是立即检查了一下箱子，发现行李箱虽然和自己的是同款，但却不是自己的，立即打电话给酒店前台。

处理办法

行李员在为客人取行李时，按照职业规范，应先请客人出示行李牌，再根据行李牌准确核实查找行李。此案例中酒店行李处出现了两款寄存的行李箱是同款，王女士取行李时只看到了露在外面的一个，于是指给了行李员，但是被另外的行李箱挡住的同款行李箱才是她的。此时接到电话，酒店应迅速寻找王女士的行李箱，找到后派人开车将王女士的行李箱送到机场，若同款行李同样被误取走，就会给两位客人都造成很大麻烦，只能由酒店出面联系客人，并真诚赔礼道歉，负责为两位客人互换行李，若耽误了客人的行程，还要支付相应的费用赔付。

资料来源：http：//m. sohu. com/a/272863201_ 260483.

情形五：接机未接到乘客

酒店司机按预订为一位从香港飞抵广州的陈先生所报航班进行接机服务，但一直等到香港班机最后一个航班到达了，仍没接到客人。而此时，陈先生正气冲冲地向大堂副理投诉，酒店没有按约定提供接机服务。

处理办法

对于出现漏接客人事件，大堂副理先向客人道歉，先给客人“降温”，然后查清出现漏接的原因，向客人解释清楚，并适当给予客人一些补偿，如免费提供一次送机服务。对于迟迟没有接到客人，机场代表不可无动于衷地盲目等待，首先确认航班号及航班时间与客人提供的接机时间或班次是否有误，与机场询问处核实航班具体到达时间，确认航班是否晚点，并请订房部根据客人订房时留下的通信号码与客人联系，看客人是否因某些原因在机场内受阻，或者是否改变了行程。如有条件可直接请民航有关部门查一下此客人是否乘该航班到达。同时与酒店前台联系，查清客人是否已经到店，以便酒店能及时做补救工作。

资料来源：http：//m. sohu. com.

情形六：总机叫早不到位

张先生打电话给总机要求第二天早上7：30叫醒。总机第二天要叫早的时候，正好有个电话转入张先生房，于是话务员先为其转接了电话。2分钟后，话务员打电话给张先生，房间占线，10分钟后房间依然占线。于是总机断定张先生已经醒了，但事实张先生接完电话后仍继续睡了并没有按时醒来。早上8：30张先生气冲冲来到总台，投诉酒店未按他的要求叫醒，使他耽误了去往上海的火车。

处理办法

在服务过程中没有确认的事情一定不能凭自己的想象，一定要照工作流程来做。叫早服务要做到并不只是单纯履行电话叫早义务，要做到保证客人被叫醒，才能有效发挥出叫早的意义。此案例中最好的做法是先给客人打叫醒电话，并询问是否需要二次叫醒，再把其他电话转入。这样就都不会耽误客人的事情。对于耽误客人火车，应该帮助客人购买最近一班火车票，并支付这笔费用，派车将客人送到火车站，若当天没有办法购买到合适的车票，应免费让客人在本酒店再住一夜。

资料来源：http：//m. sohu. com.

情形七：商务中心下班了

一位客人匆匆从电梯出来，拐到礼宾部，“哈罗，帮我订一张后天去北京的机票。”接待员应声招呼，立即做了记录并储进电脑。言谈中，客人与接待员逐渐熟络。客人交代完毕欲走，忽又转身，似真似假地笑着说：“我要东航，东方航空公司的票。”接待员做了一个“O”型：“OK”的手势，客人匆匆走出酒店。下午，酒店的旋转门闪进了早上的那位客人，大步走向礼宾部，满面春风：“嗨，搞定啦！”客人笑着接过机票，低头一看，傻了眼，一脸不悦的神情。机票上写着“西南航空公司”，“有没有搞错啊，跟你说要东航机票，你还是给我拉郎配。”说罢摇头。接待员：“对不起，东方航空公司的机票已订完。我还以为你是随便说说的，并不一定……”客人打断接待员的话：“我是随便说说还是你随便订订啊？”接待员忙不迭道歉：“对不起，对不起，是我们……”“算啦，算啦！”客人晃着头，按着手。

处理办法

客人要求理应满足，在满足不了的情况下，事先要向客人解释，并征得客人的同意再落实。此时应寻找礼宾部经理或“金钥匙”联络相关航空票务，看是否可以帮助客人换取东航的机票，如果无法更换机票，应由值班经理或者大堂经理出面向客人道歉，“因为我们服务不够周到，忽视了客人的指定东航班机，真是对不起。”并给予客人一定的入住优惠体验。

（资料来源：四季酒店）

情形八：兑现承诺

一位华侨客人在今年1月份的时候曾经下榻酒店入住，给予了酒店高度评价，表示会再次入住酒店。今年年中的时候，酒店礼宾部接到了客人的越洋电话，客人的母亲突然逝世，客人因为某些原因不能回国亲自祭奠，于是想委托深受她信任的酒店礼宾部帮客人在她母亲的葬礼上送去一束鲜花，接电话的礼宾部员工一口答应了下来，并表示一定会亲自将鲜花准时送到。然而挂掉电话后发现约定的日子是在他的休假期间。

处理办法

“金钥匙”的服务理念是：“虽然我们不是万能的，但是我们会竭尽所能”，案例中礼宾部员工对客人的承诺就一定要完成，所以在休假期间他特意亲自前往花店购买鲜花，并按指定时间和地点为客人逝去的亲人奉上了鲜花，客人在大洋彼岸的电话中得知后，不禁流下了激动的泪水，感激之情溢于言表。

思考与练习：

一、思考题

1. 酒店门童的主要岗位职责有哪些？
2. 酒店机场代表在接机和送机前应掌握的信息都有哪些？
3. 散客和团队的抵店及离店行李服务程序区别是什么？

4. “金钥匙”的服务项目包括哪些？如何成为一名合格的金钥匙？

5. 总机话务员应该具备哪些素质要求？

6. 商务中心的未来发展趋势会有哪些转变？

二、实操练习

8月22日下午13：50，王女士乘坐飞机抵达成都双流机场并入住成都XX酒店，王女士为该酒店白金卡会员，请完成如下的接待服务。

1. 作为酒店机场代表为王女士白金卡会员提供接机服务。

2. 当王女士乘坐车辆抵达酒店，门童为其提供迎宾服务。

3. 行李员提供行李服务、引领客人并介绍房间设施设备。

4. 王女士入住房间后要求总机帮她设置电话免打扰服务，并于第二天早上7：00叫早。

5. 王女士第二天中午12：00离店后，要出去办理事情，带着行李不方便，想把行李寄存在酒店，下午18：00再来酒店领取行李，作为行李员为王女士提供行李寄存服务。

三、案例分析

案例1：

特别的生日祝福

在7月22日14：30左右，在三亚半山半岛洲际酒店，正在当值的首席礼宾司Tony得知第二天是张小姐老公Edwin的生日，她想给他一个特别的生日祝福，想在生日当天下午让老公Edwin打开箱子时看到祝福飘起来的惊喜场景，为了使展示的气球效果更好，Tony建议客人可以将他们的合照一起展示在气球上，客人表示没有现成的照片可用，Tony告知客人她只需现拍并提供电子版照片就可以，其他的由他想办法解决。但是时间仓促，万一氢气球不能按时准备好，这次生日准备的惊喜就会失去意义成为遗憾，作为一名“金钥匙”，都是会想好一个备用的方案。于是，Tony打听了客人的当日行程，得知他们会去附近的超市购买东西，特别准备了两个许愿瓶，装上了祝福语并附上卡片，前往超市摆放在客人预计会路过的货架上。当客人Edwin无意中看到两个有他名字的瓶子摆在货架上并附有祝福卡片时，表示非常意外和惊喜。在成功为客人祝福后，Tony还是决定帮张小姐完成她的计划，于是跟几个朋友打听了氢气的资源，但是都未找到，最后在销售部同事Joy的帮助下找到一家活动公司，在他们的指引下找到了可以代替氢气的氦气，Tony立即安排礼宾主管Jacky前往给气球加气，也在最快的时间里帮助客人打印好了照片。当天下午，在约定好的时间和地点，Tony将精心准备好的箱子抬到客人Edwin面前，他边疑惑边拆开箱子时，突然看到了升起来的挂满祝福照片的气球，惊喜万分。

次日临走前，客人还特别写了感谢信感谢Tony为他们创造的美好体验："你是我们所经历的旅行中最负责的酒店员工，感谢你!"

资料来源：http：//www. goldenkeyschina. com/index. php? action-viewnews-itemi d－14607.

问题：

1. 通过这个案例，你认为"金钥匙"服务的宗旨是什么?
2. "金钥匙"应该具备怎样的品质?

案例2：

外卖被拒

在外企工作的王小姐因工作原因经常到处"飞"，忙碌一天回到酒店后，她最喜欢的一件事情就是打开手机上的外卖软件，点些当地特色美食，在客房慢慢享用。按照惯例，当天中午入住酒店后点了一份外卖，但是当外卖送达时，酒店门童却以无法保证食品安全为由拒绝王女士将外卖带进酒店内食用，要求在外面吃完，才能进入酒店，这就让他很不爽，点外卖是客人的权利，觉得自己受了委屈，于是将酒店投诉到12315。

资料来源：由http：//m. sohu. com/a/238579038_ 330235整理而得。

问题：

1. 酒店门童拒绝客人将外卖带入酒店内是否是正确的?
2. 酒店礼宾部该如何应对住店客人点外卖行为?

四、工作术语（见表4－4）

表4－4　　本章常用的专业术语

专业术语(中文)	专业术语(英文)
行李员	Bellboy
门童	Doorman

续表

专业术语(中文)	专业术语(英文)
机场代表	Airport Representative
行李寄存	Luggage Store
接机服务	Pick-up Service/Limousine Service
租车服务	Transportation/Car Rental
叫早	Morning Call/Wake up Call
留言服务/网络聊天服务	Message/Chat Service/Messaging Service

第五章　前厅部的沟通与对客服务管理

【学习目标】

1. 了解前厅部内部以及与其他部门的沟通协调；
2. 掌握对客沟通技巧；
3. 理解酒店忠诚计划；
4. 掌握宾客满意度管理；
5. 理解客人投诉案例及处理。

案例赏析：

“先生，您不太舒服吗？”

有一个很冷的晚上，一位南京来的客人登记住宿，无精打采，而且不停地擦鼻涕，服务员便问：“先生，您不太舒服吗？”那位客人无奈地说：“火车上冻得要死，车又晚点，药都没处买。”于是服务员便给他安排了一间供暖好的房间，并告诉他要多喝些热水，接着便打了送药的外卖电话，药送到后，服务员把感冒药送到客人手中时，客人激动地说：“你们的服务真是做到家了。就是我自己的亲人，也只能做到这份儿上了，太谢谢你了。”

评析：

宾客服务是酒店对客服务中很重要的一个环节。但如何能够有效地识别宾客需求，是作为酒店人以及学习酒店管理的学生应该思考的。案例中的服务人员能够在较短的时间内获取宾客需求并有进行相应的服务，一方面体现了他的专业性，另一方面也促进了酒店品牌的宾客认可度。

第一节　前厅部内部以及与其他部门的沟通协调

一、前厅部内部以及与其他部门沟通的重要性

现代酒店的管理工作，分工越来越明确，越来越细化，对管理团队的人员而言，在做好自身工作的同时，还要加强与其他人员之间的协调和合作，共同完成酒店的管理工作。在这个过程中，部门内和部门间员工之间的有效沟通是不可或缺的，做好相互之间的沟通和协调工作有利于整体目标的实现，有利于工作任务的完成，有利于为客人提供更加满意的服务。“100 - 1 = 0”，这是酒店行业普遍认可的一句至理名言，一项服务做得不到位就可能引发连带效应，影响到整个服务体系，所有的服务都会因此付之流水。酒店行业发展的实际情况也深刻地印证了这一点。因此，这也从侧面告诉所有酒店行业的从业者，在酒店的整体服务中，各部门、各人员之间的相互协调和积极配合的重要性。

（一）如何做好酒店内部的有效沟通

做好酒店内部各部门之间的协调沟通和有效沟通是协调酒店内部各部门关系、提高部门协作效率、提升酒店凝聚力和培养酒店企业文化的重要方式。酒店部门之间能否有效衔接、通力合作，事关酒店整体的经营管理效果以及酒店品牌的打造。前厅部门内要明确责任和义务，相互间做好沟通交流，积极配合协调，共同完成工作。为了促进酒店各部门之间良好的协调，除了对员工日常部门之间的培训外，还可进行交叉培训。

首先，根据部门性质和职责来制定日常培训计划，有针对性地对员工进行培训，强化员工对工作流程的熟悉度和工作能力，提高酒店服务质量和水准。其次，对部门员工进行交叉培训，加强员工对其他部门工作的了解，加强员工对其他部门同事的熟悉度，促进相互了解和沟通，提高配合度。交叉培训的目的一方面在于打破员工之间、部门之间仅在有工作交接或者业务往来时才有的沟通交流状态，密切员工之间、部门之间的联系，另一方面也有利于提高员工工作能力，有利于营造更加和谐的酒店内部关系。

畅通管理者与员工之间的沟通渠道，提升沟通有效性。在酒店管理中，沟通

是否有效直接决定着管理决策的传达和实施效果好坏，畅通的沟通渠道和有效的沟通能够提高管理决策的传达和执行效率。因此，提高管理者与下层员工之间的沟通效率是非常重要的。酒店要重视内部沟通氛围的营造，重视与员工之间的对话沟通，建立完善的沟通机制和沟通路径，让员工敢于表达自己的真正想法和意见建议等。酒店的管理者要尊重、平等对待员工，做好与一线员工之间的沟通和互动，可以充分调动员工的工作积极性，增强部门的凝聚力，助力酒店发展。

（二）实现有效沟通的方法

营造和谐的沟通氛围和沟通环境。真正的交流只发生在气氛足够活跃、利于双向交流的时候。作为部门的管理者，要想让员工真正为酒店的发展尽心尽力，就需要随时掌握员工的工作状态和心理变化，从而采取相应的管理策略。因此，管理者要采取措施积极营造和谐的沟通氛围和沟通环境，以一种平等的身份与员工交流。

倾听是实现有效沟通的关键。倾听，不仅要有耐心，还要听懂、听清、听出对方表达时未道出的真情实意。要达到有效倾听的目的，必须做到不打断对方的讲话、学会察言观色、使用合适的肢体语言、注意回应对方。

反馈是实现有效沟通的保证。沟通中适当的反馈是非常重要的，是实现有效沟通的保证。只有在不断的表达、倾听和反馈的良性循环中，才能真正实现沟通双方的一致性，最终实现沟通目的。在酒店行业中，沟通是伴随管理全过程的一种管理行为。沟通的有效性直接决定着酒店管理的效率和成效。总之，酒店管理者应重视并加强内部沟通，避免沟通中的种种误区，综合运用恰当的、多渠道的沟通方式，以保持酒店内部的良好沟通，从而进一步提高服务质量。

二、前厅部内部沟通

前厅部内部沟通协作是指前厅部所属的接待、商务中心、礼宾、宾客服务中心和宾客服务经理等各环节的相互沟通协作，并按照已制定的服务操作程序及服务质量标准，共同为宾客提供到位的服务，以免因工作脱节造成宾客无人应接或无人服务的现象发生。同时，有效的内部沟通协作也有助于前厅部更好地发挥销售客房这一首要功能。

（一）前台接待与礼宾部的沟通协作（见图 5－1）

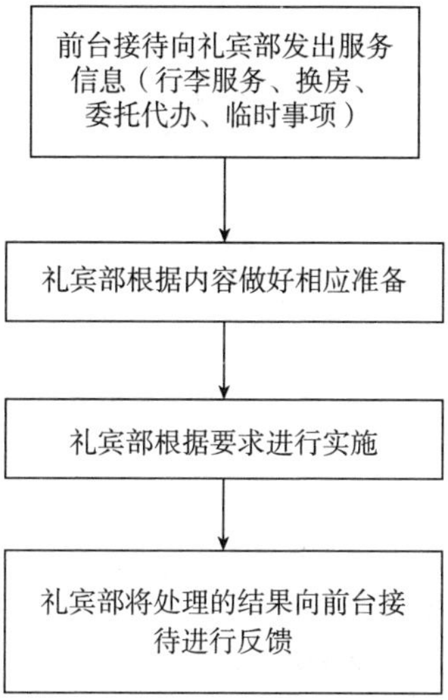

图 5－1 前台接待与礼宾部的沟通

1. 当前台接待接到宾客有行李服务、委托代办、租车、取送物品等服务需求时，应询问清楚客人的时间、地点、数量、联系电话等详细情况，以便向礼宾部提供准确的信息；

2. 对于客人交代的事情，需要马上处理的，可直接电话向礼宾部进行传达；

3. 对于一些重要信息，例如，次日将要离店的散客、团队的离店时间等，需书面/邮件通知礼宾部；

4. 礼宾部根据此信息合理安排为客服务；

5. 对于所有交代的事项，礼宾部需向前台接待处进行反馈；

6. 礼宾部也应将其所知的同类信息（在前台接待处知晓的情况下）通知前台接待。

（二）前台接待与宾客服务中心的沟通协作（见图 5－2）

1. 前台接待将宾客入住、退房及电话开通等级等信息通过电话直接通知宾客服务中心；

2. 双方互报姓名，以便做好登记，备查；

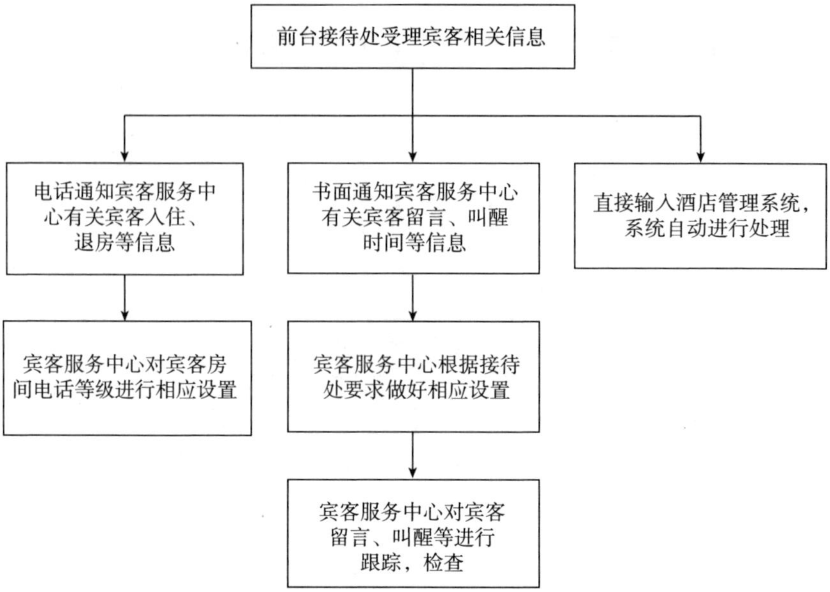

图5－2　前台接待与宾客服务中心的沟通

3. 对于宾客叫醒、留言等重要信息，前台接待需填写相应表格，书面通知宾客服务中心；

4. 对于留言，宾客服务中心需要做好相应记录，并为客人点亮房间电话留言灯；

5. 晚上8点，宾客服务中心需与客人确认是否已收到留言，如未收到，需再送一次；

6. 对于宾客叫醒，宾客服务中心每天夜班需与电脑进行核对，确保时间设置的准确性；

7. 到宾客叫醒时间时，宾客服务中心要对叫醒的完成情况进行跟踪，如发现未按时叫醒，或叫醒未成功，宾客服务中心需要进行人工补充叫醒；

8. 如人工叫醒仍无人接听，宾客服务中心需立即电话通知客房部，由客房服务员去宾客房间敲门叫醒；

9. 如酒店管理系统能完成入住、退房、留言、叫醒等工作，将由前台接待处直接在电脑系统内完成输入及关闭。

（三）宾客服务经理与前厅各岗点的沟通协作（见图5－3）

1. 前厅各岗点应将客人的每个问题及时进行处理，原则上不得过夜；

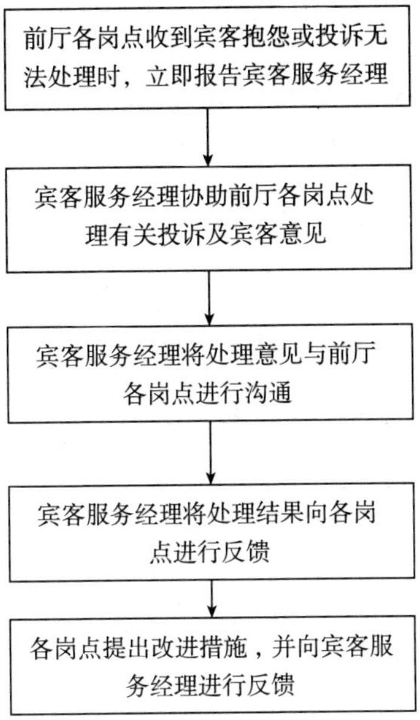

图 5－3　宾客服务经理与前厅各岗点的沟通协作

2. 当遇到问题无法处理或超过权限时，应立即向当班宾客服务经理进行汇报；

3. 宾客服务经理接到报告后，应立即做出反应，必要时，将客人带到较安静的地方；

4. 宾客服务经理仔细倾听客人的意见，遇到客人情绪不稳定时，应尽量给予安抚；

5. 在倾听客人的意见后，宾客服务经理还应与相应岗点当班员工进行调查了解，尽可能掌握事情的详细经过，以便做出判断；

6. 将问题的处理意见与客人进行沟通、协商，争取达成共识；

7. 与前厅相关岗点进行沟通、安排，尽量满足客人的要求；

8. 相关岗点应给予积极配合态度，本着以客人为重的原则，协助宾客服务经理解决问题；

9. 事后，宾客服务经理应对整个事件进行详细记录；对于宾客投诉，必须填写宾客投诉处理报告，报部门经理及酒店总经理审阅；

10. 对于质量问题，宾客服务经理有权直接填写“质量整改通知书”到前厅各岗点，要求在规定的时间内将岗点处理及改善意见提供给宾客服务经理；

11. 所有宾客意见和宾客投诉，均需在宾客服务经理报告及酒店管理系统上进行记录，留做客史档案，以便客人下次入住时，对酒店各岗点进行提醒和参考。

三、前厅部与酒店其他部门的沟通协作

前厅部是酒店接待服务活动的枢纽，是酒店其他部门的信息源，也是酒店管理机构的参谋和助手。

（一）前厅部与客房部的沟通协作

1. 前台与客房部的沟通协作（见图5－4）

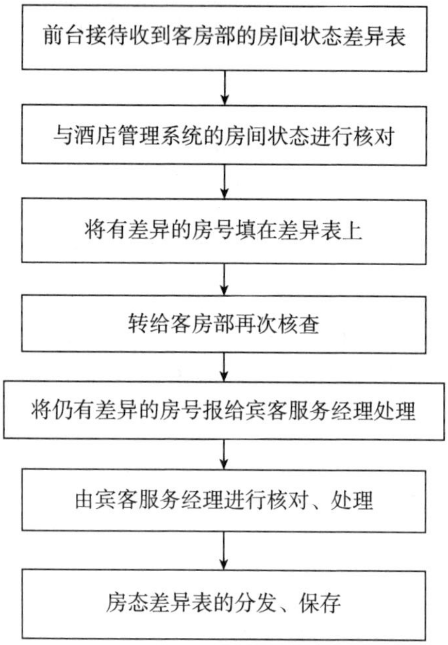

图5－4　前台与客房部的沟通协作

（1）前台与客房部的房间状况差异核查每天三次，即上午9：00，15：00，21：00；

（2）客房部的房态表必须保证由楼层服务员根据房间的实际情况所填写；

（3）前台根据客房部提供的房态表与酒店管理系统进行核对；

（4）出现两边房态不一致的，则由前台接待填写“房间状况差异报表”（一式三联）；

（5）客房部第二次查的房态也必须真实；

（6）如仍有差异，则由宾客服务经理进行调查、处理，如发现问题，及时

与前台接待及客房部进行补救；

（7）根据问题出现的频率，宾客服务经理可提出质量整改通知到相关部门。

2. 前厅部与客房部之间的沟通协作（见图 5 –5）

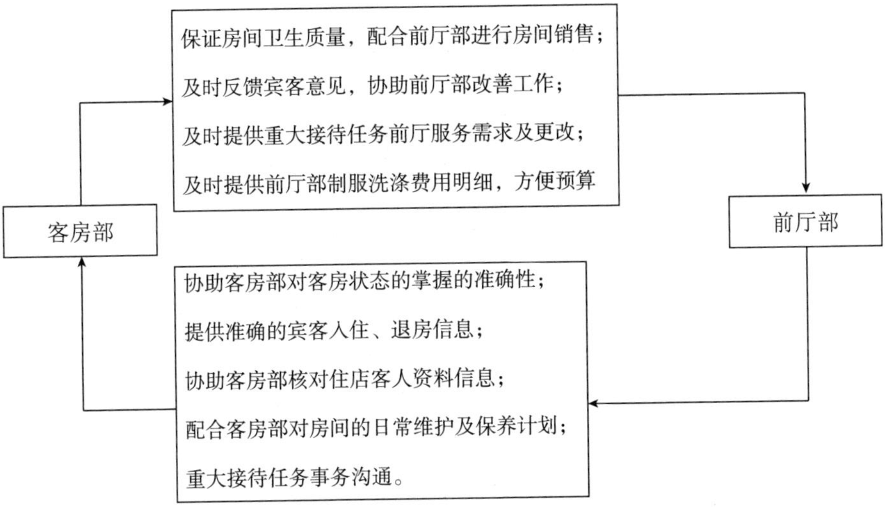

图 5 –5　前厅部与客房部之间的沟通协作

（1）递交“一周客情预测表”“VIP 接待通知单”“在店团队/会议报表”“次日预离、预抵报表”等，以书面形式将客情信息通知客房部，方便客房部根据客情合理对客房进行清洁和保养；

（2）及时通报宾客入住和退房情况；

（3）团队/会议抵店前，递交“团队、会议分房表”，以预留好客房；

（4）递交“特殊要求通知单”，以通知宾客对客房及有关服务的要求；

（5）递交“客房、房价变更通知单”，以通知宾客用房的变化情况；

（6）递交有关客房状况的报表，以协调客房销售与客房管理之间的关系；

（7）客房部应及时将退房内所发现的宾客遗留物情况通报前厅；

（8）客房部应根据前厅部提供的信息派楼层服务员探视对叫醒无反应的宾客；

（9）客房部应及时向前厅通报客房异常情况；

（10）客房部应安排楼层服务员协助前厅部行李员运送抵店客人的行李（尤其是客人不在房间的情况）；

（11）前厅部应积极参与客房清理保养质量的检查；

（12）客房部配合前厅部为未带钥匙的住店客人开启房门；

（13）前厅部与客房的交叉培训。

（二）前厅部与销售部的沟通协作

1. 前台与销售部的沟通协作（见图5-6）

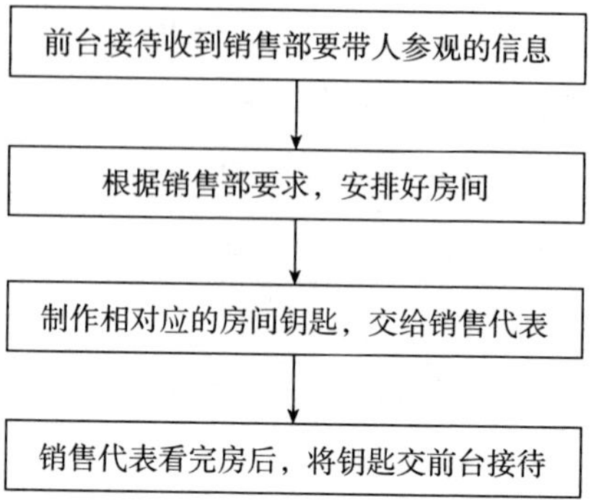

图5-6　前台与销售部的沟通协作

（1）按照各种房间类型，酒店一般会专门安排用于参观的房间；
（2）在旺季时，由于房间较紧张，参观房可根据房间状况来临时安排；
（3）参观房间一般需要安排房间状况相对比较好一点的房间，以利于宣传；
（4）参观房间时，前台接待需电话通知客房部，以做好相应跟踪服务；
（5）参观完毕后，前台接待也应通知客房部进行恢复。

2. 前厅部与销售部之间的沟通协作（见图5-7）

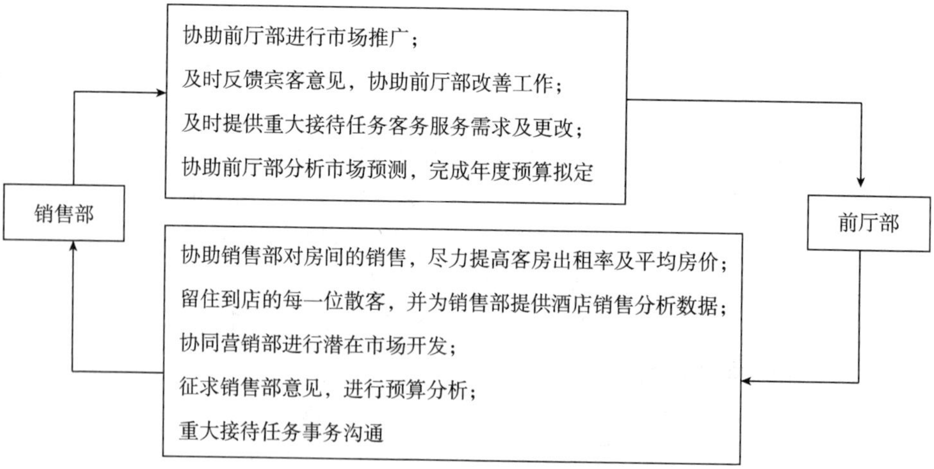

图5-7　前厅部与销售部之间的沟通协作

（1）销售部对长时期的、整体的销售，尤其是团队/会议的客房销售负责，而前厅部则对散客，尤其是当天的客房销售负责；

（2）双方进行来年客房销售预测前的磋商，销售部队团队/会议的客房销售，而前厅部则对散客，尤其是当天的客房销售负责；

（3）销售部将已获准的各种预订合同副本及相关协议单位资料的变更递交前厅部；

（4）销售部将团队、会议宾客的预订资料及用房的变动情况资料及时递交前厅部；

（5）前厅部向销售部了解团队、会议活动的日程安排情况等，以便解答宾客的询问及提供所需的服务。

（三）前厅部与餐饮部的沟通协作

1. 前台与餐饮部的沟通协作（见图5－8）

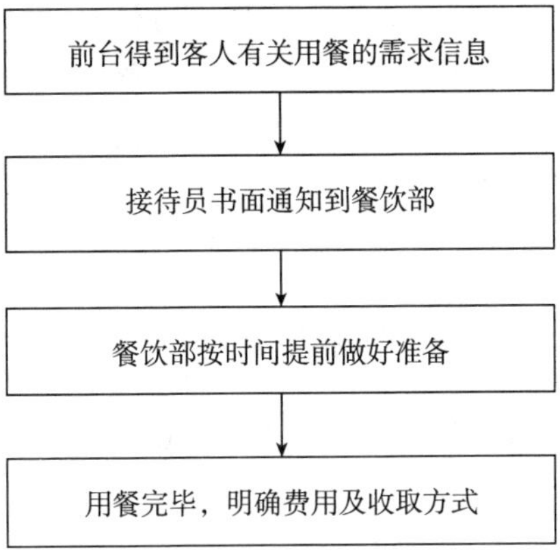

图5－8　前台与餐饮部的沟通协作

（1）正常情况下，所有住店客人房费均含早餐；

（2）导游及司机的早餐由前台接待开具专门的早餐券；

（3）每日前台接待需提供一份次日早餐报表给餐饮部；

（4）对于不含早餐的客人，前台接待需在早餐报表上加以说明。

2. 前厅部与餐饮部的沟通协作（见图5－9）

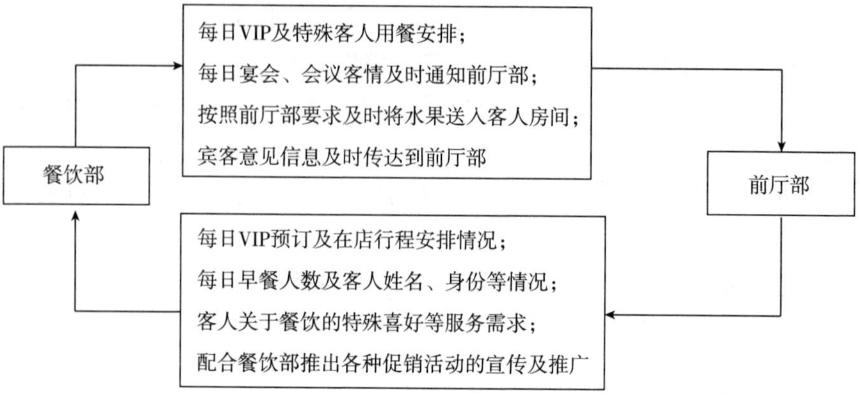

图5－9　前厅部与餐饮部的沟通协作

（1）每周递送“客情预测表”；

（2）每天以书面形式通报有关客情信息，方便早餐和其他用餐的接待工作；

（3）娴熟掌握餐饮部各营业点的服务内容、服务时间及最新收费标准；

（4）协助餐饮部向宾客发放餐饮推销活动的各类宣传资料，如酒店在节假日举行的各类活动；

（5）从餐饮部宴会预订处获取“宴会/会议活动安排表”，以帮助促销。

（四）前厅部与财务部间的沟通协作

1. 前台与财务部间的沟通协作（见图5－10）

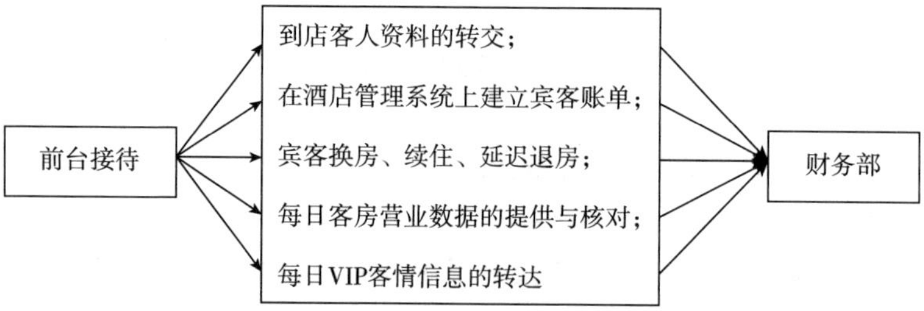

图5－10　前厅部与财务部间的沟通协作

（1）前厅部需确保已抵店散客的登记表资料、付款方式及信用卡信息等准确性以配合财务审核；

（2）已抵店团队宾客的主账单在酒店管理系统上的建立要及时、准确；

（3）任何住店客人的房价变更、换房、续住、延迟退房等信息，不仅要在酒店管理系统上做相应更改，而且需要以书面方式通知到财务部；

（4）每天前台接待需配合财务部对当日预计退房客人的确认工作；

（5）配合财务部对住店客人信用额度的跟踪；

（6）夜审过租前，前台接待需配合财务部确保所有客人信息资料输入的准确性；

（7）每日就客房营业情况与夜审进行细致核对，确保准确。

2. 商务中心与财务部间的沟通协作（见图5－11）

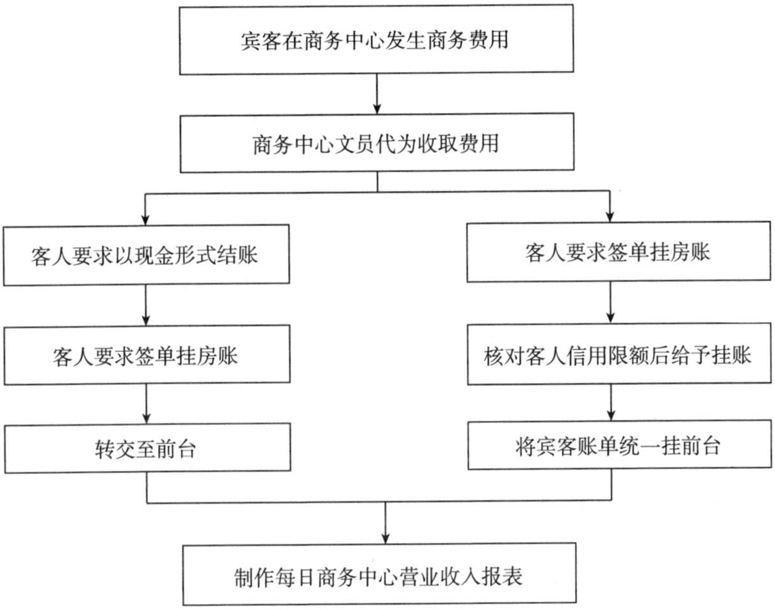

图5－11　商务中心与财务部间的沟通协作

（1）商务中心所有收费必须列明项目和明细，以便统计和分析；

（2）当日发生的所有账目需当日解决，不得过夜；

（3）无论是现金还是签单挂账，数字必须准确；

（4）按照财务制度做好每日投款工作，如实填写长、短款情况；

（5）每日制作商务中心营业报表，并与财务部进行核对。

3. 前厅部与财务部的沟通协作（见图5－12）

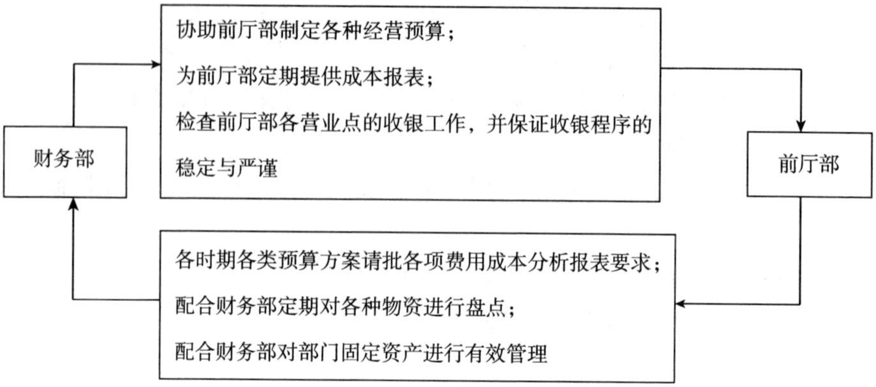

图5－12 前厅部与财务部的沟通协作

（1）由财务部协助并指导编制部门的经营预算，组织和协调部门人员完成经营任务指标；

（2）根据每月财务部制作的经营及成本费用分析，做好部门各项成本费用的控制；

（3）做好每日部门营业情况报表，并与财务部进行核对；

（4）递送“客房、房租变更通知单”“预期离店客人名单”“在店客人名单”等客情信息资料；

（5）就信用额度、预付款、超时房费的收取、已结账客人再次收费等进行有效协调；

（6）按照财务管理制度，每日将收取的账款核对后交于财务。

（五）前厅部与工程部的沟通协作（见图5－13）

（1）所有工程维修项目均需要填写“工程维修申请单”；

（2）根据是否影响对客服务这一原则，将工程维修分为紧急维修和正常维修两个项目；

（3）对于紧急维修，可以采取先电话通知维修方式，事后进行补单；

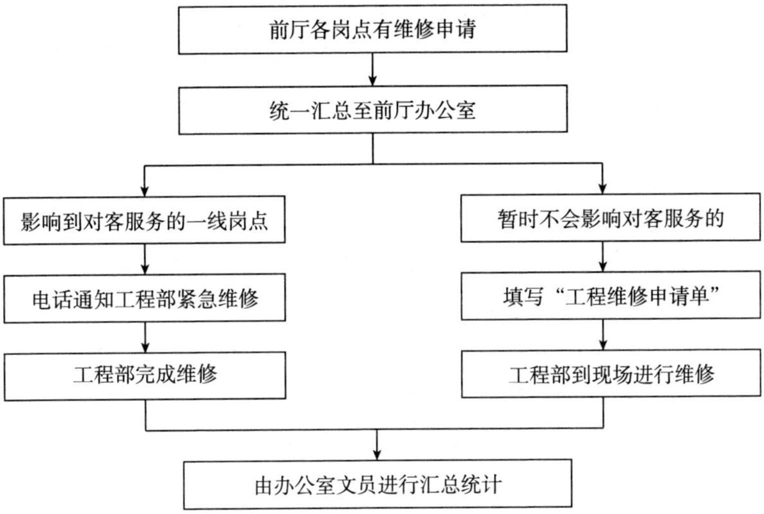

图 5－13　前厅部与工程部的沟通协作

（4）所有工程维修项目，部门各岗点员工需对维修结果进行跟踪、检查，确保维修之后达到要求；

（5）所有维修项目统一汇总至部门文员处，以便汇总、分析，为部门和酒店管理者提供参考及依据。

（六）前厅部与保安部的沟通协作

1. 前台与保安部的沟通协作（见图 5－14）

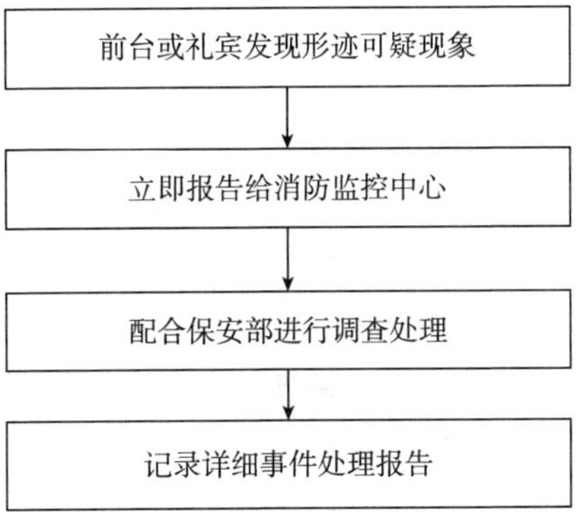

图 5－14　前台与保安部的沟通协作

（1）前厅部是酒店发现形迹可疑人员的第一线，许多本不该发生的事故可以通过部门人员的通力合作进行消除或减少损失；

（2）前厅部所有员工在为客人提供优质服务的同时，须加强酒店安全意识；

（3）前台接待在客人办理入住登记手续时，需严格按照前台入住登记管理规定来办理，必须做到每客凭有效身份证明办理，及时发现社会不安定分子；

（4）礼宾部除了提供正常的服务外，需留意大堂及公共区域内客人的言行，及时发现形迹可疑人员；

（5）一旦发现以上人员，各员工需保持镇静，及时将情况反映给上级领导，由上级领导加以判断后，决定是否报保安部；

（6）如有必要，部门人员需积极配合保安部对事件进行调查、处理；

（7）所有事件的整个过程必须详细记录。

2. 宾客服务中心与保安部的沟通协作（见图5-15）

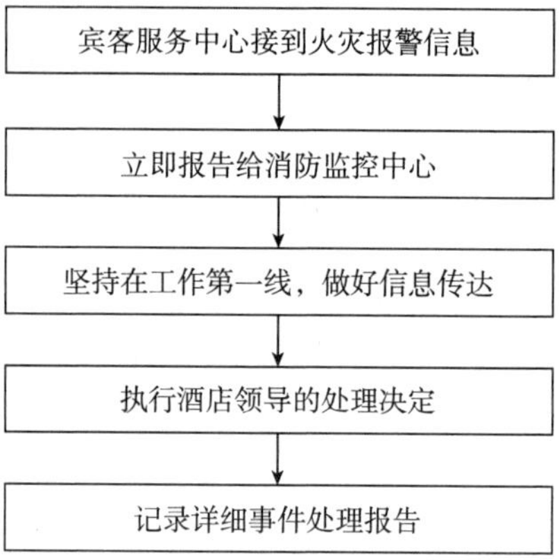

图5-15　宾客服务中心与保安部的沟通协作

（1）任何关于紧急事件或火灾报警信息，宾客服务中心话务员必须在第一时间通知到酒店消防监控中心；

（2）对于任何报警信息，宾客服务中心话务员需对事件发生的地点、性质进行了解，以便为保安部提供详细、准确的信息；

（3）严格按照酒店制定的紧急事件及消防应急预案进行操作；

（4）始终坚持在工作的第一线，确保所有指令、信息的上传下达；

（5）只有得到酒店最高领导的通知后，宾客服务中心话务员才能离开工作岗位；

（6）离开工作岗位前，必须将酒店重要的资料整理，随身携带；

（7）关闭所有电器设备及电源，快速按指定路线撤离到指定集合地点。

（七）前厅部与总经理及办公室的沟通（见图5－16）

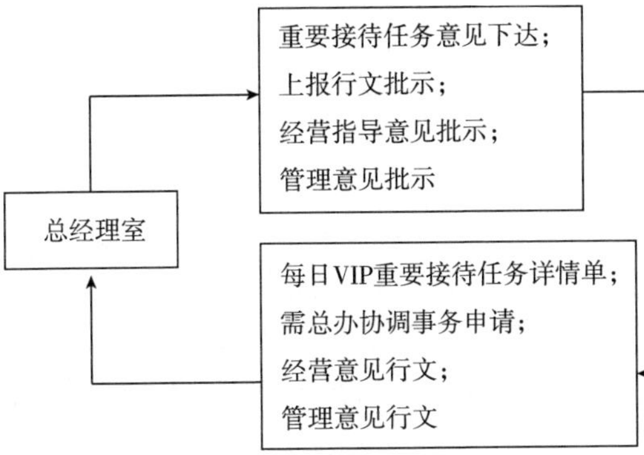

图5－16　前厅部与总经理及办公室的沟通

（1）上午8：00前把前一日的酒店营业日报表发至总经理办公室；

（2）有重大接待任务通知内容，写清重要贵宾的身份、姓名、人数、抵离时间、房间类型、标准、接待单位等，提醒酒店领导做好迎送准备；

（3）对于大型活动，配合销售部对所需要的各种布置、标示牌等要求和具体完成的时间的拟订，请示领导审阅；

（4）由前厅部撰拟的以酒店名义行文的文稿，应送总经理办公室审核后报酒店领导签发；

（5）部门文员与办公室秘书沟通办好内部文件与档案工作并接受指导性意见；

（6）酒店免费、折扣、定金、预付款、客房信用政策、销售政策的呈报与批准；

（7）转交有关邮件及留言等。

第二节　对客沟通技巧

世界顶级酒店集团丽思卡尔顿对员工提出20条服务准则，其中第14条准则是：告诫员工与客户以及同事沟通时注意措辞得体。例如：应该说“请接受我的道歉”而非“对不起”；应该说“愿意为您效劳”而非“可以”。为此，前总裁舒尔策曾宣布过一条著名的禁令，禁止说“行”或“可以”。由此可见，在服务中，沟通是何等重要！要与客人建立良好的宾客关系，就要对客人有个正确的认识，正确理解酒店员工与客人的关系，掌握客人的心理和与客人的沟通技巧。

一、正确识别客人

（一）客人是服务的对象

在酒店的客我交往中，双方扮演着不同的“社会角色”。服务人员是“服务的提供者”，而客人则是“服务的接受者”，是“服务的对象”。前厅部员工在工作中要始终记住自己的角色，所有与“提供服务”不相容的事情，都是不应该做的。

（二）客人是服务的购买者

在酒店里，客人提出的要求，只要不是无理的，我们都要尽量满足其精神和物质需求。比如：在床的枕头上增添靠垫，使客人躺在床上能舒舒服服地看电视；延长就餐时间，以满足客人的送餐服务；为方便客人在廊道里找到服务员，在廊道的电梯旁安装服务电话；除了客房里备有多种小食品和扑克牌外，服务中心还可按客人要求，随时提供水果、巧克力；还有专门设立保健按摩服务等。

（三）客人是可以被“特殊”关怀和宽容的

在客人的行为不超越法律范畴的情况下，服务人员要学会宽容客人，设身处地地为客人着想，用换位思考的方式来处理这些问题，才能使服务工作做到位。比如：一位客人在餐厅喝多了，踉踉跄跄地走在廊道里，一位男服务生走上前问候并想搀扶他，这位客人恼羞成怒，大声训斥服务员说看不起他。明明喝多了，但客人非说半斤八两白酒不算什么，明明是摔倒了，但那位客人还大声嚷嚷“没事儿，没事儿”！事后还是服务员搀扶他走进了房间，并帮他脱掉鞋和外衣，盖好被子，关好房门才离开。

二、前厅部对客服务沟通技巧

（一）重视沟通语言的使用

沟通缺失或沟通不当，是影响酒店总台及其他服务部门服务质量的重要因素。主动、规范的沟通语言，是提高酒店总台接待质量及酒店服务质量的重要途径。

（二）重视对客人的“心理服务”

酒店为客人提供“双重服务”，即“功能服务”和“心理服务”。功能服务满足消费者的实际需要，而“心理服务”就是除了满足消费者的实际需要以外，还要能使消费者得到一种“经历”。从某种意义上讲，客人就是花钱“买经历”的消费者。

客人在酒店的经历，其中一个重要的组成部分，就是他们在这里所经历的人际交往，特别是他们与酒店服务人员之间的交往。这种交往，常常对客人能否产生轻松愉快的心情，能否带走美好的回忆，起着决定性的作用。所以，作为前厅服务员，只要能让客人经历轻松愉快的人际交往，就是为客人提供了优质的“心理服务”，就是生产了优质的“经历产品”。

（三）对待客人，要“善解人意”

要给客人以亲切感，除了要做“感情上的富有者”以外，还必须“善解人意”，即能够通过察言观色，正确判断客人的处境和心情，并能根据客人的处境和心情，对客人做出适当的语言和行为反应。“先生，您不太舒服吗?”这样营造的温馨氛围，使客人来到总台就像回到家一样温暖、亲切，我们还将亲情服务融入日常工作当中。

（四）“反”话“正”说，不得对客人说“NO”

将反话正说，就是要讲究语言艺术，特别是掌握说“不”的艺术，要尽可能用“肯定”的语气，去表示“否定”的意思。比如，可以用“您可以到那边去吸烟”，代替“您不能在这里吸烟”；可以用“请稍等，您的房间马上就收拾好”，代替“对不起，您的房间还没有收拾好”。在必须说“NO”时，也要多向客人解释，避免用钢铁般生硬冰冷的“NO”字一口回绝客人。

（五）因为与客人熟，而使用过分随意的语言

做酒店工作，难免有时会和客人成为朋友。于是，见面的问候可能不再是“您好”，而是“哇！是你呀!”，彼此之间的服务也由“格式化”变成“朋友化”了。这种表达方式不利于酒店与宾客之间良好的信息沟通效果。

三、酒店前台对客服务沟通指南

（一）一站式服务

酒店前厅部服务人员要熟悉酒店的基本情况，不但需要通晓客房房型及其特点，熟悉掌握操作流程，快速准确地为客人提供登记入住、退房结账、客人问讯等服务，还要了解酒店各经营部门的基础知识和最新优惠活动等信息，以便能为客人提供更为快捷的服务。

（二）关注宾客喜好

当客人走进酒店时，我们要主动问好，称呼客人时，如果是熟客就要准确无误地说出客人的姓名和职务，这一点非常重要，宾客会为此感受到自己受到了尊重和重视。我们还要收集客人的生活习惯、个人喜好等信息，并尽努力满足客人，让宾客的每次住店，都能感受到意外的惊喜。

（三）贴心式销售

询问客人有什么要帮助的，客人需要住房时，应先认真倾听客人的要求，通过观察聆听判断客人所需要的房型及房价进行推荐，力争让宾客满意，在向客人描述酒店的情况时，要注重介绍酒店的特色和优势，让客人对酒店有一定的了解，必要时可以先让客人参观房间。针对不同性格的客人，我们可以采取不同办法，比如：内向犹豫的客人，我们可以帮他们做决定，多建议，语气柔和；对于有主见性格外向的客人，我们要用轻松愉悦的方式与他交谈，也许这样我们会更容易取得销售的成功。

（四）个性化服务

在客人办理手续时，我们可多关心客人，多询问客人，如果是外地客人，可以向他们多讲解当地的风土人情，主动为他们介绍车站、商场、景点的位置，询问客人是否疲劳，快速地办好手续，客人退房时，客房查房需要等待几分钟，这时不要让客人站着，请客人坐下稍等，主动询问客人住得怎样或是对酒店有什么意见，不要让客人觉得受到冷落。

四、酒店前台对客服务沟通禁忌

（一）选择性倾听

酒店客房在倾听或者查看酒店信息时，往往会根据自己的需要选择性接收信息，同时还会将自己的期望带入信息中，从而造成信息理解上的偏差。如客人可能会误认为饭店前台向其介绍的付费早餐包含在房价之内或者是免费提供的，这类选择性知觉造成的理解偏差可能会导致服务纠纷。

（二）过早评价

酒店前厅接待人员在前厅服务中，由于耐心不够，导致不能很好地倾听宾客的诉求，面对宾客的闻讯、质疑甚至投诉的时候就容易出现盲目解释、急于辩解等状况。这可能会导致客人的需求得不到有效满足，沟通无法顺利进行而产生障碍，对于前台的秩序以及饭店的形象等也都会有一定的负面影响。因此，前台服务人员应该是善于聆听的人，在宾客提出建议或意见之时应试图去理解他们的话，以设身处地的态度，了解事情全部的状况而不是急于判断，草率地发表意见。

（三）情绪影响

一个人的情绪不同往往会导致对于统一信息的理解不同，从而达不到预期的沟通效果。比如酒店客人无理取闹，酒店服务人员情绪糟糕等。在对客沟通过程中，如何引导宾客的情绪，并控制好自身的情绪，也是前台服务人员应该掌握的服务技能之一。这包括对于沟通气氛的营造，使用柔和的语言、眼神、手势、微笑等肢体语言和表情对于宾客的情绪能起到安抚和平静的作用，让整个沟通的氛围更融洽，引导宾客的情绪保持在正面有利于服务工作展开的状态之上。

第三节　酒店忠诚计划

一、忠诚计划

顾客忠诚计划，或称常客忠诚计划，是指连锁企业或合作企业对于消费相对频繁的顾客提供的一系列购买优惠、增值服务或其他奖励方式，其目的在于奖励忠诚顾客、刺激消费并留住核心顾客。

客户忠诚计划模式包括独立积分计划、积分计划联盟模式、联名卡和认同卡模式和会员俱乐部模式。

（一）独立积分计划

独立积分计划指的是，某个企业仅为消费者对自己的产品和服务的消费行为和推荐行为提供积分，在一定时间段内，根据消费者的积分额度，提供不同级别的奖励。这种模式比较适合容易引起多次重复购买和延伸服务的企业。

独立积分计划对于那些产品价值不高、利润并不丰厚的企业来讲，有很多无法克服的弊端，最为重要的难点是成本问题。自行开发软件，进行数据收集和分析，这些都需要相当大的成本和人工。

其次，很多积分计划的进入门槛较高，能够得到令人心动的奖励积分的额度过高，而且对积分有一定的时效要求。这样做虽然符合 80/20 原则，将更多的优惠提供给高价值的顾客，也有助于培养出一批长期忠实的客户，但这样做也流失了许多消费水平没有达到标准的准高价值客户。

（二）积分计划联盟模式

联盟积分，是指众多的合作伙伴使用同一个积分系统，这样客户凭一张卡就可以在不同商家积分，并尽快获得奖励。与企业自己设立的积分计划相比较，联盟积分更有效、更经济、更具有吸引力。

目前世界上最成功的联盟积分项目是英国的 NECTAR，积分联盟由 NECTAR 这个专门的组织机构设立，本身并没有产品，只靠收取手续费营利。项目吸引了包括巴克莱银行（Barclay Bank）、森斯伯瑞超市（Sainsbury's）、德本汉姆商场（Debenhams）和 BP 加油站等很多企业加入。顾客凭 NFCTAR 卡在特约商户消费，或者用巴克莱银行卡消费者，都可获得相应积分，并凭借积分参加抽奖或者领取奖品。NECTAR 因此把消费者对他们的忠诚转变成对特约商户的忠诚，并由此向特约商户收取费用。在很短时间内，NECTAR 就将 5880 万英国居民中的 1300 万变成了自己的客户，并从中取得了巨大的收益。

（三）联名卡和认同卡

联名卡是非金融界的营利性机构与银行合作发行的信用卡，其中美国航空公司和花旗银行联名发行的 Advantage 卡就是一个创立较早而且相当成功的联名卡品牌。持卡人用此卡消费时，可以赚取飞行里数，累积一定里数之后就可以到美国航空公司换取飞机票。美国电报电话公司的 AT&T Universal Card 也是很受欢迎的联名卡，它通过对客户长途电话的折扣与回扣，扩大了顾客群，提高了竞争力。

认同卡是非营利机构与银行合作发行的信用卡，持卡人主要为该团体成员或有共同利益的群体。这类关联团体包括各类专业人员。持卡人用此卡消费时，发卡行从收入中提成出一个百分比给该团体作为经费。运动协会、环保组织、运筹学管理科学协会的认同卡就是这方面的成功例子。

（四）会员俱乐部

有的企业顾客群非常集中，单个消费者创造的利润非常高，而且与消费者保持密切的联系非常有利于企业业务的扩展。他们往往会采取俱乐部计划和消费者进行更加深入的交流，这种忠诚计划比单纯的积分计划更加易于沟通，赋予忠诚计划更多的情感因素。

作为忠诚计划的一种相对高级的形式，会员俱乐部首先是一个“客户关怀和客户活动中心”，但现在已经朝着“客户价值创造中心”转化。而客户价值的创造，则反过来使客户对企业的忠诚度更高。

二、提高顾客忠诚度的意义

（一）为酒店带来稳定的收益

对于酒店行业来说，忠诚顾客就是酒店的会员及常客。他们在选择酒店时经常选择同一品牌或同一家酒店集团旗下的不同品牌。忠诚顾客选择酒店时会优先考虑自己常去的酒店品牌。他们通常是酒店的会员，不仅可以享受一定的折扣，还可以得到更细致入微的服务。五星级酒店会记录客人的喜好及禁忌，这份客史记录会在酒店集团内共享，该酒店集团的员工都会了解他的喜好，不管客人去到哪一家酒店，都会得到细心周到的服务。客人的满意度就此提高，从而增加酒店的销售收入和利润总额。

当酒店推出新的活动及优惠政策时，忠诚顾客也是愿意最先去尝试的一批人，这不仅为活动的进一步推广打开了市场，也在一定程度上降低了酒店推广新活动的风险。

（二）为酒店降低宣传成本

忠诚的顾客会时常和亲朋好友分享自己愉快的住店经历，顾客间的口口相传无形中为酒店省去了一笔营销费用，提高了品牌口碑的同时，还为酒店培养了一批潜在顾客，使企业获得长远的利益。

某酒店餐厅的常客王先生，每周三晚上都会来餐厅坐在指定的座位。餐厅工作人员每周三都会特意把这张桌子为王先生留起来。王先生每次来都会为餐厅的工作人员准备糖果，有一次王先生带来他的朋友刘先生来用餐，刘先生也觉得这家餐厅服务水平很高，菜品丰富，海鲜种类众多，便在自己的博客里描述了本次用餐体验，并向网友推荐了这家餐厅。刘先生是一位知名的美食博主，他的粉丝里有一位是电视台“光盘行动”的负责人，看到这条博客后便联系了餐厅经理，对这家餐厅进行了专访报道，并在该餐厅举行了“光盘行动”的颁奖仪式，吸引了一大批“吃客”慕名而来。

（三）树立良好的酒店品牌形象

国外有关研究资料分析认为，对于一个品牌来说，忠诚顾客的价值是非忠诚顾客价值的 9 倍，顾客对品牌忠诚每提高 1 个百分点，企业的品牌利润就会随之大幅度增长。酒店品牌形象的树立基于目标顾客的口碑，而目标顾客中起到的宣传作用最大的便是忠诚顾客，且忠诚顾客对酒店的宣传作用往往大于网络以及媒体的宣传。

忠诚顾客不仅可以为酒店吸引顾客，起到免费宣传的作用，为酒店带来长久稳定的收益，还可以帮助酒店树立良好的品牌形象。忠诚顾客的多少及其消费能力会在一定程度上影响酒店的核心竞争力。

三、“互联网 +”时代提升顾客忠诚度的策略

酒店顾客消费的过程分成预订、住店、离店三个阶段，那么传统的酒店业更关注顾客入住时的服务，至于顾客预订时向其提供精准的酒店信息和离店后酒店获取顾客的住宿评价，由于技术等方面的原因，传统酒店业的关注度不够。这样会降低顾客选择消费酒店的可能性，已有顾客的忠诚度也会受到影响。而“互联网 +”时代酒店可以打通这三个阶段。凭借互联网技术，酒店可以在预订阶段向顾客提供准确的产品信息，并可以方便地实现在线预订。住店消费阶段酒店可以

通过大数据分析，准确了解顾客的喜好，使酒店的服务更切合顾客的需要。离店后可以通过在线顾客点评，及时获知顾客消费后的反馈，以便不断改进服务，提高顾客忠诚度。

（一）开拓多样化的酒店在线直销渠道，为顾客的预订提供信息服务

在线酒店预订模式主要有三种：OTA 平台、团购平台、酒店官网直接预订。报告显示，2015 年中国在线酒店预订市场，OTA 平台占据 71.2% 的市场份额，团购平台占据 14.6% 的市场份额，而酒店官网直接预定模式仅占 5.8%。在线直接预订渠道的单一与不便是导致酒店在线预订市场份额低的主要原因之一。因此，移动互联时代，酒店的在线直销渠道除了酒店官方网站之外，还可开拓 App、微博和微信渠道。尤其是随着微信的发展，基于微信平台的在线营销体系显得更加重要。

（二）充分利用互联网大数据分析，使酒店营销更加精准，线下服务更具个性化

顾客需求多样化的消费时代已经到来，以前面对顾客的抱怨酒店只能默默承受，因为他们没有办法去准确了解顾客的真正需求。但是，现在身处互联网大数据时代，酒店有更多的机会去了解顾客，甚至可能比顾客自己还要了解自己的需求。

顾客浏览酒店官网或其线上平台可以生成消费行为数据；顾客与酒店的沟通，如顾客的网上评分评论、来电咨询记录、发来的 e-mail 等，可以生成数据；酒店还可以通过第三方进行网上舆情监控，及时获取与酒店相关的顾客网上点评等数据信息。如果酒店平时善于收集和整理顾客的消费行为方面的信息，如消费者购买产品的金额、购买的产品渠道、偏好产品的类型、产品使用频率等，就可以建立大数据库，通过统计和分析来掌握消费者的消费行为、兴趣偏好等，由此形成会员“画像”、会员多标签化。酒店就可进一步去发掘会员的潜在需求，为其提供准确的个性化服务，制定有针对性的营销方案。

（三）借助互联网技术，进一步优化服务流程，提升用户体验

酒店可以利用互联网技术，实现硬件与服务、管理与服务的有效链接，建立起酒店与顾客的互联、互动。在保持酒店优质的线下服务的同时，推出线上服务项目，双线结合的服务可以使酒店服务流程更加便捷、高效。

（四）开通在线点评，聆听顾客声音

为赢得和稳固忠诚顾客，酒店大多会制定酒店各种会员忠诚计划。忠诚计划是否有效，最终取决于其内容能否达到或超越顾客期望。为此，酒店需要掌握更精准、深入的顾客信息，找到顾客的真实需求、入住偏好等信息，才能在会员入住时提供一些独特的专享服务，让顾客能及时享受到忠诚计划带来的满足感。而获得顾客信息的方法之一就是顾客点评。在线点评是顾客主动表达出来的消费需求和偏好。将在线点评反映的顾客信息、入住偏好、消费行为等数据整合、归纳出相关结论，然后录入酒店忠诚会员档案，在顾客下次入住后提供个性化的服务，提高顾客忠诚度就落在了实处。

四、酒店忠诚计划

（一）酒店集团忠诚计划

1. 万豪集团之“Marriott Bonvoy（万豪旅享家）”

万豪国际于 2018 年 8 月起，整合旗下万豪礼赏、丽思卡尔顿礼赏及 SPG 俱乐部的会员计划，统一会员礼，于 2019 年 2 月 13 日正式启用新会员计划，名称为“Marriott Bonvoy（万豪旅享家）”。届时超过 1.1 亿人将使用相同的酒店常客计划，SPG 积分将以 1：3 的比例兑换至万豪积分。

- 白卡（0～9 晚/年）
- 银卡（Silver）（10～24 晚/年）
- 白金卡（Platinum）（50～74 晚/年）
- 钛金卡（Titanium）（75～99 晚/年）
- 大使（Ambassador）（100＋晚/年，且消费满 2 万美元）

另外需要注意的是，现在万豪旗下的酒店品牌 BVLGARI（宝格丽）酒店由万豪管理，但是并不加入万豪的会员计划。

2. 洲际集团之“IHG 优悦会”

优悦会是世界上第一个酒店忠诚客户计划。目前，优悦会在全球拥有超过 1 亿名会员，这一计划致力于为洲际酒店集团（IHG）旗下酒店的宾客建立品牌忠诚度。优悦会的设立不仅为酒店带去客源，还起到培养宾客品牌忠诚度的作用。优悦会为常旅客提供众多的酒店选择和许多礼遇，包括一系列的奖励活动，其中有奖励入住各地的酒店，奖励各地的机票，商品、礼品卡以及特别活动。

（1）会员权益。

IHG 优悦会会员被分为四个等级，IHG 优悦会俱乐部会员等级分为 4 个级别，分别是“俱乐部会员”（club）、“金卡会员”（Gold）、“白金会员”（Platinum）、“至悦精英会员”（Spire Elite）（见表 5－1）。办理条件如下：

- 俱乐部会员（注册即可）
- 金卡精英会员（入住 10 个有效房晚或者累计 10000 积分）
- 白金精英会员（入住 40 个有效房晚或者累积 40000 积分）
- 至悦精英会员（入住 75 个有效房晚或者累积 75000 积分）

表 5－1　　洲际集团之“IHG 优悦会”

您的多重礼遇	优悦会俱乐部会员	优悦会金卡精英会员	优悦会白金精英会员	优悦会至悦精英会员
赚取酒店积分或里程	√	√	√	√
会员专享价（IHG* 优悦会会员专享价）	√	√	√	√
专属客户服务热线	√	√	√	√
奖励房晚没有禁兑期	√	√	√	√
奖励住宿同样可用来赚取精英会籍	√	√	√	√
免费上网[1]	√	√	√	√
延时退房[2,3]		√	√	√
精英会员积分会不过期[5]		√	√	√
优先登记入住		√	√	√
基础积分上获得额外积分		10%	50%	100%
精英会籍累积房晚数可顺延			√	√
客户升级[3]			√	√
空房保证[4]			√	√
晋升此会籍时的优选奖赏				√
晋升至此会籍即可升级赫兹* 五星金卡* 会籍				√
提早登记入住[3,6]				√

资料来源：洲际集团官网。

（2）IHG 优悦会“先行者”活动。

“先行者”活动需要在官网登录并注册当季的“先行者”任务后，满足在活动时间内住满规定数量的品牌酒店/房晚等住宿要求，并赚取活动所给予的任务积分。每个人的任务不同，分数也不同，参与活动的根本目的是赚取 IHG 积分，以期待之后用积分换 IHG 的房间。

（3）洲际大使会员。

洲际集团旗下的洲际酒店与度假村作为集团的最高端品牌，专门设置了一个高级会员计划，就相当于在优悦会的会员当中甄选出一部分会员给予他们在洲际酒店额外的礼遇。大使的等级分两种：洲际大使（INTERCONTINENTAL AMBASSADOR）与皇家大使（ROYAL AMBASSADOR）。

3. 雅高集团之“ALL 会员计划”

雅高集团于 2019 年年初宣布对旗下客户忠诚计划进行颠覆性的转变，将其打造成全方位整合礼赏、服务和体验的全球平台，通过集团的整个生态系统，为宾客日常的工作、生活或娱乐增添价值。将为宾客带来 30 多个独具特色并具有标志性的酒店品牌，无与伦比的酒吧、餐厅、夜生活娱乐以及“千金难求”的特别体验。

为了成为宾客日常生活中的一部分，并体现集团旗下品牌的优质特性，雅高推出全新企业标识，其中包括新的企业商标。雅高和 ALL（Accor Live Limitless）这两个独特的品牌，将利用同一个标志性的字母“A”，一方面是集团卓越的标志，另一方面融合了大雁（bernache）这一雅高有着历史意义的集团徽标。

这一新的生活方式忠诚计划对宾客的承诺主要体现在四大战略方向：

- 引入新的 premium 等级以奖励最忠诚的会员
- 根据“赋予生活更丰盛的款待”的战略提供更多礼遇
- 获取连通全球的体验：通过行业内最广泛的品牌组合赚取并使用积分；新的数字 App 为工作、生活和娱乐方面增添价值
- 合作伙伴及会员体验：会员体验远远不止酒店入住，合作伙伴体现在 ALL（Accor Live Limitless）项目会员的日常生活、出差旅行以及各个方面。经过广泛的研究，忠诚会员对其他三大主要方面也充满热情，即：娱乐、美食和厨艺，以及体育。

（二）单体酒店忠诚计划

1. 会员卡范围

会员权益的会员卡指其包含的会员卡的使用范围，即享受会员权益的卡种。

2. 会员卡折扣（见表 5－2）：

表 5－2　　会员卡折扣

折扣 \ 卡种	金卡	白金卡	无限卡	业主卡	公司赠送卡
房费	6.5 折	5.5 折	5 折	5 折	6.5 折
餐费	9 折	8.5 折	8.5 折	8.5 折	9 折
KTV	8 折	7 折	7 折	7 折	8 折

资料来源：根据 https：//baijiahao. baidu. com/s？ id = 1655991425609368435&wfr = spider&for = pc 信息整理而得。

3. 会员权益

针对酒店不同类型的会员客户，会员服务部将展开不同内容的差异化服务，具体如下：

（1）A 服务（金卡、公司赠送卡）。

- 会员折扣：依据会员级别享受不同的折扣优惠
- 积分奖励：享受消费积分，依据积分兑换不同礼品
- 优先入住：会员专属快速入住办理通道
- 延时退房：延时到 14 点退房（周六及法定节假日除外）
- 退房免查房服务
- 享受专属会员活动特权

（2）B 服务（白金卡、业主卡、无限卡）。

- 会员折扣：依据会员卡级别享受不同的折扣优惠
- 积分奖励：享受消费积分，依据积分兑换不同礼品
- 即刻入住：无须排队等待，到店即刻入住（此服务需在有预订情况下）
- 欢迎礼遇：入住赠送迎宾果篮及进口红酒一瓶
- 延时退房：延时至 16 点退房（周六及法定节假日除外）
- 生日礼遇：卡主生日月免费入住度假酒店复式一晚（法定节假日除外）
- 退房免查房服务
- 优选房型优先预定权
- 享受专属会员活动特权

第四节　宾客满意度管理

一、宾客满意度管理的含义和意义

顾客满意是指顾客对其明示的、通常隐含的或必须履行的需求或期望已被满足的程度的感受。满意度是顾客满足情况的反馈。它是对产品或者服务性能，以及产品或者服务本身的评价；给出了（或者正在给出）一个与消费的满足感有关的快乐水平，包括低于或者超过满足感的水平，是一种心理体验。

顾客满意的指导思想是酒店整个经营活动都要以顾客满意为指针，要从顾客的角度、用顾客的观点来分析、考虑消费者的需求。顾客至上就是要求酒店要把顾客放在经营管理体系的第一位，站在顾客立场上研究和开发产品，预先把顾客的“不满意”从设计、制造和供应过程中删掉，使消费者在心理上对酒店产生认同感和归属感，进而产生顾客满意的群体效应。“一切为了顾客”要求一切从顾客的角度考虑，想顾客之所想，急顾客之所急，顾客的需求就是酒店的需要。

二、宾客满意度的评估

随着 ISO9000 质量管理体系认证工作在不同行业中普遍施行，顾客满意度已成为衡量各企业质量管理水平的重要指标之一。因此，顾客满意度测量成为日常质量管理和管理体系认证中的重要工作。而且如何做好顾客满意度测量工作，成为企业经营特别是质量管理体系认证中最困难的一项工作。

顾客满意度测量可以评价管理体系的业绩，为酒店质量管理体系改进提供科学依据，因此制定科学的顾客满意度测量方法是客观、公正、全面调查顾客满意度的基本条件。

顾客满意度测量常用的调查方法主要有问卷调查、入户访谈、电话测评、小组座谈以及神秘顾客法等。每种方法都有所侧重，获取的效果也有所不同。因此采用单一某种方法进行满意度测量，很难获得全面、准确的满意度数值。所以应根据产品特征、客户结构以及消费情况，选取不同的组合方式进行满意度调查和测量，使顾客满意度能更全面、真实客观地反映顾客的感受。

三、酒店宾客满意度评价的重要性

（一）提高宾客满意度可以增强宾客的忠诚度

宾客满意度与忠诚度在一定程度上成正比，宾客对酒店的满意度越高，则其对酒店的忠诚度就越高，会再次选择酒店的产品；相反，宾客对酒店的满意度越低，其对酒店忠诚度就越低，再次选择该酒店产品的概率也就越低。留住一个老宾客比争取一个新宾客成本低得多，由于宾客保留率较高，酒店不需要支付巨额的广告费或把价格降到最低就能持续经营，同时也意味着更多的宾客将重复消费酒店的产品或服务。

（二）提高宾客满意度可以增强酒店的整体声誉，增加酒店的盈利

宾客满意度越高，越会给酒店带来良好的声誉。对宾客来说，到一个具有良好声誉的酒店入住或就餐，安全性比较高，这使酒店更容易向宾客推介新产品。好的声誉对于酒店有“光环效应”，从而有力地帮助酒店获得其他重要资产，例如，增加品牌无形资产、提高市场价值等。

四、提高宾客满意度的举措

酒店在经营过程中，一定要提高顾客对自己的满意度，只有让顾客满意，愿意到酒店居住，酒店才能够拥有好生意。想要让消费者满意，酒店首先就要了解消费者的需求，满足消费者的需求，消费者才会对酒店满意。那么，酒店在经营中要如何做，才能让消费者满意呢?

（一）提供个性化服务

由于产品、店面的设计是大体一致的，所以，服务员的服务水平相应地成为酒店品牌赢得顾客的关键，标准化服务是酒店生存的基石，个性化服务是酒店提高竞争力的重要措施，酒店的个性化服务才能赢得更高的顾客满意度。

酒店要建立一个良好的个性化服务的保障机制，使个性化服务能够长期如一的保持下去。这就要求服务人员在服务时要有敏锐的洞察力，同时还要对客人的

特殊偏好进行记录，并制定出详细的客史档案。凡是通过主动拜访、客人告知、员工反映等途径获得的客人喜好、习惯、忌讳等资料信息，都要整理成文字保存起来。然后按照该客人的客史记录，安排相关事宜，做到运筹于胸。很多时候客人在选择酒店时不仅仅是因为一张舒适的大床、一顿美味的食物，更多的时候是他们的要求是否得到重视，得到满足。如果作为酒店能够认识到这一点，在工作中就能更加细致独到地发挥个性化服务。

（二）完善和改进硬件设施与软件设施，提高环境质量和服务质量

打造良好的就餐与住宿环境，保持干净整洁，设备完好，客户消费舒心；另外，要提高服务质量，重视影响服务质量的个性问题，提倡所有服务人员的应变能力和个性化、感情化服务，重视现场管理和优质服务，从而提高酒店竞争的软实力，提高客户满意度。

（三）充分利用和管理顾客信息

现代先进的信息技术，使酒店能够对顾客的信息进行优化管理。通过对顾客建立起来的一个完备的数据库档案，记录下顾客的消费喜好、禁忌、购买行为和住店行为等特征。如此一来，客人再次惠顾的时候，酒店就能够对客人进行有针对性的个性化服务，进而强化顾客对酒店的满意度。

（四）提升用户体验，加强技术和人际互动平衡

酒店品牌要充分利用以互联网为依托的各种 App 或网络平台提升客人的体验，包括计划、预订、入住酒店、退房和意见反馈等各个环节。技术产品仍然是良好的客人体验的关键。因此，酒店可以利用“互联网思维”，让用户参与到 O2O 的互动中。在用户的旅行计划、预订和入住阶段使用手机中 App 上的不同功能。客人可以进行选择，比如移动入住和手机钥匙。他们希望能够从他们的个人设备上便利性地浏览房间的用餐选项，而不必拿起客房的座机电话。酒店业快速发展的同时，酒店管理者也要认识到，除了技术带来的便捷外，一些客人仍然需要个人互动。技术是伟大的，但两者之间需要保持平衡。技术最有效的时候发生在，当它从体验中移除交易并且释放服务人员以与客人建立更感性和个性的方式的时候。

第五节　宾客投诉案例及处理

一、宾客投诉的含义

投诉就是客人对不满状况的一种抱怨方式，而且往往客人会就投诉的内容要求酒店做出一定的承诺或赔偿。同样地，酒店行业的从业人员如果不去排除有可能产生顾客投诉的各种隐患，不去充分预防，即使掌握的对顾客投诉处理的方法技巧很多，也会疲于奔命。因此，投诉可被分为两个递进层面进行管理：第一个层面是如何处理已经发生的投诉；第二个层面是如何避免投诉的发生。

小资料

一项对“顾客什么时候不满意”的调查显示，在服务行业中，一个人满意只会分享给5个人；每25个人不满意就会有一个人投诉；一个不满意的人至少要将不满意告诉20个人；严重投诉占投诉事件的25%；投诉解决后，94%的人不会再次光顾，仅有6%的人会继续光顾。

因此，酒店的管理都在追求“零投诉”，而不以完美地处理已发生的投诉为骄傲。也有资料显示，客人对酒店中服务不规范、服务态度差等问题的投诉已占全部投诉的50 %。投诉主要集中在三星级和四星级酒店，占总数的55. 5 %。是建立并健全各项规章制度是管理好酒店的基础。二是虽然有规章制度，但多年来没有根据形式的变化而进一步完善发展，失去了实际意义。三是虽然制度健全，但没有严格执行制度，缺少日常监督检查，使制度成为一纸空文，形同虚设。一个好的管理制度不仅能使酒店的业绩蒸蒸日上，还能赢取顾客的满意，增加酒店的知名度，这无形中又增加了酒店的无形资产。

资料来源：富康国际大酒店《对客服务沟通技巧》培训资料。

二、宾客投诉处理的原则

（一）兼顾酒店和员工利益的原则

处理投诉时应在合理的范围内有理有据、有节有度地对待问题，不能一味满足客人的无理要求．使酒店和员工的利益受损。例如，一位日本客人与服务员发生争吵，结果日本客人要求服务员以下跪的方式向他道歉，这种有辱国格人格的行为酒店方予以了坚决的反对。

（二）不争辩原则

在宾客进行投诉的时候，服务人员要做到认真和耐心的倾听，即使听到一些与自己想法不同的意见也不能与宾客争辩，而是要等宾客把事情的全貌表述清楚后再进行分析。

（三）同一战线原则

不论宾客投诉中所表述的内容是否合理或值得同情，受理人员也一定要站在宾客的立场上表示对宾客的“遭遇”非常的同情和理解，同时对宾客在情绪上给予一定安慰和平抚。

（四）避众原则

在投诉过程中，如宾客大声吵闹或喧哗，他们的负面信息会直接负面地影响其他宾客对酒店的印象。为了避免酒店声誉被影响，酒店的工作人员必须及时地将投诉者与其余顾客分离。例如，从语言上表示理解和同情宾客，及时“承认错误”并安抚宾客，可以提供茶点，安排宾客到后台办公室或会议室详谈。

（五）“以诚相待”原则

处理顾客投诉，“真诚”二字非常重要。应理解顾客的心情、站在顾客的立场上满怀诚意地帮助顾客解决问题。只有这样，才能赢得顾客的信任和好感，才有助于问题的解决。

（六）快速处理原则

在受理投诉时，凡是在自己职权范围内能解决的问题，应迅速为顾客解决，如顾客投诉超出自己权限的，要及时转交上级，并制定相应的投诉处理跟进制度，尽可能在最短时间内给予宾客准确的答复日期和时间。

（七）征询原则

在完全了解宾客的投诉原因和过程后，服务人员应充分征询投诉宾客的意见，再结合酒店的政策做出合理的，并能使宾客满意的处理方案。

（八）不轻易许诺原则

在处理投诉的过程中，酒店员工不能因为要尽快压制宾客的激动情绪而轻易向其做出权力范围之外的许诺，那样会适得其反，导致更加严重的后果。

三、处理投诉的技巧

（一）做一个耐心的倾听者

客人在投诉时大多带有感情色彩，怒气很重，首先要平息客人的怒气。给客人一个宣泄不满的机会，做他忠实的听众，并安抚客人的情绪，对他的遭遇表示同情，让客人感觉到和他站在统一战线上，这样他才会将心声吐露，陈述事实，为以后的调查工作找到依据。同时，要让客人理解并相信酒店方是非常关心他们的休闲环境以及所受服务是否令人满意的。投诉宾客在谈论问题时，作为代表酒店方的领导即处理投诉事件的当事人，需要不时表示出对客人的同情，例如，“我们非常遗憾！非常抱歉地听到此事，我们理解你现在的心情！谢谢您告诉我们这件事！”或者“对于发生这类事件，我们感到很遗憾！我完全理解您的心情！”，等等。

（二）诚恳道歉，平息客人怒火

凡是来投诉的客人都是带着不满的情绪，有着这样或者那样的原因，甚至是怒气冲冲而来的。在他发泄怒气时，要不失时机地进行道歉，以表示尊重客人，使客人有种平衡感。在选择道歉的方式和时机上要适当把握，例如，服务人员不能高频率的反复用“对不起”“实在不好意”“太抱歉了”向客人表示道歉，因为，客人会认为服务人员根本没有认真聆听自己话，而是在敷衍自己，甚至有时会打断投诉客人的思路，这是非常不礼貌的。正确的道歉方式是根据客人所表述的内容适时地回应或表示遗憾，然后道歉。例如，“原来是这样！实在太抱歉了！”或“对于给您带来的不便我们真的十分抱歉！请您先消消气！”以这样的具体语句来表示道歉才能够体现真诚，让客人感到服务人员是在认真聆听和理解自己的。

（三）要承认宾客投诉的事实

为了迅速了解客人所提出的问题，必须认真听取客人的叙述，使客人感到酒店十分重视他的问题。倾听者要注视客人，不时点头示意，让客人明白“酒店在认真听取我的意见”。若遇上的是认真投诉的客人，在听取客人意见时，还应做一些听取意见记录，把客人投诉的要点记录下来。这样不但可以使客人讲话的速度放慢，缓和客人的情绪，还可以使客人确信，酒店方对他所反映的问题是非常重视的。

（四）感谢客人的批评

管理者都应重视客人的投诉，并对投诉的客人表示感谢，因为这些批评意见或者抱怨会协助管理者提高酒店管理水平和服务质量。对客人表示感谢时，不能带有不情愿或故意讽刺和轻飘的语气，要发自内心诚挚地表示感谢，否则会适得其反。

（五）快速采取补偿行动

当客人完全同意酒店所采取的改进措施时，酒店方就要立即行动，各个岗位和人员要通力合作，以处理投诉补偿为优先，更不要拖延时间。耽误时间只能进一步引起客人的不满，客人会认为是酒店方不诚信补偿和故意拖延。此时，时间和效率就是对客人的最大尊重，也是客人此时的最大需求。

（六）要跟踪落实客人投诉的具体实施情况

首先，要确保改进措施的进展情况顺利，对客补偿的通道保持通畅；其次，要使被投诉的对客服务接触点的服务水准及服务设施均处在最佳状态；最后，当服务改进和对客补偿都顺利完成，酒店方应由部门经理以电话的形式询问之前的投诉客人对目前服务的满意程度，并请教还有哪些是可以再提高和改进的。

对待投诉客人的最高恭维，莫过于对他们的关心，以及对他们所提出问题的重视。总之，对待客人的投诉问题，酒店的工作人员应该永远做一个镇静者，认真对待每一起投诉事件，认真处理每一位客人提出的不满要求。酒店的管理者要充分认识到，投诉是有利于提高酒店服务质量、完善酒店规章制度和服务规范、弥补服务当中的欠缺和不足之处的好机会。

四、宾客投诉案例及处理

（一）案例一：洗澡时没水了

住在XXX房间的王先生早上起来想洗个热水澡放松一下。但洗至一半时，水突然变凉。王先生非常懊恼，匆匆洗完澡后给总台打电话抱怨。接到电话的服务员正忙碌着为前来退房的客人结账，一听客人说没有热水，一边工作一边回答："对不起，请您向客房中心查询，电话号码是58。"本来一肚子气的王先生一听就来气，嚷道："你们饭店怎么搞的，我洗不成澡向你们反映，你竟然让我再拨其他电话！"说完，"啪"的一声，就把电话挂上了。

资料来源：百度文库"酒店投诉案例分析范文"，https：//wenku. baidu. com/view/55c626889cc3d5bbfd0a79563c1ec5da51e2d643. html.

【处理分析】

宾馆的每一位服务员都应树立以顾客为关注焦点的服务意识，不管是谁，只要接到顾客的抱怨，都应主动向主管部门反映，而不能让顾客再找别的部门反映。本案对客人抱怨的正确回答应该是："对不起，先生，我马上通知工程部来检修。"然后迅速通知主管部门处理，这样王先生就不会发怒。本案没有做到"顾客沟通"的"顾客反馈，包括顾客抱怨。"及"内部沟通"的有关规定。

有时候客人反映的问题虽然解决了，但并没有解决好，或是这个问题解决了，却又引发了另一个问题。比如，客人投诉空调不灵，结果，工程部把空调修好了，却又把客人的床单弄脏了。因此，必须再次与客人沟通，询问客人对投诉的处理结果是否满意。比如，可打电话告诉客人："我们已通知维修部，对您的空调进行了维修，不知您是否满意？"这种"额外的"关照并非多余，它会使客人感到酒店对其投诉非常重视，从而使客人对酒店留下良好的印象。

最后，应再次感谢客人，感谢客人把问题反映给酒店，使酒店能够发现问题，并有机会改正错误。这样，投诉才算得到真正圆满的解决。

（二）案例二：免打扰和被打扰

夜半，某酒店总台电话铃声骤然响起。总台小朱礼貌地接起电话：“Good evening，Reception，May I help you？您好，总台。”

“喂！总台，现在都几点了，我隔壁房间的音乐声很响，还让不让人睡觉!”话筒里传来一位男客愤怒的吼声。小朱连声道歉，并了解到，原来是1705的王先生被隔壁1704过大的音乐声吵得睡不着觉。

放下王先生的电话，小朱连忙找出1704客人的资料，发现客人在入住时房间做了免打扰。于是向大堂副理小王汇报了这个情况，小王了解详细情况后便前往1704房，礼貌地敲开房门：“小姐，您好！我是酒店大堂副理，不好意思这么晚了还打扰您。”

“你没看到我的门上挂了免打扰了吗？为什么还来打扰我？”房客李小姐没好气地说。

“不好意思，小姐。是这样的，您房间的音乐的声音有点响了，现在时间不早了，小姐可不可以把音响开得稍微小声一点。”小王好言相劝着。

“你的意思，我吵到其他客人了吗？”李小姐挑衅地反问道。

“可能会对其他客人有点影响，请你把音乐声开小一点就可以了。”小王还是耐心地说道。

“我认为音乐的声音已经很小了，如果这样都可以吵到别人的话，就是你们酒店的隔音效果太差了。”李小姐说完就想关门。小王连连拦住说：“对不起，小姐。我知道在这里耽误了您的时间，真的很抱歉。这样吧，小姐。如果您不介意的话我帮您换一个更为舒适的房间，可以吗？”

“我说你这个人还有完没完，无缘无故的干嘛要我换房间，我就不愿意。实话告诉你吧，明天我要参加舞蹈考试，现在还要练习。我进来的时候就说过不想被打扰，你们还一个劲儿地来烦我，知不知道这样很浪费我的时间。”李小姐明显提高了嗓门。

小王迅速地转着脑子，看来让客人换房是不可能了，忽然她想到了会议室，于是连忙建议道：“小姐，您明天要舞蹈考试是吧，我们酒店有一个小的会议厅，更适合您练习，在房间里空间太小了，不便于您练习，小姐您看怎么样？”

“会议室，那一定很贵，不去。”李小姐一副不予合作的态度。

“小姐，不会很贵的，您看您练习的时间也不会太久，一个小时够了吧，您也要早点休息，要不然会影响您明天的发挥，至于价格我会去帮您请示一个最优惠的价格。您看可以吗？”小王真诚地说。

“哦，好吧，如果价格可以，我接受。”李小姐终于被小王说动了。

资料来源：余昌国搜狐博客 酒店案例之五十一：免打扰与被打扰，https：//yuchangguo. blog. sohu. com/326146300. html.

【处理分析】

本案例中的大堂副理小王的处理手法还是很到位的。假设，小王只一味地强调 1704 客人影响了别人休息而引起了隔壁客人的投诉，强硬要求客人做出让步，势必会引起客人的强烈反感，最终可能导致 1704 客人的投诉。但大堂副理并没这么做，而是仔细揣摩客人的心理状态，抓住相关信息，提出合理建议，使客人感觉小王是设身处地站在她的立场上，为她解决问题，使得她最终接受了小王的建议，事情得以圆满解决。在酒店服务中，服务人员要善于把握客人的心理，多做换位思考，多站在客人的角度考虑问题，才能赢得客人的理解与支持。

（三）案例三：夏日冰情

连续的高温天气，让汕头这座海滨城市也觉得炙热，逼人的暑气更是大肆宣扬着它就是夏天的主人。在如此让人心烦的日子里，金海湾人更是耐心而真诚地为每一个到店的客人提供细致的服务，让来往宾客在这炎热夏暑里感受清凉微风。

刚上班的大堂副理小邱还来不及擦去脸上的汗水，就听到电话响起的声音，小邱快速接起电话，电话里传来客房部的声音，说：“大堂副理，1601 的外国客人脚可能是受伤了，他现在跟服务员说他需要冰块，你要不要去看一下？”

“行！你帮我准备个果盘我去看看客人。”急性的小邱把电话挂断后，就到了客房部取了个果盘上了房间。来到房间，小邱看到房间的门没有关，小邱敲了敲门：“先生您好，我是酒店的大堂副理，听说您需要冰块，您是不是脚受伤了？”

门里传来纯美式的英语：“请进来吧！”

小邱进房后，向客人询问了病情并指了指那包着层层纱布的脚，客人说：“我是在昨天晚上不小心被开水烫到，之后自己就找了一些膏药给自己伤口涂抹上，但是昨晚在睡觉的时候却多次被疼醒了，哦！天哪，你都不知道有多疼！而且早上我打电话到你们酒店的什么部门去，但那里没有人明白我需要什么，真糟糕！”

“实在对不起，但是您最好能让医生为您检查一下伤口，因为夏天烫伤比较麻烦，况且现在的天气炎热，烫伤的伤口如果没有得到很好处理是很难好的。”小邱见客人的脸上表情带有痛苦状，都替客人着急。刚好，楼层的服务员送来了客人要的冰块，小邱为客人将冰块裹上毛巾敷在伤口处，但是面对小邱的建议，独立的美国客人给予了婉拒：“我想不需要，至少现在有了冰块让我觉得很舒服。”小邱知道每个人都有自己照顾自己的办法，更何况是一个独立性较强的美国人，“那么，因为我觉得您用冰块来敷伤口不仅有水流出来使伤口更糟，而且您还要用手按住冰块，防止它掉落；我有个办法，我可以给您提供两个冰袋，一个让您包在伤口上敷，另一个给我把它放在冰箱，然后我让服务员每隔半个小时进来给您换一次，避免您走动时撑到伤口，如何?”“好主意！你想得真周到！没有什么比这更妙的了!”客人听完小邱的建议，脸上满是感激之情。

等小邱为客人送来冰袋敷在脚上，并把另一个冰袋放在冰箱，正要退出房间的她看了一下手表，哟，已是中午时分了！细心的她问了一下客人：“接下来是否到了您的吃饭时间啊?”

“对了！你倒是提醒了我！我得想想我要怎么吃饭了……”客人刚展开的笑脸又充满疑虑，“这样吧，我们酒店有送餐的，这样方便您不用走动。”小邱从抽屉里把送餐的菜单递到客人面前，“真好！我不知道该说什么才能表达我的意思!”客人的感激其实在脸上已是表现得淋漓尽致，不须言表了。“不用跟我说谢谢，其实应该谢谢您的脚，能让我有机会为您服务。”小邱跟客人打趣，“呵呵……你知道吗，如此热的天气，却让我感觉很舒服。”客人还是又向小邱表达了他的感激，小邱把电视遥控器、水、纸巾和电话都放在客人伸手可及的地方后跟客人道别。

“别忘了，有事找我们大堂副理，电话是‘111’”，小邱临走告知客人，“麻烦你了，太谢谢你了!”客人跟小邱挥手。

资料来源：豆丁网“饭店前厅优质服务案例”，https：//www. docin. com/p－2050759978. html.

【处理分析】

对于生病的在店客人，大堂副理一直开展以探望、慰问为主，协助为辅的工作。探望客人的病情到底有多严重，慰问客人使客人不至于在异乡有孤独心情，协助客人对病情的处理。案例中的大堂副理向客人提出对伤口的处理建议被客人拒绝，转而对客人的行动不便的难处提出周到的建议，不仅尊重的了客人的意愿，也使客人的意愿得到了完善的提升，细心的想法、周全的安排，让客人的难题一一化解，更让因病而火上心头的客人在心口有了一种冰点的惬意。

思考与练习

一、思考题

1. 酒店前厅部内部沟通内容有哪些?
2. 酒店前厅部如何和其他部门进行外部沟通？选取一个进行阐述。

3. 酒店对客沟通技巧有什么？

4. 你如何看待酒店的忠诚计划？你是否有参与过某酒店的会员？如有，举例说明一个你体验过的忠诚计划。

5. 提高酒店的顾客满意度的意义是什么？

6. 你是否有过酒店中投诉的经历？请描述一个你自己经历的投诉经历过程并分析。

二、实操练习

三人一组制定酒店前厅部的对客服务规则。由于酒店每天迎来送往的客人数量非常之多，而他们的要求和特点又不尽相同，有些会令服务人员感到应接不暇，能按程序和规范要求做好接待工作就已经很不错了。至于还要充分照顾到客人的个性化需求有时就会心有余而力不足。你认为该怎样才能使服务工作做到有的放矢？

三、案例分析

案例：在世界杯营销战开始之前，酒店行业的许多品牌都已开始意识到打造顾客忠诚度的重要性，数据显示，争取一位新用户所花的成本是维系一位老用户的 6 倍。

华住酒店集团作为一家知名酒店品牌，面对这场全民参与的体育盛事，以汉庭酒店为主阵地展开了自己的“用户忠诚度营销”，因为汉庭作为平民品牌，更符合体育赛事全民参与的调性。就“用户忠诚度”营销而言，汉庭品牌具有良好的品牌口碑，而华住酒店集团 2000 万会员则构成了汉庭酒店“用户忠诚度”营销的强有力基础。而汉庭推出的“世界杯两式”的玩法，将自己的会员牢牢地锁定在了“营销闭环”当中。

汉庭世界杯营销第一式：用户关心什么，我们关注什么

世界杯期间，很多酒店集团在线下开展了各种各样的猜球活动，但是汉庭却推出了自己的猜球神器与独特的赛事预测方式。汉庭打造猜球神器——会员积分新玩法，寻找汉庭预测帝。其规则是利用华住会员积分竞猜比赛胜负，每 50 积分算 1 注，1 注起玩，每场比赛竞猜时间截至赛前的两小时。同时只要你下载安装并登录华住 App 即可拥有 100 积分，而首次通过 App 预订并入住的会员，将多享500积分。关注华住官方微信100积分又到手了，通过电脑、手机等终端以会员价入住酒店的话更有加倍积分获得。

不过第一轮小组赛尚未结束，许多人气球队就已纷纷落马，这样的爆冷让很多球迷的积分消失殆尽。汉庭又推出积分互赠的玩法，老用户带动新用户，伪球迷搭救真球迷，依托App猜球神器，玩转积分筹码，各种玩法套牢了会员，进而形成了“用户忠诚度”营销闭环。同时，电脑、手机两个用户端的并用，也充分从用户角度考虑到了“玩法覆盖”的问题。

汉庭世界杯营销第二式：线上线下齐发力

华住会员在6月13日~7月14日期间，通过华住官网、App自助选房或在汉庭门店直接预订并入住，房号单双代表入住当日对应的两支球队的胜负，即“单号房队”和“双号房队”进行胜负角逐，次日比赛结果公布后，获胜球队所代表的房号可至前台领取神秘礼物一份。“单双房号押胜负”的玩法，不仅让会员的入住增加了几分神秘的色彩，同时也让“来汉庭入住猜球”成为会员之间的一种默契和约定。

6月15日，繁华的三里屯人头涌动。正值世界杯期间，一群带有二维码标识的汉庭美女足球宝贝在人群中引发了一阵骚动。汉庭在北京人流量极大的三里屯发起了“神码运动”，即路人扫描美女身上的二维码，下载华住客户端即可获得积分，参与猜球活动，可谓参与0门槛。同时“神码运动”“美女广告”这些带有汉庭营销色彩的词语，也在会员之间流传开来。

无论是锁定用户兴趣的猜球玩法，还是线下吸引眼球的各种活动，汉庭在世界杯营销期间，都在积极地完成一个转化过程，那就是将自己的“会员”转化成“粉丝”。如果说会员只是一个消费个体的话，那么“粉丝”就是具有品牌忠诚度的消费个体，从“粉丝”的兴趣点出发设定玩法，从线下活动阵地引发话题讨论点，都加速了这个转化的过程。世界杯营销，谁启用了“用户忠诚度”的大力胶，谁就能在这场营销战中，牢牢地抓住自己的用户，高效完成用户转化率，与用户形成强关系。截至目前，汉庭世界杯之“宝贝儿，猜个球”已经有近20万人次参与，不得不说，汉庭打了一场漂亮的“用户黏性与忠诚度”的营销战。

资料来源：https：//www. dotour. cn/article/8064. html.

问题：

1. 汉庭的世界杯“忠诚度营销计划”，你是怎么看的？
2. 针对本案例，你认为对管理人员的启示是什么？

四、工作术语（见表5-3）

表5-3　　本章常用的专业术语

专业术语(中文)	专业术语(英文)
对客服务	Customer Service
沟通	Communication
协作能力	Collaboration Skills
顾客需求	Customer Demand
顾客需求识别	Customer Requirement Identification
个性化服务	Personalized Service
会员权益	Member Benefits
忠诚计划	Loyalty Program
顾客满意度	Customer Satisfaction
投诉	Complaint

第六章　客房部概述

【培养目标】

1. 了解酒店客房部的地位和作用；
2. 理解客房部的组织结构及管理岗位的职责；
3. 掌握客房部工作计划的制定；
4. 掌握客房部班次安排的原则和步骤；
5. 掌握绿色客房的创建方式、步骤和6R管理。

案例赏析：

上海酒店客房打响“攻坚战”不主动提供“六小件”

2019年7月1日开始，上海市实施酒店客房不主动向住客提供牙刷、梳子、浴擦、剃须刀、指甲锉等一次性用品，并出台了《关于本市旅游住宿业不主动提供客房一次性日用品的实施意见》相关规定。目前，上海多区文旅机构均已组织相关培训，酒店宾馆行业也已提前启动准备工作，多家酒店代表行业发出承诺的倡议，将认真落实环保分类责任要求，减少使用不可降解塑料制品和一次性消费品。

其中，锦江都城酒店管理有限公司旗下包括锦江都城、白玉兰、锦江之星等品牌在内的120家酒店，从6月开始已在线上主要预订渠道的上海区域酒店预订页面添加不主动提供“六小件”的温馨提示，其上海区域所有酒店公共区域和每间客房的醒目位置，也已摆放或播放相关环保提示。绿地酒店旅游集团市场传讯总监王苗苗表示，有关不主动提供“六小件”上，酒店已经做好一系列的提示工作，客人入住时前台工作人员还会进行相关的询问和提醒，在宣传环保理念的同时也将尽量保证住客的舒适度和便捷度。7月1日相关规定正式实施后，酒店也将密切关注住客反馈。

评析：

上海市作为中国首个开展垃圾分类的试点城市，环保行动在上海大力普及，环保意识深入人心。酒店客房作为耗能较大的部门，首先应列入酒店环保行动中，酒店客房实施不主动提供“六小件”等一次性用品将逐渐成为趋势，减少耗材，节约资源，是酒店客房未来的发展趋势。

资料来源：由 https：//www. meadin. com 整理而得。

第一节　客房部的地位和作用

客房部（housekeeping）又称房务部，承担客人在酒店入住期间的大部分工作，主要负责酒店客房及酒店公共区域的卫生清洁和对客服务，旨在为客人提供安全、舒适、清洁的居住环境，在酒店的经营管理中占据着重要的位置。相比前厅是酒店的“中枢神经”，客房便是酒店的“心脏”，它的跳动牵一发而动全身。客人在酒店的大部分时间是在客房度过的，客房服务质量的高低，包括设施的完善程度，客房的清洁程度，服务的热情、周到、快捷在很大程度上就代表了整个酒店的服务质量。因此，客房部的全体员工，需要认真负责地履行自己的岗位职责，并以饱满的热情和周到的服务，协同酒店其他部门人员来共同为每一位客人提供优质的服务，从而为酒店创造更大的利益。

一、客房部的地位和作用

（一）客房是酒店的基础和主体

酒店是向旅客供应住宿、休息、工作和社交活动的地方，核心业务是提供可以休息、睡眠的空间，没有客房的酒店不能称其为酒店，客房的规格和数量是酒店的规模和档次划分的直接影响因素，所以客房是酒店存在的基础。在酒店的建筑面积中，客房所占比例是最高的，客房部资产也是占据酒店资产比例最高的，大约比例都在70%～80%，同时酒店有一半员工是在客房部工作，其他部门如前厅、餐饮、后台管理的工作人员也主要是销售客房，或服务客房客人的，以上原因决定了其在酒店的主体地位。

（二）客房收入是酒店经济收入的主要来源

酒店的经济收入主要来源于三部分，分别为客房收入、餐饮收入和娱乐租赁等综合服务收入。客房收入和餐饮收入是酒店的主营收入，其中客房营业收入占酒店营业收入的比例最高，一般占据酒店营业收入的50%左右（见图6－1），另外，从酒店利润来看，客房由于成本固定、耐用性强、可反复使用，相比餐饮营业，其经营成本要低很多。所以客房是酒店收入和利润的主要来源，因此现在大部分酒店投资人都会十分注重客房资金的投入比例，注重客房配置的数量和客房装饰的质量。

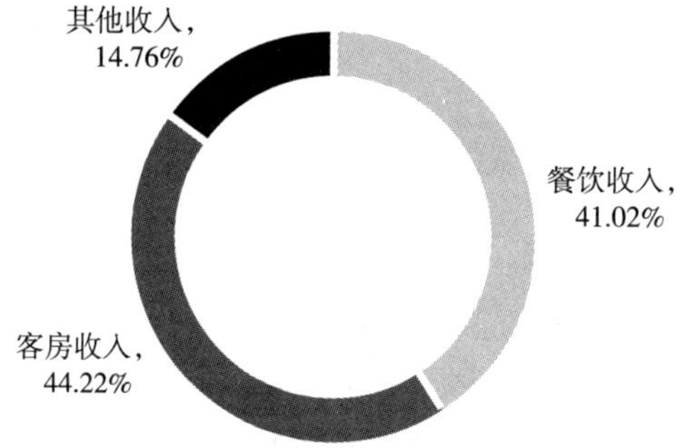

图6－1　2018年第四季度全国星级饭店营业收入构成

资料来源：中华人民共和国文化和旅游部，**https：//www. mct. gov. cn/**

（三）客房产品质量是酒店商产品量的重要标志

客房是客人在酒店中逗留时间最长的地方，是客人在酒店里最能体会到“家”的感觉的地方。客人选择入住酒店，首先关注的是客房产品质量，同时进行考量是否与房价相匹配，也就是“物有所值”。客房是否清洁卫生，设施设备是否完善便捷，工作人员的服务态度是否热情、周到，服务项目是否丰富等，对客人的满意度都有着直接的影响，客房产品质量成为客人衡量酒店价格与心理预期价值是否相符的主要依据。所以客房产品质量的高低决定着整个酒店的服务质量水平，它是维护酒店声誉、保持酒店等级水平的重要标志。

（四）客房是拉动酒店一切经济活动的引擎

以客房为主要基础设施的酒店，只有在客人入住酒店后，酒店的其他各种经营服务设施，包括餐饮、商务、康乐才有可能充分发挥效益。像客人住进客房，要到前台办手续、交房费；要到饮食部用餐、宴请；要到商务中心进行商务活动，还要健身、购物、娱乐，酒店已经逐渐发展成为食、住、行、游、购、娱的综合一体化场所，但是这一切的前提都是在客房入住率高的情况下，酒店的组织机构才能全部运转起来，所有服务设施的作用才能发挥到最大，可见客房对整个酒店的经济活动拉动作用。

（五）客房部的管理直接影响全酒店的运行和管理

客房部的工作内容涉及整个酒店的角角落落，从客房房间到大堂公共卫生间，从楼层过道到客用电梯，从大厅到洗衣房，从房间布草到餐厅桌布，从客人衣服到员工制服，这些都是客房部清洁卫生服务的区域和对象，客房部为其他各个部门的正常运转提供了良好的环境和物质条件。另外，客房部员作为酒店员工的重要组成部门，其管理水平反映了一家酒店管理的科学性和规范性，直接影响酒店员工队伍整体素质的提高和服务质量的改善。

二、客房部的主要任务

客房部除了为客人提供安全、舒适、清洁、便利的房间和配套设施，以及热情周到的服务外，还负责酒店所有公共区域的清洁卫生，员工制服的保管及洗涤，并对楼层、餐厅、康乐的布草和客人衣物进行洗涤和发放。此外，客房部还需要充分、合理地利用能源，做好日常经营活动中成本和费用的控制。其功能与任务主要可分为如下五个方面：

（一）搞好清洁卫生工作，提供舒适的住宿环境

客房部负责酒店所有客房及公共区域的清洁卫生工作，清洁卫生是保证客房服务质量和体现客房价值的重要工作内容。酒店的良好气氛，舒适、美观、清洁的住宿环境，都要靠客房服务员的辛勤劳动来实现。所以，搞好清洁卫生，提供舒适的住宿环境，是酒店客房部工作的首要任务。客房部必须通过制定和落实清洁卫生操作规程、检查制度来切实保证清洁卫生质量。

（二）做好客人接待工作，提供周到的客房服务

客房部还要做好客人的接待服务工作，它包括从迎接客人第一杯欢迎茶开始

到送别客人退房结束这样一个完整的服务过程。客人在客房除了休息以外，还需要酒店提供其他各种服务，诸如更换备品服务、洗衣服务、小酒吧服务、访客接待、擦鞋服务、托婴服务等。客房部做好客人的接待工作，提供热情、礼貌、周到的客房服务，使客人在住宿期间的各种需求得到满足，既体现了客房产品的价值，又直接关系酒店的声誉。

（三）维护和保养客房及设备

客房部在日常清洁卫生和接待服务的过程中，还担负着维护和保养客房及公共区域的设备设施的任务，使之常用常新，处于良好的使用状况；并与工程设备部门密切合作，保持设备设施的完好状态，提高它们的使用效率，为客人构筑一个舒适的住宿环境。

（四）控制客房的物料消耗

客房的物料消耗在客房经营的变动成本中占有较大的比重。客房部要根据预测的客房出租率编制预算，并制定有关的管理制度，落实责任。在满足客人使用、保证服务质量的前提下，控制物品消耗，减少浪费，努力降低成本，减少支出。

（五）承担房间布草、客衣及员工制服的洗涤保管

大中型酒店的客房部设有布草房和洗衣房，负责酒店布件和员工制服的洗涤、保管和发放，为整个酒店的经营服务提供物质保障。同时，客房部负责为住店客人提供洗涤服务，作为一个收费服务项目，客衣清洗也是酒店的收入来源之一。

三、客房部的发展趋势

（一）客房服务项目多样化

客房服务项目的设立综合考虑酒店档次和客人需求，即便是同一种服务项目，也努力形成酒店的服务特色，如客房小酒吧服务，有的摆放零食类为主的食品，有的则摆放快餐面等可以让客人果腹的食品。

（二）客房服务个性化

客房通过完善的客史档案，根据客人需求的变化不断调整服务的规程和标

准，提供个性化服务，提升客人忠诚度，如房间里不止送一份报纸，而是根据客史档案将客人爱看的报纸放进客房。

（三）客房绿色化

客房的绿色化是创建绿色酒店的重要部分。在房间和卫生间中放置棉织品的免洗提醒卡；房间不主动提供“六小件”，若需要可通知客房中心配备；客房小冰箱选用吸收式的环保产品；减少一次性塑料用品的使用；等等。

案例聚焦

北京市宾馆不主动提供“六小件”

《北京市宾馆不得主动提供的一次性用品目录》将于5月1日起正式施行。按照此规定，北京市宾馆、酒店不得主动提供的一次性用品包括：牙刷、梳子、浴擦、剃须刀、指甲锉、鞋擦（简称六小件），“宾馆、酒店不主动提供六小件”是5月1日即将实施的新版《北京市生活垃圾管理条例》中的一项重要内容，该条例还确定了相关处罚措施，即旅馆经营单位不按规定主动向消费者提供一次性用品的，将由城市管理综合执法部门责令立即改正，并处5000元以上1万元以下罚款；再次违反规定的，处1万元以上5万元以下罚款。

北京第二外国语学院旅游科学学院院长谷慧敏认为，酒店推行不主动提供六小件需要方方面面的创新，不仅是酒店要创新服务流程、供应商要创新产品理念，消费者也需要养成新的消费习惯。而这些都需要一个过程，因此酒店在不主动提供六小件的实践中，社会应该给予一定的包容度，帮助酒店行业将这项规定彻底落地并不断延伸。

资料来源：https：//www. sohu. com/a/391963154_ 168296.

（四）客房设施智能化

随着科技的进步，客人对酒店的各种设施都提出了更高的要求，客房的设施向着智能化的方向发展。如客房门锁可以直接用微信扫码来解锁，客房配置智能灯光照明、空调调节影音控制系统，通过移动手机端进行室内温度、光线和窗帘的调节，以及随心播放音乐，轻松享受酒店客房的舒适感。

知识链接

美国 HOTELS 杂志 2018 年“全球酒店集团 325 强”

曾于 2016 年收购喜达屋的万豪仍稳居榜首，希尔顿跌至第三位，排在中国锦江国际之后。锦江国际于 2018 年 11 月完成了对丽笙酒店集团的收购，增加了近 20 万间客房，排名升至全球第二。

酒店集团				酒店数		客房数	
2018	2017	集团名	总部	2018	2017	2018	2017
1	1	Marriott International	美国	6906	6333	1317368	1195141
2	5	Jin JiangInternational Co. Ltd	中国	8715	6794	941794	680111
3	2	Hilton	美国	5685	5284	912960	856113
4	3	IHG	英国	5603	5348	836541	798075
5	4	Wyndham Hotel Group	美国	9200	8643	809900	753161
6	6	AccorHotel	法国	4780	4283	703806	616181
7	7	Choice Hotels International	美国	7021	6815	569108	521335
8	–	Oyo Hotels & Homes	印度	17344	–	515144	–
9	9	Huazhu Group Ltd.	中国	4230	3746	422747	397675
10	8	BTG Hotels Group Co.	中国	4049	3712	397561	384743

资料来源：https：//www. meadin. com/yj/203591. html.

第二节　客房部组织机构与管理岗位职能

一、客房部组织机构设计的基本原则

酒店内各部门的组织机构是履行管理职能、开展经营活动、完成酒店下达计划任务的一种组织形式。根据客房的经营业务需求和管理模式，客房部门组织机构的建立及岗位的设置应遵循如下原则：

（一）从实际出发原则

客房部在机构设置时，不应生搬硬套其他酒店的经验，因为酒店功能、规模各异，需要的机构层次也存在差别，所以要从实际出发，针对本酒店的需要，设置岗位。

（二）精简高效原则

客房部在机构设置时防止机构臃肿和人浮于事的现象，要“因事设人”，而不能“因人设事”，但机构精简并不意味着过分简化。

（三）统一指挥原则

统一指挥是指明确垂直逐层指挥的体系以及指挥的幅度，有效地督导下属人员的工作。

（四）分工明确原则

应明确各机构及岗位的职责和任务，以便各司其职。

二、客房部的组织机构

客房部的主要职责是为客人提供其在店住宿期间的一切与住宿相关的各项服务工作，包括卫生清洁、接待访客、更换客房备品、递送茶水、擦鞋洗衣等服务，为了能够高质量地为客人提供以上各项服务，需要配备完善、适宜的组织结构，才能够有效地开展客房服务工作。客房部的组织机构是否合理，组织是否严密，是客房部做好管理、运转、服务等各项工作的重要保证。由于各酒店规模档次不同，经营管理方式各异，所以各酒店客房部的组织机构要结合本酒店的具体情况灵活掌握。

（一）适合于大、中型酒店的客房部组织机构

大中型酒店客房部的业务范围较广，工作人员需求量大，其组织机构的规模也较大，任务划分也更加细化，其基本特点是分支机构多、工种岗位全、职责分工互连、用工数量大。考虑到酒店前厅部和客房部的联系极为紧密，一些酒店将前厅和客房部合二为一，称为“房务部”，也有少数酒店考虑到前厅部的销售功能，将前厅部划归酒店的公关销售部，而将客房部设置为独立的（见图 6－2）。

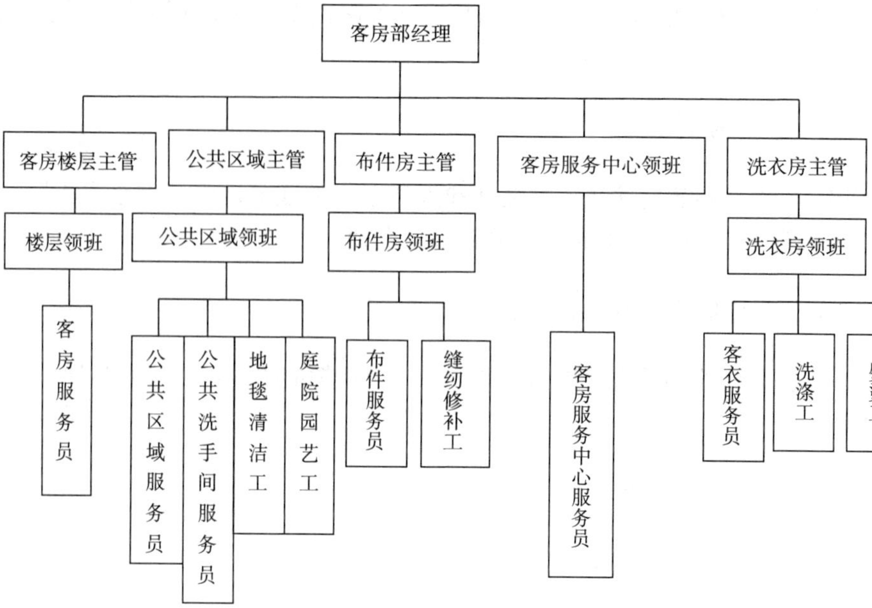

图6－2　大中型酒店客房部组织机构

（二）适合于小型酒店的客房部组织机构

在规模较小的酒店里，由于设施减少，客房部的管理范围缩小，其组织机构的层次和分支机构也应较少，各岗位工种间往往是分工不分家，大多数岗位的职责要求就是一专多能。其中某些业务，如特别的专项清洁保养工作、布件洗熨等，外包给社会上的专业公司来承担（见图6－3）。

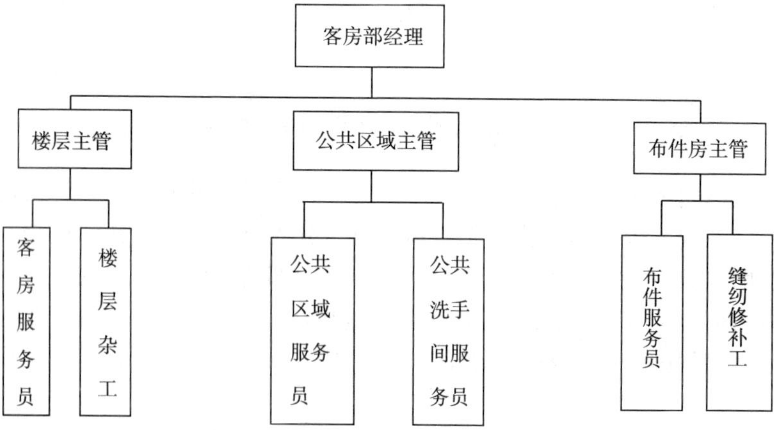

图6－3　小型酒店客房部组织机构

三、客房部的组成部门简介

（一）客房部经理办公室

客房部经理办公室（Manager Office）负责按照酒店总体规划来制定客房部的运营计划，并组织、督导下属实施完成，同时负责客房部日常事务性工作及其他部门的联络协调等事宜，由客房部经理直接领导。

（二）客房服务中心

客房服务中心（Guest Service Center）既是客房部的信息中心，又是对客服务中心。负责统一调度对客服务工作，掌握和控制客户状况，同时负责失物招领，发放客房用品，管理楼层钥匙，并与其他部门进行联络协调等。

（三）客房楼层

客房楼层（Floor）由各种类型的客房组成，是客人休息的场所。每一层楼都设有供服务员使用的工作间。楼面人员负责全部客房及楼层走廊的清洁卫生，同时还负责客房内用品的替换、设备的简易维修和保养，并为住客和来访客人提供必要的服务。我国的大部分酒店，特别是国有酒店，一般都设有楼层服务台，配备专职的台班服务员，对客人提供面对面的服务，同时加强对楼层的安全管理。不过，设有客房服务中心的酒店可不设楼层服务台。

（四）公共区域

公共区域（Public Area）负责酒店各部门办公室、餐厅（不包括厨房）、公共洗手间、衣帽间、大堂、电梯厅、各通道、楼梯、花园和门窗等公共区域的清洁卫生工作。

（五）布件房

布件房（Linen Room）负责酒店所有工作人员的制服以及餐厅和客户所有布草的收发、分类和保管。对有损坏的制服和布草及明进行修补，并储备足够的制服和布草以供周转使用。

（六）洗衣房

洗衣房（Laundry）负责收洗客衣，洗涤员工制服和对客服务的所有布草、布件。洗衣房的归属，在不同的酒店有不同的管理模式。大部分酒店都归客房部管理，但有的大酒店，洗衣房则独立成为一个部门，而且对外服务。小酒店则可不设洗衣房，酒店的洗涤业务委托社会上洗衣公司负责。

四、管理岗位职责

（一）客房部经理的岗位职责

客房部经理全权负责客房部的运行与管理，负责计划、组织、指挥及控制所有房务事宜，督导下属管理人员的日常工作，确保为住店客人提供热情、周到、舒适、方便、卫生、快捷、安全的客房服务。其主要职责及工作内容如下：

（1）监督、指导、协调客房活动，为住客提供规范化、程序化、制度化的优质服务；

（2）配合并监督客房销售控制工作，保证客房最大出租率；

（3）负责客房的清洁、维修和保养；

（4）保证客房和公共区域达到卫生标准，确保服务优质、设备完好；

（5）管理好客房消耗品，制定客房预算，控制支出，做好成本核算与成本控制等工作；

（6）提出年度客房各类物品的预算，并提出购置清单，包括物品名称、牌号、单价、厂家及需用日期等内容；

（7）制定人员编制、员工培训计划，合理分配及调度人力；

（8）检查员工的礼节礼貌、仪表仪容、劳动态度和工作效率；

（9）与前厅部做好协调，控制好房态，提高客房利用率和对客的服务质量；

（10）与工程部做好协调，做好客房设施设备的维修、保养和管理工作；

（11）检查楼层的消防、安全工作，并与保安部紧密协作，确保客人的人身及财产安全；

（12）拟定、上报客房部年度工作计划和季度工作安排；

（13）建立管家部工作的完整档案体系；

（14）任免、培训、考核、奖惩客房部主管及领班；

（15）按时参加店务会，传达落实会议决议和决定，及时向总经理和店务会汇报，主持每周客房部例会和每月部门业务会议；

（16）处理投诉，发展同住店客人的友好关系；

（17）检查贵宾客房，使之达到酒店要求的标准。

案例聚焦

客房部经理应该具备的特质

（1）有自信心，虚心听取别人的建议或接受建设性的批评；

（2）积极主动、井井有条地安排部门工作，对可能发生的危机要防患于未然；

（3）力争有效地利用人力资源，节约劳动力成本；

（4）制定部门岗位责任制，为例行工作创立程序和标准；

（5）经常与员工进行沟通，善于指导、激励员工；

（6）理解和尊重员工要求进步的需求，给员工提供培训与发展的机会；

（7）与其他部门的经理多进行沟通，多协调，多合作；

（8）具备创新意识、市场竞争意识和全面质量管理意识。

（二）楼层主管的岗位职责

客房主管直接对客房部经理/副经理负责，协助客房部经理处理客房的日常事务。主要岗位职责如下：

（1）检查房间的清洁及维修善，确保客户保持在最佳的出租状态；

（2）确保楼层各个班次有足够的人员；

（3）检查员工的工作表现及工作分配；

（4）确保楼层人员在工作时间内发挥最大的作用；

（5）与本部门的各个小部门密切合作，以达到预期的工作目标；

（6）负责楼层员工的培训工作；

（7）执行并完成客房部经理制定的各项工作程序和任务；

（8）改进客房员工的工作，提高生产数量和质量；

（9）贯彻、执行客房部的规章制度；

（10）调查客人的投诉，并提出改进措施；

（11）完成各项计划卫生清洁项目；

（12）确保每日检查 VIP 房，使之保持接待 VIP 的标准，同时抽查一定数量

（不少于22间）的走客房、空房及住客房；

（13）负责楼层领班的排班；

（14）注意节约物品，控制消耗；

（15）随时向客人提供可能的帮助。

（三）楼层领班的岗位职责

楼层领班是客房部最基层的管理人员，其主要职责是检查指导服务员的工作，确保出租给客人的每一个房间都是干净、卫生的合格“产品”。其岗位职责如下：

（1）检查服务员的仪容仪表、行为规范及出勤情况；

（2）合理安排工作任务，分配每人负责整理和清扫的客房；

（3）分发员工表格、钥匙，并通知VIP及有特殊要求的房间；

（4）检查督导服务员按程序标准操作；

（5）保管楼层总钥匙；

（6）按照清洁标准检查客房卫生；

（7）检查楼层公共区、角间及防火通道的卫生；

（8）随时检查、督导员工清除地毯和墙纸的污迹；

（9）检查计划卫生执行情况；

（10）确保每日对VIP房的检查；

（11）报告房间状态；

（12）检查报修、维修情况；

（13）记录DND、SO、NB房间；

（14）控制客用品、清洁品的发放和领取，严格控制酸性清洁剂；

（15）负责楼层各类物品、床单、巾类的控制；

（16）记录物品丢失和损坏，并向上级报告；

（17）督导新员工以及在岗员工的培训；

（18）督导员工对服务车、清洁工具及设备的清洁与保养；

（19）负责安全检查；

（20）贯彻和执行客房部的规章制度；

（21）调查客人的投诉，并提出改进措施；

（22）处理客人的委托代办事项；

（23）定期向上级提出合理化建议；

（24）按照部门的临时性指令安排工作；

（25）负责月盘点。

案例聚焦

领班的忌讳

（1）亲疏有别类。即对下属员工亲疏有别。

（2）不注意聆听类。如果一位领班毫不听从员工对工作的见解，员工将会非常失望，慢慢地就会没有兴趣与领班谈论任何工作情况，积极性受挫。

（3）听喜不听忧类。只喜欢听好消息，而不愿听坏消息，当员工将坏消息报告领班时，即大发雷霆或指责员工。

（4）爱讽刺挖苦类。对员工喜欢讽刺挖苦，这样会使员工的自尊心受损，容易引起对立情绪。

（5）犹豫不决类。很多员工说他们最讨厌的是每次向领班请示，领班都拿不定主意。

（6）自以为是类。听不进员工的意见。其实，员工提出的实际操作上的意见往往是十分宝贵的和有建设性的。

（7）时间管理不当类。处理事情没有条理，没有轻重缓急。

（8）难觅踪影类。员工工作上遇到困难时，总是找不到领班。

（9）缺乏尊重类。忽视员工的情感，不喜欢用客气的语气指挥员工，对员工缺乏尊重。

（10）独断专行、粗言秽语、喜怒无常的领班也是不受欢迎的。

（四）客房服务中心主管岗位职责

（1）严格查阅交接记录，发现问题，马上追问，落实到底；

（2）监督接线员、服务员，严格按照办公室管理规定及房务中心制度办事，圆满处理客人投诉，定期拜访住客，建立可靠的客源；

（3）配合、协调楼层保洁部的工作，保证对客服务的一致性；

（4）负责长包房物品登记，客遗物品、赠品的交接、存放；

（5）配合、协调前厅部做好房态核对、信息传递等；

（6）配合、协调工程部保证维修及时、高效；

（7）配合、协调保安部做好安全消防工作及夜班的保卫工作；

（8）完成领导交办的其他工作。

（五）保洁部主管岗位职责

（1）负责酒店内外环境卫生，确保公共区域环境优美，无杂物、无异味、无卫生死角；

（2）根据工作要求合理调配所属员工，编制排班表、记录考勤，制定培训计划、内容，培训员工正确使用化学药剂和清洁设备；

（3）对保洁部员工进行店规教育，检查工作质量及效率；

（4）负责领用保管清洁用品，降低成本，控制物耗，提高效率；

（5）按时参加部门例会，汇报工作，并传达落实例会的各项决议、决定、通知，编写工作日志和交接班报告；

（6）负责所辖区域的防火工作和巡视；

（7）维护保洁部工作的正常运转，检查仪表、礼节、劳动效率，讲评员工，带领员工做好工作；

（8）负责检查、报修本区域设施设备，确保区域内设备设施工作正常；

（9）合理按规定调动劳力，完成日常工作和分配任务，严格操作程序，保养地毯、地面、沙发等用具；

（10）如发现客人、员工的意外事故，立即向经理汇报并详细记录原因、经过和当事人；

（11）检查、督导各项工作具体落实情况；

（12）加强清洁机械的保养和维修工作的督导管理；

（13）完成上级交办的其他工作。

第三节　客房部工作计划制定与班次排班

一、客房部工作计划制定

客房部工作计划对该部门的经营活动起到正确指引和有效部署的作用，按照时间划分可分为年度计划、季度计划、半年计划、月度计划和周度计划，不同时间跨度的客房部工作计划是有所区别的，年度计划侧重于客房部的总体规划，是其他计划的先决条件，其他计划是在年度计划的基础上，根据时间安排，按照客房部经营目标进行业务细分，并逐步落实到各个岗位，是实现年度计划的有力保障。客房部各类工作计划侧重点不同，常规的工作计划主要有以下几个方面：

（一）客房部人力资源计划

在制定人力资源计划时，要依据酒店的经营计划，结合部门当年的人力资源变化，同时横向比较同行业同星级酒店同部门的人员编制设定情况，并充分考虑到劳动力市场的供求状况等客观因素，认真研究部门实际情况，从而制定出贴合本部门的人力资源计划。客房部的人力资源计划会随同其他各部门一同上报到酒店人力资源部门，从而汇总出酒店的人力资源计划，所以本部门人力资源计划一定要严谨、细致。

1. 人事编制

按照客房部组织结构，统计在岗人数、人员变动情况和岗位级别变动情况，结合以上数据并依据下一时间段客房部业务需求，制定客房部人事编制。如果当地劳动力供给状况良好，那么在制定编制时可以稍紧一些，以免造成人力资源的浪费，在开房率较低时造成窝工而影响工作气氛，因为在旺季时，可以征招一些季节性的临时工来缓解一下矛盾。反之，则要将编制做得充分些，以免影响正常的接待服务工作，造成服务质量的下降。编制制定时要对岗位设立、各岗位人数以及班次安排做出合理详细的说明。

2. 人员招聘

客房部是劳动密集型部门，人员数量如无法充足保障，就会直接影客房部的生产力，合理的招聘计划是客房部正常运转的强有力支撑。首先，根据客房部人事编制，统计出需要招聘人员的岗位、人员数量以及相匹配的能力需求；其次，进行外聘员工、合同工、实习生、临时工人数的比例分配；最后，制定招聘时间、招聘渠道、招聘方式的具体计划。

3. 人员培训

“业精于勤而荒于嬉”，要保持良好的服务水准，离不开在职的岗位培训。为了强化部门员工业务能力，提升服务效率，做好客房部培训计划是人力资源计划中的重中之重。针对不同类型的员工如新入职员工、能力落后员工及员工骨干等，应开展不同类别的培训计划，并根据培训计划项目的数量和参加各培训计划的人数，计算出培训费用预算。

4. 人力资源预算

按照人事编制统计下一年度的部门总人数，人员构成、平均工资、应有福利、培训费用加上招聘费用，计算出本部门的人力成本预算。

5. 劳动力成本分析

劳动力成本分析就是根据客房部经营策略和效益状况，在充分保障部门人力需求的前提下不断提高人力资源的素质，并逐步达到节省人力资源的目的。根据客房部劳动成本和总收入，形成劳动力成本分析表（见表6－1）。

表6－1　　劳动力成本分析样表①

<table>
<tr><th>项目</th><th colspan="3">劳动力成本分析样表</th></tr>
<tr><td>今年部门总用工数及总工资福利说明</td><td colspan="3"></td></tr>
<tr><td>明年部门总用工数及总工资福利计划及预算说明</td><td colspan="3"></td></tr>
<tr><td rowspan="6">今年劳动力种类说明</td><td colspan="3">占部门总员工数</td></tr>
<tr><td>外聘人员数</td><td></td><td>%</td></tr>
<tr><td>合同工人数</td><td></td><td>%</td></tr>
<tr><td>实习生人数</td><td></td><td>%</td></tr>
<tr><td>临时工人数</td><td></td><td>%</td></tr>
<tr><td>员工总数</td><td></td><td>%</td></tr>
<tr><td rowspan="6">明年劳动力种类说明</td><td colspan="3">占部门总员工数</td></tr>
<tr><td>外聘人员数</td><td></td><td>%</td></tr>
<tr><td>合同工人数</td><td></td><td>%</td></tr>
<tr><td>实习生人数</td><td></td><td>%</td></tr>
<tr><td>临时工人数</td><td></td><td>%</td></tr>
<tr><td>员工总数</td><td></td><td>%</td></tr>
<tr><td>今年部门劳动力成本与总收入对比分析</td><td colspan="3"></td></tr>
<tr><td>明年部门总劳动力成本计划占总营业额预算的计划比例</td><td colspan="3"></td></tr>
</table>

（二）客房部固定资产投资计划

客房部固定资产投资是客房部预算中占据比例较大的一部门，由于涉及费用金额数量较大，如不提前做好计划，无法及时进行支配使用，会直接影响到客房部生产能力。在制定客房部固定资产投资计划时，首先清查现有固定资产，根据现在固定资产生产能力，有无报废设备，按照从领班到主管再到部门经理的顺序逐级汇报本部门需要采购的固定资产，并依据下一时间段酒店经营活动是否更新改造，来确定最终的固定资产采购名单，填写客房部固定资产采购计划表（见表6－2）；其次按照固定资产采购名单计算固定资产采购费用，核算到每个月份，最后确定固定资产投资计划，协助采购部落实采购细节。

① 资料来源：栗书河．前厅与客房运营管理［M］．北京：中国轻工业出版社，2016.

表 6－2　　客房部固定资产采购计划①

部门名称：	
填写日期：	要求采购日期：
采购固定资产名称：	
规格要求：	
价格：	
供应商推荐：	
采购理由（其他理由加以文字说明）： 节能□　安全□　更新□　关键服务□　其他理由□ 说明：	
投资回收效益计算基于（请尽可能直接计算投资后的回报）：	
部门负责人审批：	
备注：每一项需要采购的固定资产须单独填写一张此表格。	

（三）物资采购计划

客房部物资消耗是客房部日常经营的重要成本投入，客房部物资采购计划必须适度。在制定客房部物资采购计划时，客房管理人员应密切关注本行业的发展趋势，对于行业提出的新举措和行业新标准要及时采纳，例如，“取消六小件”、绿色洗涤等，在物品配备方面应有一定的超前意识，对于配备的物品已被行业所淘汰的应及时替换。首先，依据本酒店客房出租率、资金状况、客房部各楼层物品配置情况、业务接待量和人员班次构成等计算采购的物品种类和数量。其次，制定物品采购清单，客房管理人员应从本酒店的实际出发，根据酒店星级，参考行业标准“星级饭店客房用品质量与配备要求”。同时还应根据本酒店的目标市场定位情况，考虑目标客源市场对客房用品的配备需求变化，进行物资采购调整。采购清单常应包括下列内容：部门、编号、物品名称、规格、单位、数量、参考供货单位、备注等。

① 资料来源：栗书河．前厅与客房运营管理［M］．北京：中国轻工业出版社，2016.

（四）卫生清洁和设施设备保养计划

卫生质量是客房的生命线，任何一个环节都不可以出现任何马虎，必须严格监管。为了保证每位客人可以享受到整洁的居住环境，除了每日的房间清扫和公共区域卫生打扫，还应制定有计划性的客房部整体卫生清理计划。设备设施的维护保养工作，能够避免固定资产流失和减少设备设施的损坏，提高设备设施的效率，设施设备运行是否良好也会直接影响客人的入住体验，是客房部产品质量的重要衡量指标，不可忽视。

1. 制定客房部所有楼层客房、公共区域、酒店外墙大清理进度，做好客房年度、半年、季度和月度专项计划卫生，落实到各岗位按照时间分配完成的计划清理任务，保证所有区域全部清理到位，不留死角。

2. 制定设施设备维修保养计划，将报废折损和设备维修所产生的费用上报客房部做年度预算。

3. 对问题房态的客房制定维修、整改计划以及有效的监管责任落实。

（五）特殊节日计划

特殊节日（如“元旦”“春节”“五一”“十一”等）及较大型的或重要的活动，对客房部的服务接待会做出更高的要求，因此需要预先做好详细的服务工作计划，多考虑细节要求，做好计划安排，主要包括活动方案策划、岗位职责划分、工作要求落实、客房装饰、物品采买、营业物品备货和员工的假期班次安排等内容。

二、客房部班次安排

客房部是24小时对客营业部门，职责是为客人提供实时服务，尤其是楼层服务人员和宾客中心服务人员更应随叫随到。为了避免出现客房服务滞后性的问题，造成客人不满，在每个岗位配置充足的工作人员前提下，各部门主管应根据部门工作计划进行科学、合理的班次安排，真正实现“人人有事做，事事有人做”，从而保证客房部的工作有序运行。

（一）客房部班次设置

客房部主要的班次为行政班（8：00～11：30，13：30～17：30）、早班

（8：00～17：00）、中班（15：00～24：00）、夜班（00：00～8：00）。客房部经理办公室和制服房执行行政班次，客房楼层、宾客服务中心及公共区域执行早、中、晚三班制班次。不同的酒店以及同一酒店不同的部门都会依据其管理模式和岗位性质，在班次数量设置上和时间安排上有一定的变化，班次时间上有的提前或错后半个小时，班次数量方面有的酒店为了应对客房部白天房间清理工作量大的需求，灵活设置为四个班次。对于新入职楼层服务员工，在前一个星期的工作中，一般不直接参与三班制班次安排，而是先按照师傅带徒弟的“帮帮带”培训方式，安排与师傅同样的班次跟班，在经过一个星期后的培训后，再独立参与正常班次安排。

（二）客房部班次安排原则①

1. 合法化原则

我国《劳动法》第三十六条、第三十八条明确规定，国家实行劳动者每日工作时间不超过八小时、平均每周工作时间不超过四十四小时的工时制度，用人单位应当保证劳动者每周至少休息一日。在遵循法律的原则下，高星级酒店一般设定每周工作五天休息两天制度，两天休息采取灵活调整，不必非要设置在周六日，也不必两天休息必须同休，保证每周休息达到两天即可。

2. 保证员工精力充沛原则

星级酒店一般执行 AABBCCOO 轮流排班，A 代表早班，B 代表中班，C 代表夜班，O 代表休息。这种排班方式的优点是不会出现上完夜班接着上早班的现象，并且经过两个夜班后，有两天的休息可以快速地获得精力补充。这种排班模式不会特别累，夜班安排合理不影响生活，合理的休息可以保证员工有足够的精力恢复期，调整最佳工作状态。

3. 人数合理化原则

根据每个部门工作量的变化和岗位性质，核算不同班次需求的工作人员数量，提前进行灵活调整，精准安排当日在岗员工人数。当工作量增加，正式员工人数不充足的前提下，还需及时雇用社会临时工人，从而一方面保障部门工作的正常运转，提高员工工作效率，另一方面也起到了人力成本的有效控制。

4. 体现人文关怀原则

尊重人性是现代管理理念的核心，以人为本的管理理念已在酒店企业文化中

① 资料来源：姚建园，酒店客房部员工排班研究［J］，价值工程，2016（32）.

得到很好的认同及宣贯，将员工作为内部客户，注重“有了满意的员工才有满意意的客户”管理理念。因此在排班工作中要尊重员工的个人需要，每个人喜好的班次不同或者需要利用下班时间处理个人事务，从而安排到相关班次，例如，有的员工喜欢上夜班，有的员工近期提出请假需要调休，有的员工在近一个星期晚上去照顾生病的家人需要安排早班，这些人文因素我们都应均衡考虑。

5. 均衡性原则

需要注意每位员工各个班次安排上的平均性，尤其不要排同一个人连续几个月早班或晚班或夜班天数太多，员工自己提出要求的除外，否则会造成员工认为不合理排班的情绪化，影响到员工和部门主管之间的关系，使工作难以开展。

6. 制度性原则

酒店为了使排班可以正常进行，也需要制度来规范。首先，要求员工提前一个月报告其所希望的休息或者休假时间；其次，要求员工至少提前 3 天或者 1 天报告因临时有事所产生的变动好更改排班。这样才可以让主管在排班时提前做好准备，避免出现当天员工临时请假，造成岗位人员不足而又无法马上安排人员来顶替的情况，否则会直接影响工作效率。

（三）客房部班次安排步骤①

1. 计算部门工作量

根据下个月度部门的任务安排，准确获知客房预计出租率和有无重大接待活动，从而计算客房部门下个月度的工作量。

2. 确定客房部不同岗位的工作定额

根据行业经验确定本酒店客房部不同岗位的工作定额。早班客房服务员每天应该清洁的客房数量大概在 15 间，中班为 60 间。白班楼层领班每天需要完成 60 间客房的清扫质量检查工作，中班 160 间。当然，如果有些酒店客房面积大，工作量标准也要随之调整。

小资料

客房服务员工作定额

依照行业经验，楼层服务员平均完成一间客房的清洁工作需要 27 分钟，在一个班次 8 小时的工作时间中扣除班前、班后准备时间、休息时间、用餐时间等，一个早班客房服务员应该清洁的客房数量大概在 15 间。

---

① 资料来源：根据 http：//www. jdglrj. com/gl88/整理而得。

3. 确定有效开工率

有效开工率为员工一年实际可工作天数与一年天数（通常按365天计算）的比值，即365天扣除每周末休息天数、法定假日、年假日和病假数的剩余天数，再除以365天。根据国内酒店实际情况，标准的有效开工率为66%。

小资料

有效开工率66%的来源

员工一年实际工作天数＝365－周末（按每周休息两天）－固定假日（五一节3天、国庆节3天、元旦1天、春节3天）－年假5天－病事假（实际经验估算6天）

＝365－365÷7×2－10－5－6

＝240（天）

员工一年实际可工作天数＝240天

有效开工率＝240÷365×100%＝66%

4. 计算岗位定员

岗位定员即各班次各岗位上所需要的人数，根据部门工作量、工作定额和有效开工率来计算。岗位定员的计算公式为：工作量/工作定额/有效开工率。

5. 划分工作区

划分工作区常以楼层进行划分，一个服务员负责一个或两个相近楼层，实际以每楼层客房间数而定。

6. 考虑员工法定工作时间及休假

根据客情变化进行休息排班，客源减少，客房租出率降低的时段，可优先进行安排每周双休、正常带薪年假、补休和病事假人员的班次安排，若客情增加，客房出租率较高时，应适当调整休假人员暂停休息。

7. 制定员工排班表

首先要清楚地了解本岗位上的员工总数，按照各班次岗位定员人数进行排班，结合员工工作能力和熟练程度，从而确定每个班次的当班人员。

附录 1

四季酒店客房部月度计划

月份	项目	跟进	备注
(Month)	(Items)	(Follow up)	(Remarks)
1	1. 与外包公司再次确认春节期间的人员留守; 2. 春节各项物品备货; 3. 再次检查员工的排班; 4. 跟进检查大清洁房间的进展; 5. 检查上个月的培训总结及下个月的培训计划,并总结修改		
2	确保春节装饰的顺利完成; 2. 合理安排员工休假; 3. 封层清洗楼道地毯; 4. 检查上个月的培训总结及下个月的培训计划,并总结修改		
3	1. 跟进房间大清洁的进展; 2. 减少 OOS 的数量; 3. 跟进休假员工归队; 4. 跟进维修房的跟进情况(PRP); 5. 跟进年初服务员的招聘工作; 6. 检查上个月的培训总结及下个月的培训计划,并总结修改		
4	1. 跟进客房卫生的年检工作; 2. 跟进春季绿植的更换及补种工作; 3.. 合理安排"五一"小长假员工的假期排班及安全培训; 4. 跟进年初服务员的招聘工作; 5. 检查上个月的培训总结及下个月的培训计划,并总结修改		
5	1. 跟进维修房的进展; 2. 跟进夏季杀虫工作的安排; 3. 酒店外墙清洗工作; 4. 组织员工参加郊游活动; 5. 检查上个月的培训总结及下个月的培训计划,并总结修改		
6	1. 跟进检查夏季杀虫工作; 2. 跟进清洗游泳池玻璃顶; 3. 检查并核对各项 CAPEX 的进展工作; 4. 检查上个月的培训总结及下个月的培训计划,并总结修改		
7	检查上个月的培训总结及下个月的培训计划,并总结修改		

续表

月份 (Month)	项目 (Items)	跟进 (Follow up)	备注 (Remarks)
8	1. 制定下一年度的预算工作; 2. 检查上个月的培训总结及下个月的培训计划,并总结修改; 3. 客房部月度会议		
9	1. 准备“十一”国庆节的装饰工作; 2. 开展客房周的活动; 3. 准备第二次的酒店外墙清洗工作; 4. 检查上个月的培训总结及下个月的培训计划,并总结修改		
10	1. 制定年底客房及 PA 大清洁的各项计划; 2. 检查上个月的培训总结及下个月的培训计划,并总结修改		
11	1. 开展客房和公共区域的各项大清洁工作; 2. 准备第三次的酒店外墙清洗工作; 3. 检查上个月的培训总结及下个月的培训计划,并总结修改		
12	1. 根据出租率封层做维修; 2. 根据出租率及宴会情况合理安排员工的年假排休; 3. 检查上个月的培训总结及下个月的培训计划,并总结修改,评选最佳培训员; 4. 客房部年终总结会议		

第四节 绿色发展理念在客房部的应用

一、酒店绿色发展理念

绿色发展是以效率、和谐、持续为目标的经济增长和社会发展方式。当今世界，绿色发展已经成为一个重要趋势，许多国家把发展绿色产业作为推动经济结构调整的重要举措，突出绿色的理念和内涵。绿色发展与可持续发展在思想上是一脉相承的，既是对可持续发展的继承，也是可持续发展中国化的理论创新，也是中国特色社会主义应对全球生态环境恶化客观现实的重大理论贡献，符合历史潮流的演进规律。习近平总书记指出：“绿色发展是生态文明建设的必然要求，人类发展活动必须尊重自然、顺应自然、保护自然。”在实现绿色发展进程中，必须深刻认识绿色发展在新发展理念中的重要地位，掌握绿色发展同创新、协调、开放、共享发展的相互关系。

在全球绿色浪潮的推动下，绿色、低碳、环保意识逐渐融入酒店业的经营管理理念当中，酒店业为了自身的可持续发展，推出建设安全、环保、健康原则的“绿色酒店”。绿色酒店是一种新的理念，它要求酒店将环境管理融入酒店的经营管理之中，以环境保护为出发点，调整酒店的发展战略、经营理念、管理模式、服务方式，实施清洁生产，提供符合人体安全、健康要求的产品，并引导社会公众的节约和环境意识。从2007年发布《绿色饭店》（GB/T 21084－2007）国家标准，到2018年中国绿色饭店“双二十”行动计划（即企业收益增长20%，排放减少20%），进一步规范了绿色酒店的管理方式方法。基于客房是酒店资源消耗较大的部门，同时也是酒店核心产品的生产部门和主营业务部门，创建绿色客房是打造绿色酒店浓墨重彩的一笔。积极地创建绿色客房，减少环境污染，有效节约资源，降低经营成本消耗，倡导绿色消费、绿色管理，进而推动酒店行业的转型和升级。

二、绿色客房的含义

绿色客房是指无建筑、装修污染，无噪声，有空气过滤装置，室内环境完全符合人体健康要求的禁烟房间，客房产品在满足客人健康要求的前提下，在生产和服务的过程中对环境影响最小和对物资消耗最低的环保型客房。绿色客房是绿色酒店的重要组成部分，应符合下标准：①

1. 客房室内空气质量优良，无异味，无装修材料污染。客房新风、排风系统有效，客房新风量每小时30－50立方米；
2. 客房有良好的隔噪处理，室内噪声低于35分贝。室内设备无噪声排放；
3. 客房可放置利于改善室内环境的植物；
4. 客房提供优质饮用水；提供优质、恒温、压力适宜的盥洗用水。
5. 客房提供优质照明。
6. 客房室内设备运行，如中央空调、照明等应实现智能化控制，并方便客人使用。
7. 客房采用建筑遮阳技术和自然通风。
8. 客房有室内环境质量信息，棉织品更换、物品减量使用方面的告示。提

① 绿色客房标准参照中华人民共和国国家标准LB/T007－2015。

供环保读物，提升客人环保理念。

9. 客房楼层电梯应有新风系统。

10. 饭店可设置自助服务区，如公共洗衣机、熨烫服务区、自助售货机等。

知识链接

绿色客房3C品质

绿色客房对客房的安全、健康、环保三大方面制定了严苛标准，要求清新空气（Cycle Air）、洁净饮用水（Clean Water）和舒适睡眠（Comfortable Sleep）的“3C”品质。

现代意义的绿色客房，不仅仅停留于节水、节电和环保的层面，更应该注重的是消费者的健康和消费者的放心。新消费市场期待更健康舒适的产品、更好的品质服务、更安全环保的住宿消费场所、更富有体验文化内涵的客房，应依据这些因素来提升客房的卖点，从而增强购买消费的动力。

课堂讨论

作为年轻消费者，你是否更愿意入住绿色客房？

三、绿色客房的创建[①]

绿色客房的创建是一个系统工程。对大多数饭店而言，绿色客房的建立是一个长期改进的过程，因为客房已经成形，对客房的改造是逐步进行的，饭店可以分步骤来建立真正的绿色客房。

（一）通过加强管理，提高客房的清洁卫生标准

清洁卫生是客房的基本要求，但这一要求并不能充分得到满足。绿色饭店在

① 资料来源：根据百度文库“绿色客房房”整理而得，https：//wenku. baidu. com/view/53c8fca70029bd64783e2c1a. html？ from = search.

建立中因为节约资源的需要而减少客房棉织品的洗换要求，但这不能降低棉织品清洁卫生的要求。棉织品在洗衣房洗涤时，洗涤设备必须按照原有设计要求运行，不能因为所谓节能或其他的目的擅自改变设备的运行参数，从而不能达到洗涤的要求。清洗后的棉织品应妥善保管，更换时要注意操作规范，避免二次污染。客房中的窗帘、地毯、床靠背、圈椅等部位都是计划清洁，因此常常由于管理不力成为清洁卫生的死角；这些部位对病原体和其他的污染物的吸附能力较强，严重影响客房的卫生质量。

（二）通过加强维护，提高客房设备设施的运行质量

客房设备的安全、减少噪声污染等问题的解决主要依靠对客房设备设施的良好维护。设备安全包括设备无漏电、漏水，不会出现设备的爆裂、破损、坠落等现象，不会绊倒、撞到客人，客房的电子门锁系统和保险箱是完好有效的，以保证客人的财产安全。客房的噪声主要来自客房设备的运行，而且往往是因为设备安装缺陷或运行不畅造成的。所以，客房设备的维护保养可以提高设备的运行质量。维护保养工作与饭店工程管理状况有关。设备使用、操作的员工能正确使用、精心维护设备，工程部员工维护保养技术水平较高，饭店设备的运行相对较好，反之就比较差。

（三）实施专门化的操作过程

为改善客房环境，许多饭店在客房内增加绿色植物、生态角等，这些室内饰物的增加对一些专门化操作过程提出了要求，如植物的养护要求等，否则，这些饰物不但不能增加客房的舒适感，反而增加了客房的污染源。

对无烟客房的管理也需要类似的专门化过程。在实际运行中，饭店并不能阻止客人在禁烟客房内吸烟，但是，禁烟客房在出售前必须对客房进行全面清洁，去除烟味，为下一位入住客人提供良好的住宿空间。

（四）根据客源市场的需求提高客房的舒适度

客房的家具选择和布置是针对饭店的客源市场决定的，并不是根据饭店员工的喜好决定的。不同的客人对客房舒适度的要求不同，因此客房的布置是有差异的。尤其是床的舒适程度，光照明暗度、写字台、洗脸台的高度等，与客人的舒适度是密切相关的。

（五）在饭店的整体改造中逐步提高客房的环保性

绿色客房在能源系统、水系统、热系统、风系统、废弃物系统、声系统、光系统、建材系统、绿化系统等方面都有相当的要求，这些系统的改进对已经建成的饭店而言是比较困难的，可以在今后的系统改造中逐步实现。

> **课堂讨论**
>
> 绿色客房是否和高档酒店奢华客房内设是对立的？

四、绿色客房6R管理原则[①]

（一）减量化原则

1. 减少客用物品的不必要包装，如相对固定进货渠道，建议生产厂商将非必要的包装减到最少。绿色饭店客房卫生间墙上敬告宾客“请节约用水”的宣传牌。

2. 减少不必要的客用品的供应量，如拖鞋、梳子、牙刷、剃须刀等并非每天一换，有些根据客人要求决定是否提供。

3. 减少布件的洗涤次数，如床单、被套可以不是每天更换，而是做到不同客人使用各自清洁的床上卧具，以减少水电消耗和减少排污量。

4. 降低洗澡用热水的温度（45℃），控制客房淋浴喷头、洗脸盆龙头每分钟的出水量，减少冲洗马桶的用水量等。如每个马桶的水箱里都放进一个装满水的雪碧瓶，据介绍，这样每次冲水都比原来减少一雪碧瓶容积的水，但根据科学测试，冲刷效果是一样的。

5. 减少客房的整理次数。不加区分地一天多次整理客房，有时不仅不能体现“服务质量”，还会妨碍和影响影响客人的工作和休息，同时增加了服务成本，增加了资源的使用。所以每天整理客房以一次为准，再视客人要求适当增加或减少整理客房次数是比较科学的。减量化服务的开展要时刻注意客人的要求和反馈，以客人的需求为重，以客人的满意为先，故客房通常配有绿色服务提

① “酒店客房6R管理原则”根据“中国酒店管理”微信公众号整理而得。

示卡。

（二）废物利用原则

将废弃的床单改制成小床单、洗衣袋、枕套、抹布等，提高其利用率。

（三）再生利用原则

注意收集旧报纸、易拉罐和玻璃瓶等，并将有机物垃圾专门堆放在一起，送往回收站，以便再生利用。

（四）替代使用原则

将客房放置的洗衣袋从塑料制品改为纸制品，或用可以多次使用的竹篮或布袋等代替。用天然棉麻布件替代化学纤维含量较高的布件等。用节能灯替代一般照明灯。

（五）添加使用原则

卫生间每天为客人配备的肥皂、罐装浴液、洗发液等卫生清洁用品，以前凡客人用剩的都扔掉，既浪费了资源，又污染了环境。绿色客房可将惯用的小罐子改成能添加的固定容器，以免消费和污染。

（六）维修再用原则

加强客房设备设施的维修保养，在饭店允许的折旧年限内，尽可能延长使用寿命，对某些设施设备的配件应考虑其延伸使用。

在实施以上这些做法的同时，一定要记住一个重要的前提，即必须尊重客人的意愿，引导而不是强制，不影响设备用品的使用效果，不降低服务质量。这些做法可以通过在客房或饭店公共区域放置告示牌或提示卡（见图6－4）形式使客人知晓。

尊敬的宾客：

您可曾想过，每天世界上各地的酒店有多少吨毛巾毫无必要地更换洗涤，因此而耗用巨大数量的洗涤剂对我们的水资源造成多大的污染？为了我们共同的环境，请您做出决定，将毛巾投入浴缸表明您要求将其更换；否则意味着您意愿继续使用，我们将为您挂放整齐。谢谢您对环保的支持！

图6-4 提示卡

知识链接

中国绿色饭店评分标准

根据饭店在节约资源、保护环境和提供安全、健康的产品和服务等方面取得不同程度的效果，绿色饭店分为五个等级，用银杏叶标识，从一叶到五叶，五叶级为最高级。绿色饭店评分标准的满分为300分，得分在270分及以上的饭店评为五叶级绿色饭店；得分在240分及以上的饭店评为四叶级绿色饭店；得分在210分及以上的饭店 评为三叶级绿色饭店；得分在180分及以上的饭店评为二叶级绿色饭店；得分在160分及以上的饭店评为一叶级绿色饭店。

资料来源：国家标准 GB/T21084－2007.

绿色旅游饭店分为金叶级和银叶级两个等级。金叶级应达到附录B评定细则240分及以上，银叶级应达到附录B评定细则180分及以上。

资料来源：国家标准 LB/T007－2015。

思考与练习

一、思考题

1. 客房部在酒店的地位是怎样的?
2. 客房部由哪些部门构成？每个部门的主要任务有哪些?
3. 大型酒店和小型酒店客房部组织结构设置上主要的区别是什么?
4. 如何成为一名合格的客房部经理？需要具备什么样的素质?
5. 如何制定客房部人力资源计划?
6. 客房部固定资产投资计划制定的重要意义是什么?
7. 进行客房部班次安排的原则是什么？班次安排的步骤有哪些?
8. 绿色客房管理的6R原则是什么?
9. 你如何看待酒店客房“取消六小件”？是否会影响到酒店的服务质量?

二、实操练习

你作为一家正在筹备开业的酒店客房部经理，本酒店为某酒店管理集团旗下的五星级休闲度假酒店，共有500间客房，请你完成以下本部门相关开业筹备计划：

1. 科学、合理地为本酒店设计组织机构；
2. 制定客房部开业人力资源计划；
3. 制定客房部开业固定资产投资计划。

三、案例分析

案例1：

自“花总五星级酒店乱象”事件后，酒店卫生情况一直饱受公众诟病，酒店床单和浴巾到底有没有“一客一换”，一直是客人担心的问题。近日，武汉首家绿色洗涤基地正式投入运营。这家基地给每一条毛巾、每一张床单都“植入”了芯片，很快还将印上二维码，等于每一件酒店布草都有了唯一的电子身份证，住店旅客扫码即可获知相关洗涤信息，使得“一客一换”透明化。

目前武汉旅馆业共有3432家酒店宾馆，除部分高端酒店通过自有洗衣房洗涤布草外，其余均送到第三方公司洗涤，外送洗涤量约1000吨/日。传统洗涤小作坊洗1公斤布草需30升水，一个员工8小时最多只能洗涤0.5吨布草；新型绿色洗涤设备洗1公斤布草只需7升水，一个员工8小时可洗涤布草1.6吨，该基地还配备了污水处理设备，最大程度减少废水污染。此外，洗涤用的水也是对自来水进行二次净化之后的软水，使用软水不但洗净度更高，布草也会更加柔软亲肤。

资料来源：“酒店高参”微信公众号。

问题：

1. 你认为布草扫码是否值得推广？存在的优缺点是什么？
2. 绿色客房创建，除了绿色洗涤模式，你还有什么更好的建议？

案例2：

有人说，“领班是在夹缝里做人”，这话一点也不为过。他们上要对部门经理、主管负责，下要在普通员工前以身作则，所以，工作对于他们而言，不能有半点松懈和怠慢。为了要领导基层员工，他们必须有过硬的业务技能。每天清晨，他们总是早早地来到所管辖的楼层，给服务员开会，布置一天的工作事务。除了对员工进行督导和培训以外，领班每天还要负责检查六七十间客房，每间客房的检查项目达100多项，即使思想集中，目光敏锐，手脚并用，也难免有遗漏和疏忽之处，而一旦主管以上的领导发现客房卫生有差错，总是批评领班，领班却是绝少听到赞扬声的。正如一位客房部经理所说的："我要求客房领班检查、检查、再检查，对细枝小节问题要敏感，每天我不批评他们就等于表扬他们。"

由此可见，要当好一个领班并不是一件容易的事，他必须要能够承受工作上、体力上和心理上的多重压力，不仅要掌握过硬的业务技能，还要有一定的管理艺术。

问题：

1. 领班在酒店客房部组织机构中的位置在哪里？
2. 结合领班的岗位职责，你认为领班应该具有怎样的素质要求？

四、工作术语（见表6－3）

表6－3　本章常用的专业术语

专业术语（中文）	专业术语（英文）
客房部	Housekeeping Department
客房楼面	Floor
公关区域	Public Area
制服与布草房	Linen Room
洗衣房	Laundry Department
房务总监	Director of Rooms
客房部经理	Executive Housekeeper
楼层主管	Floor Supervisor
楼层领班	Floor Captain
楼层服务员	Floor Attendant
早班	A. M Sift
中班	P. M Sift
夜班	Night Sift
绿色酒店	Green Hotel/Eco-efficient Hotel
绿色客房	Green Room

第七章 客房部清洁保养与质量控制

【学习目标】

1. 了解客房清洁设备与清洁剂；
2. 了解客房和公共区域清洁保养的内容和项目；
3. 能够对客房计划卫生进行组织与管理；
4. 掌握客房卫生质量控制管理的方法。

案例赏析：

微博大V“花总”曝光酒店卫生乱象

2018年11月14日晚8时，微博大V“花总”发布的一段视频，使“五星级酒店卫生乱象”迅速成为热点，共涉及万豪、希尔顿、香格里拉、四季、文华东方等集团旗下的多家五星级和非星级酒店。“花总”在14家高端酒店拍摄的服务员做卫生视频显示，服务员用客用方巾、浴巾擦洗水池、杯具、墙面甚至马桶。在“花总”提供的视频素材中，14家高端酒店的保洁工作存在不同程度的问题。其中，没有对杯具进行消毒，而是直接拿用过的客用毛巾擦洗，没有专用清洁布，一布多用，洗手池、杯具甚至马桶混用一布。他在曝光酒店所住的房间大多数价格在每晚1000～2000元，最高每晚达5000元。涉事酒店纷纷做出回应，表示歉意并称将加强培训和监督。此后，北京市卫生监督部门介入调查，并对北京4家涉事酒店进行了现场检查。相关负责人表示，针对此次曝光的问题，卫生部门将对部分五星级酒店进行约谈。北京市旅游委也发布通报称，将对涉事酒店进行约谈。

资料来源：根据新京报，2018－11－15，整理而得。

思考并讨论：酒店如何提高酒店清洁质量？政府、行业如何监督？

第一节　客房部清洁设备及清洁剂

酒店产品能否获得宾客的满意，需要酒店全体员工的努力。它不仅需要有良好的服务质量，还需要为宾客提供舒适、净雅宜人的入住环境。为此，完善的清洁设备设施与高效的卫生清洁保养工作是酒店清洁服务工作的重要环节。它不仅体现着酒店管理层的管理能力，而且关系酒店的品牌效应。所以，酒店客房部工作人员在上岗前要进行清洁设备和清洁剂使用的培训，从而做好客房部的清洁保养工作。

一、清洁设备的种类与用途

清洁设备主要包括客房部员工在开展清洁保养客房与公共区域时所使用的工作设备，如房务工作车、吸尘器、洗地毯机、吸水机、吹风机、洗地机、打蜡抛光机、高压喷水机、吸尘扫地机、软面家具清洗机、刮水器、尘推、拖把、笤帚、簸箕、清洁刷、抹布等。

（一）房务工作车

房务工作车是客房部员工开展清洁服务工作时的重要服务工具之一。客房服务员清洁客房时之所以配置房务工作车，是因为房务工作车可以装载客房服务员在工作时需要为宾客更换的各类客用品以及其他各种清洁设备，起到节省员工工作时拿取更换物品的时间、提高工作效率、降低劳动强度的目的。房务工作车的整理布置必须做到以下要求：一是清洁整齐，工作车要擦拭干净，用品摆放整齐；二是摆放有序，工作车上的各种物品要按重物在下，轻物在上的原则摆放，以保证使用方便和安全；三是贵重物品摆放位置恰当，要有一定的隐蔽性，通常放在专门用的盒子里，以减少物品的流失；四是将其他清洁工具设施摆放牢固，清洁用品配备整齐。

（二）清洁吸尘设备

酒店因配置区域不同，其地面材质也是多种多样。既有客房、宴会厅、会议室等区域较多使用的地毯等软质地材，也会有大厅、酒吧、娱乐场所的广泛使用大理石等硬质地面的场所，因此清洁设备需要多品种配置。目前星级酒店主要使用的清洁设备有：

1. 吸尘器：吸尘器又可分为圆筒式吸尘器、直立式吸尘器、肩背式吸尘器。圆筒式吸尘器在酒店的吸尘工作中使用最为广泛。这种吸尘设备吸力大、操作简便，主要用于地毯、硬质地面以及一般家具类的吸尘。直立式吸尘器主要用于地毯的吸尘。其特点是可在吸尘的同时对地毯中的灰尘颗粒进行分离，达到较彻底的吸尘效果。还可对地毯起到一定的防止黏结、倒伏的修复功效。肩背式吸尘器体积较小，一般用于不方便拖拉圆筒式吸尘器的区域使用。

2. 洗地毯机：用于羊毛、化纤、混纺及植物纤维地毯的清洗。洗地毯机又分为干泡式和喷汽抽吸式洗地毯机。其中干泡式洗地毯机又分为滚刷式和转刷式，主要用于不太脏的地毯的清洁。喷汽抽吸式洗地毯机使用时一般喷液、吸水功能同步进行，温度可调，去污效果好，洗涤功能强大。

3. 吸水机：主要用于吸水，可与洗地毯机配合使用，彻底抽除地毯清洗后的污水和残渣，达到彻底清洁地毯的效果。

4. 吹风机：加快特定区域的空气流通，达到快速干燥的目的。

5. 洗地机：用于酒店大厅、走廊、停车场等大面积区域地面的擦洗清洁，具有擦洗机和吸水机的功能。

6. 打蜡抛光机：用于光滑地面的擦洗、打蜡、喷磨和抛光。

7. 高压喷水机：用于垃圾房、酒店外墙、停车场、游泳池等处的清洗，也可加入清洁剂使用，加热水温更适用于清除有油污的场所。

8. 软面家具清洗机。主要用于沙发等软面家具的清洁吸尘保养。

9. 刮水器。又称为玻璃刮，主要用于清洁玻璃，可以刮掉玻璃上的水。其材料多为不锈钢和塑料两种。一般由手柄、刮板、橡胶刮条三部分组成。三个部分可非常容易地拆卸、组合，便于携带和收纳。

10. 尘推。尘推是现代清洁工作中通用的一种重要的地面清洁工具。它可以高效率地收集地面上大部分的砂粒灰尘，起到护理地面又不致尘土飞扬的作用。尘推只适宜在平滑而干燥的地面，一般由杆、夹和拖头三部分组成。使用前为了增加其收集尘埃效果，先用静电吸尘剂处理拖头纤维。尘推不用时应离地存放，并使拖头纤维充分呈下垂状态，以保护其集尘效果。

11. 拖把。也称墩布。指擦洗地面的长柄清洁工具，主要分为圆形和扁平型两种。拖把头可以拆卸，方便清洗更换。拖把过水后，应挂放以防止霉烂及细菌滋生。主要用于硬质地面的清洁。

12. 笤帚、簸箕。与我们在家庭中广泛使用的相同。虽然在酒店的清洁工作中大部分使用了机械类设备，但往往因为各种原因，它还是不可或缺的一类清扫工具。笤帚有长柄和短柄之分，酒店使用的簸箕多为长柄式。

13. 清洁刷、抹布。清洁刷可依据用途分为浴缸用、面盆用、卫生洁具用、地毯用清洁刷。其材质多为塑料制品。使用后应注意挂置于通风处存放。抹布是酒店清洁工作中最为常用的物品。一般材质多为棉质、化纤类织品。在使用时应注意分类使用，避免交叉污染。

二、清洁剂的种类与用途

（一）清洁剂的性质与种类

在酒店的清洁保养工作中除了使用各种清洁设备开展工作以外，还需要依据清洁对象的不同采用不同的清洁剂。正确、适量、环保地使用清洁剂是有效、快速、健康地达到清洁效果的基础。目前酒店使用的各类清洁剂大多为化学类制剂。一般按照清洁剂的酸碱性质即 PH 值可分为三种类型，即：酸性清洁剂：PH 值小于 7；中性清洁剂：PH 等于 7；碱性清洁剂：PH 大于 7。

1. 酸性清洁剂

一般含有盐酸、硫酸、醋酸等酸性化合物，可用于清洁茶渍、咖啡等碱性物质，另外，酸性清洁剂还可用于除锈或清洗冷气机的蒸发器及冷凝器。含浓硫酸的清洗剂由于有一定的杀菌除臭功能，因此还广泛用于卫生间的清洁，而且酸能中和尿碱、水泥等顽固斑垢，因此一些强酸清洁剂可用于客房部的计划卫生。由于酸性清洁剂具有腐蚀性，有些物体禁止使用酸性清洁剂，如地毯、石材、木器家具和金属器皿等。一般分为液体和粉状两种状态。具体来说，酸性清洁剂包括：

（1）盐酸（PH = 1）：用于清除水泥、石灰等基建时留下的污垢。

（2）硫酸钠（PH = 5）：用于卫生间马桶的清洁，使用时注意应用量。

（3）草酸（PH = 2）：清洁效果强于硫酸钠，具有一定腐蚀性。

（4）马桶清洁剂（5 > PH > 1）：有特殊的洗涤除臭和杀菌功效。一般住客房使用弱酸性，走客房使用强酸性清洁剂。

（5）消毒剂（9 > PH > 5）：既可作为卫生间消毒剂，也可用于杯具的消毒，但用后需用水漂净。主要包括卤素类（次氯酸钠等）、苯酸类、松脂类。

2. 中性清洁剂

是一种由优质阴离子与非离子表面活化剂精确合成的一种接近中性的浓缩物。中性清洁剂高效并具有清洁性强、净化污染、完全可漂洗的特性。中性清洁剂不包含磷酸盐、酵素、乙二铵醋酸、氮川三醋酸或含氯漂白剂。适用于清洁各种材料表面污迹，副作用小，安全性高，是一种使用最广泛的清洁剂。

3. 碱性清洁剂

碱性清洗剂由增洁剂和表面活性剂的碱土金属盐混合配制而成，是一种使用最广的清洗剂。适用于去除各种材料表面油性污迹，常用碱性清洁剂有玻璃清洁剂、起蜡水、地毯清洁剂、除油剂等。

4. 上光剂

（1）擦铜水：多呈糊状，一般是根据氧化原理氧化掉铜制品表面的铜锈而达到使铜制品清洁光亮的目的，但只能用于纯铜制品。

（2）金属抛光剂：含轻微腐蚀剂、脂肪酸、溶剂和水，像酒店客房的门锁把手、卫生间水龙头、浴缸配件、毛巾架、扶手、卷纸架、浴帘杆等部位容易染上手印和锈蚀，可使用金属抛光剂进行处理，这种抛光剂只对金属制品除锈有效。使用时用干净抹布蘸上金属抛光剂擦拭，再用干抹布反复擦拭直至光亮为止。

（3）地面、家具蜡：主要在开展客房计划卫生时使用。为保持家具的光洁度，客房服务员在开展计划卫生时会定期对家具物品上蜡保养。客房部选用的家具蜡多为浓缩乳蜡，可在家具表面上形成保护膜，起到防尘、防潮、防污效果。地面、家具蜡有封蜡（底蜡）和面蜡（地面抛光剂）之分。封蜡用于第一层底蜡，可堵塞表层的细孔，起光滑作用。面蜡主要是打磨上光，增加表面光洁度和反光程度。地面蜡有水基和油基两种，水基蜡一般用于大理石等石质地面，油基蜡常用于木板地面。

5. 溶剂类

主要用于去除怕水类物体的污渍，因而常用于干洗和局部除渍。

（1）地毯除渍剂：专门用于清除地毯上的特殊污渍。特别是高星级酒店经常配置使用的羊毛地毯。地毯有脏斑应立即擦除，否则效果不明显，除渍剂种类有针对果汁色斑的、清除油脂类脏斑的、清除口香糖的。

（2）牵尘剂：也称静电水。用于浸泡尘推，增强其吸附灰尘的能力，对大理石、木板地面进行日常清洁和维护，增强地面清洁保养的效果。

（3）杀虫剂：含除虫菊酯，可杀死像蟑螂、苍蝇、蚊子、蚂蚁等虫类。酒店客房一旦发现各种虫类，应立刻施放杀虫剂，但使用时应注意选择适当的地点，最好避开食物饮料存放处。

（4）酒精：用于电话擦拭消毒，由于属于易燃物，因而要妥善保管，谨慎使用。

（5）空气清新剂：含有香精和杀菌成分，喷洒在客房内或大厅、卫生间等地，具有灭菌和清新空气的作用，但有些客人不喜欢空气清新剂的味道，会对此类物质过敏，在客房中应谨慎。

（二）清洁剂使用管理原则

清洁剂使用地点不同，种类也多种多样，因此使用方法也是各不相同的。客房服务人员在使用各类清洁剂时要根据不同的清洁对象、不同的污物性质、不同的清洁地点，正确使用清洁剂，只有这样才能充分发挥各种清洁剂的功能，提高清洁工作安全性，减少浪费、节能环保。客房服务员在具体操作中应遵循的清洁剂使用管理原则有九条：

1. 按使用说明操作使用清洁剂。浓缩剂一定要严格按照配比要求进行稀释，并在使用前详细阅读使用说明。

2. 根据清洁剂的化学性质、用途、保养要求和效果，选择合适的清洁剂。

3. 尽量减少粉状清洁剂如去污粉等的使用。

4. 首次使用前必须先经过小范围试用，方可在酒店广泛推广使用。

5. 做好清洁剂的分配控制工作，减少浪费。无论是酸性清洁剂，还是碱性或中性清洁剂，都是化学配比制剂，一次、大剂量的过多使用此类产品都会对清洁对象产生副作用。酒店应该培养员工养成适量使用清洁剂，并达到省时省力、效果良好的清洁目的的职业习惯。

6. 注意安全问题。无论哪一种清洁剂，都或多或少对人体有一定负面影响，特别是一些高压灌装清洁剂和易挥发清洁剂属于易燃易爆物品，在使用时务必做到严格按照操作标准操作。员工在使用强酸、强碱类清洁剂时应做好个人防护工作，必要时佩戴防护眼镜、防护手套、防护口罩等防护用品。

7. 酒店应根据自身运营管理状况选择适合的清洁剂产品。

8. 选择清洁剂时应客观，以实际有效成分及质量为标准。采购部在选购清洁剂时应对产品的品质、生产日期、有效期、使用方法、注意事项等重点关注。

9. 注意环保。清洁剂在使用过后会随水排放到环境中。因此，在选择与采购时应充分考虑到对环境的影响程度，努力做到减少排放、减少污染。

第二节　客房常规清洁及保养

一、客房常规卫生清洁

干净舒适的客房是客人在酒店逗留需要满足的最基本要求。客人每天在房间睡眠、盥洗、休息的过程中，与客房内的各种设施用品充分接触，客房内物品、环境的清洁卫生既是客人住宿舒适安全的保障，也是客人衡量酒店质量的重要指标。客房常规卫生清洁是客房服务员每日需要完成的工作内容，要使清洁工作达到高效率和高品质，客房服务员一定要熟悉客房常规清洁流程和操作规范。

（一）客房常规卫生清洁的主要内容

客房常规卫生清洁是客房服务员每天在酒店客房必须完成的例行卫生清洁工作，它通常包括以下几个方面的内容：

1. 房间物品整理

客房服务员要按酒店规定和统一要求，整理和铺设客人使用过的床铺，整理客人放乱的物品、用具以及整理客人使用过的酒店衣物（一般不整理客人放置的私人用品和衣物）。

2. 打扫除尘

打扫除尘包括地毯吸尘，擦拭门、窗、桌柜、灯罩、电视机等各种家具设备，倒掉烟缸中的烟灰及纸篓里的垃圾。

3. 更换及补充用品

客房服务员应按要求更换客房内的床单、枕套、面巾、浴巾、地巾等棉织品，并按要求铺床，补充饮料包、洗漱用品、文具用品等酒店供应的一次性消耗品。

4. 擦洗卫生间

擦洗卫生间包括擦洗脸台、水龙头、浴缸、马桶等卫生洁具，擦洗四周瓷砖及地面，以及擦亮各种金属挂杆。

5. 检查设备

检查设备包括检查水龙头、马桶等设备能否正常工作，检查灯具、电视机、音响设备、电话机、电吹风等电器设备的用电安全指数和性能是否正常，检查家具用品等是否有损坏。

（二）客房常规卫生清洁的准备工作

为保证客房常规卫生清洁的质量，提高工作效率，客房服务员应认真做好客房清洁整理前的准备工作，具体包括以下七个主要步骤（见图 7－1）。

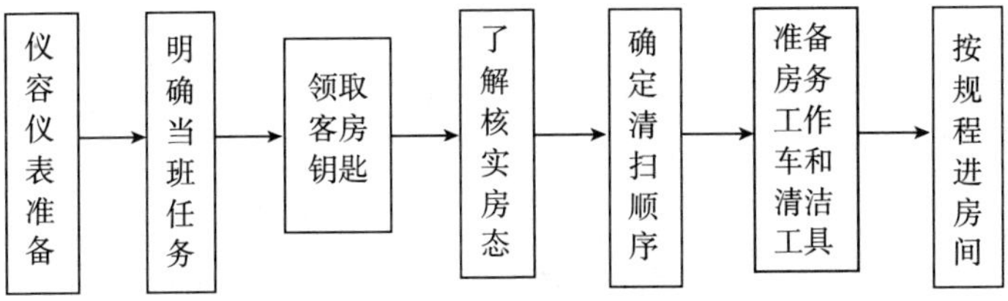

图 7－1　客房清洁准备工作

1. 良好的仪容仪表

客房服务员在上岗前需要有一个良好的仪容仪表和工作状态，一般要求：

（1）精神饱满，精力充沛；

（2）衣着整齐、干净、无掉扣、无破损；

（3）女士淡妆上岗，头发梳理整齐，大方得体；

（4）不留长指甲，不涂指甲油；

（5）不抽烟、不喝酒、不吃有异味食物，保持口气清新。

2. 明确当班任务

客房服务员更换工服，做好仪容仪表准备工作后，领班或主管分配具体的工作任务，方式包括书面和口头两种。通常采用书面方式，即给客房服务员一张“客房服务员工作报表”。另外，许多酒店也采取上岗前召，开班前会来安排工作、布置任务。

3. 领取客房钥匙

客房服务员在清楚当日工作以后，要到客房中心或服务台签领客房钥匙，每位客房服务员须明确自己的工作楼层、客房号、当日客情、房态以及特殊任务或特殊要求。下班时再到客房中心或服务台签还所领钥匙、对讲机等。

4. 了解核实房态

客房服务员在清扫整理客房前，必须了解和核实每间客房的状况，包括住客和总台的特殊要求，以便科学合理地安排客房的清扫整理顺序，确定清扫整理的标准。了解核实客房状况的办法是看工作任务表和实地查房。由于工作任务表通常已经标明了每间客房的状况，所以服务员只要看工作任务表就可以了解核实。这样既能准确掌握客房状况，又能了解客人的一些特殊要求，如“请速打扫”“请勿打扰”等。

5. 确定清扫顺序

客房服务员在了解自己所要打扫的房间状态后，应根据开房的急缓先后、客人情况或总服务台及领班的特别交代，决定当天的房间清扫顺序。客房一般的清扫顺序如下：①挂有（请速打扫“Make up Room”）的房间或客人口头上提出要求打扫的房间；②总服务台或领班指示打扫的房间；⑧VIP 房间；④走客房；⑤普通住客房；⑥空房。

房间清扫顺序的排列，其用意在于立即满足客人的特殊要求，又以加速客房出租周转为优先考虑的因素。因此，在旺季，也可先打扫走客房，使客房能尽快重新出租。

（1）淡季时的清扫顺序。

淡季时，应按以下顺序进行：

①前台指示要尽快打扫的房间；

②门上挂有“请速打扫”牌的房间；

③走客房；

④VIP 房间；

⑤其他住客房；

⑥空房。

（2）旺季时的清扫顺序。

旺季时，酒店用房紧张，客房清扫顺序与淡季时应有所不同。一般来说，旺季时，要依照下列顺序进行：

①空房。空房可以在几分钟内打扫完毕，以便尽快交由前台出租；

②前台指示要尽快打扫的房间；

③走客房间。旺季时，应优先打扫，以便前台能及时出租，迎接下一个客人的到来。优先打扫走客房的意义还在于可以及时发现是否有丢失或损坏的室内物品，如有，则可以及时报告客房部或前台结账处以便酌情处理。另外，这样做还可以及时发现客房内是否有客人的遗忘物品以便及时送交客人；

④门上挂有“请速打扫”牌的房间；

⑤VIP 房；

⑥其他住客房间。

以上客房清扫顺序还应根据客人的活动规律加以调整。客房清扫应以不打扰客人或尽量少打扰客人为原则，因此，应尽量安排在客人外出时进行。

特别提示　“请勿打扰”房的处理

客房有“请勿打扰”标记通常会出现在以下情况：一是客人忘记及时取消标记；二是客人外出或已退房；三是客人可能发生了意外；四是其他情况。当客人入住客房后，由于某种原因不愿被打扰，因而在门口处显示“请勿打扰”的标识，服务员遇到这种情况，应按相关要求妥善处理，做到既不影响工作，又不打扰客人。具体做法如下：

（1）楼层清洁员在查房和打扫房间时，发现房门口有“请勿打扰”牌子或灯时，暂时不要打扰客人。

（2）中午12点，如房间仍然是“请勿打扰”，清洁员应将房号通知房务中心。

（3）房务中心文员必须做好相关记录。

（4）下午2点，如房间内仍然是“请勿打扰”，应再次将房号告知房务中心。

（5）由房务中心文员在“请勿打扰表”上做好记录，然后打电话通知大堂经理。

（6）大堂经理负责打电话询问或到客房检视。

（7）大堂经理将反馈情况通知房务中心。

（8）房务中心文员应通知相关清洁员和领班。

（9）如果员工在下午3：30仍未收到反馈，应致电房务中心询问结果。

（10）房务中心文员必须跟踪相关反馈情况，如果大堂经理未及时回复，房务中心文员必须再次联系大堂经理，直到获取相关信息。

（11）房务中心文员每天17：30左右将当日“请勿打扰表”交给大堂经理，双方签收。

（12）房务中心留取备份“请勿打扰表”存档。

资料来源：魏洁文．客房服务与管理实训教程［M］．北京：科学出版社，2008。

（三）客房清洁卫生标准

1. 视觉标准

（1）房间卫生做到“十无”

眼看到的地方无污迹；

手摸到的地方无灰尘；

设备用品无病毒；

空气清新无异味；

房间卫生达“十无”。

“十无”分别是：①天花板和墙角无蜘蛛网；②地毯（地面）干净无杂物；③楼面整洁无害虫（蚊子、苍蝇、蟑螂、臭虫、蚂蚁等）；④玻璃、灯具明亮无积尘；⑤布草洁净无破烂；⑥茶具、杯具消毒无痕迹；⑦铜器、银器光亮无锈污；⑧家具设备整洁无残缺；⑨墙纸干净无污迹；⑩卫生间清洁无异味。

（2）清洁后房间要做到“六净”：四壁净、地面净、家具净、床上净、卫生洁具净、物品净。

2. 生化标准

客房的清洁卫生质量仅仅靠视觉标准来衡量是不够的，还必须用生化标准来衡量。客房内清洁卫生的生化标准包括以下内容。

（1）茶具、水具、卫生间洗涤消毒标准。

茶水具每平方厘米的细菌总数不得超过 5 个；

脸盆，浴缸，拖鞋。每平方厘米的细菌总数不得超过 5 个；

卫生间不得查出大肠杆菌群。

（2）空气卫生质量标准。

一氧化碳含量每立方米不得超过 10 毫克；

二氧化碳含量每立方不得超过 0.07%；

细菌总数每立方米不得超过 2000 个；

可吸入尘每立方米不得超过 0.15 毫克；

氧气含量应不低于 21%。

（3）微小气候质量标准。

夏天，室内温度为 22～24 度；相对湿度为 50%；风速为 0.1～0.15 米/秒；

冬天，室内温度为 20～22 度；相对湿度为 40%；风速不得大于 0.25 米/秒；

其他季节，室内温度为 23～25 度；相对湿度为 45%；风速为 0.15～0.2 米/秒。

（4）采光质量标准。

客房室内照度 50～100 勒克司；

楼梯，楼道照度不得低于 25 勒克司。

（5）环境噪声允许值。

不得超过 45 分贝。

（四）客房彻底清洁

为了保证客房的清洁整理工作能够有条不紊地进行，提高劳动效率，同时避免过多的体力消耗和意外事故的发生，客房部要实行标准化管理，使之达到酒店规定的质量标准。以下介绍客房彻底清洁程序。

1. 进房

（1）按门铃、敲门。①首先检查一下房门是否挂着“请勿打扰”牌或上“双锁”。②轻轻敲两下门，声音不要太大，使客人听到为标准，同时报身份“服务员”。③在门外等候 10 秒钟，倾听房内动静，如无反应，可重复以上程序两遍。

（2）开门。①在确认房内无动静后，使用钥匙将门轻轻打开 45 度角报明自己的身份。②如果客人在房内，要等客人开门后或经客人同意后方可进入并向客人问候，询问客人“是否可以打扫房间”。

2. 开窗户

（1）拉开窗帘；

（2）打开窗户通风。

3. 巡视检查

（1）关闭检查所有照明灯具及空调是否完好有效；

（2）巡视门、窗、窗帘、墙面、天花板、地毯、电视、电话及各种家具是否完好，如有损伤，及时报告领班报修，并在客房清洁报表设备状况栏内做好记录；

（3）检查有否遗留物品，若有发现，应立即上报并做好记录。

4. 检查小酒吧

（1）发现已消费的酒水，填写酒水单放在房间，等客人签字后及时补配齐全；

（2）将房间冰箱清洁干净。

5. 清洁垃圾

（1）将房内的垃圾桶及烟缸内的垃圾拿出倒掉前，应检查一下垃圾桶内是否有文件或有价值的物品，烟缸内是否有未熄灭的烟头；

（2）清洁垃圾桶和烟缸，确保垃圾桶及烟缸干净无污迹。

6. 清理脏布草

（1）将客人放在床、椅等处的衣服用衣架挂起，挂入衣橱内；

（2）把床上的靠垫、床尾裙放在椅子或沙发上；

（3）换下床上的床单、被单、枕套，连同浴室内需要更换的四套巾（浴巾、面巾、方巾和地巾）一起，分类点清放入工作车的布件袋内，发现有破损的布件和毛巾，应分开存放（若客人放置了环保卡，则床单、被单、枕套等床上用品不必更换）；

（4）同时取出有客衣的洗衣袋；

（5）从工作车带进干净的布件。

7. 做床（见表 7－1）

表 7－1　中式做床程序与标准

操作步骤	服务标准与要求
拉床	下蹲弯腰,用力拉床,使床离开床头板 30～50 厘米
清理床垫	(1)清除床面毛发等; (2)整理床垫、褥垫等
铺床单	(1)注意床单的正反面; (2)站在床头,甩单,一次到位; (3)不偏离中心线,正面向上; (4)铺好的床单无皱折
包边角	(1)床单四边掖进床垫下; (2)在床角处取呈 90 度角包好,要求四角角度一致; (3)包边包角后,床单无皱折
套被罩	(1)将干净的被罩套在羽绒被上; (2)要求四角饱满; (3)将套好被罩的羽绒被铺在床上,整理平整
大枕线	(1)将被头反折 30 厘米(一个枕头宽度); (2)要求平整无皱折
装枕芯	(1)将枕套抖开平放在床上; (2)将平整饱满的枕芯对折后,右手抓住枕芯的两边; (3)左手将枕套口从中缝处提起,使开口分开,两手合力将枕芯装入枕套; (4)将枕头放置床头正中间,开口反向于床头柜
复原床位	将铺好的床推回原位
备注	床头移至床尾时三步到位;只走三面,不绕床转圈;违例动作(跪地、跪床、抛单时膝盖顶碰床垫、手按床垫或在床面上抹平整);竞赛:2 分 30 秒;课程考核:3 分钟

8. 抹尘

（1）顺时针或逆时针从高到低、从里往外的顺序；

（2）使用消毒剂擦拭电话；

（3）擦拭灯具时，检查灯泡瓦数是否符合标准、有无损坏，如有应立即报更换；保证所有房内的家具、设备整洁。

9. 清洁卫生间

卫生间是酒店客人沐浴、梳洗化妆的场所，其中不少设备用品都要与客人的皮肤直接接触，卫生间是客人特别注意卫生的区域。以下将介绍卫生间清洁的作业程序（见表7－2）。

表7－2 卫生间清扫程序

操作步骤	服务标准与要求
清洁前的准备	(1)打开换气扇； (2)准备好操作工具，特别注意在卫生间门口垫一块小地毯，以免弄脏地毯； (3)刷浴缸及面盆的百洁布和洗刷马桶的百洁布应分开放置，防止交叉污染； (4)准备好清洁用的抹布及清洁药水，包括消毒水一瓶； (5)放水冲净坐厕，在坐厕内喷上清洁剂，注意不能将清洁剂直接倒到釉面上； (6)撤掉脏布巾，放入布件袋内； (7)将药用的湿抹布洗净拧干放在一边待用（三块湿抹布分开，一块擦脸盆，一块擦浴缸，一块擦坐厕、地面）
清洁垃圾桶	清理垃圾桶，将用过的牙具、肥皂收集在垃圾袋内
清洗杯子	按操作规程清洗消毒杯子，更换潮湿、脏污的杯垫
清洗面盆和台面	(1)用百洁布蘸上清洁剂清洗台面、脸盆，清水刷净，擦干； (2)用海绵蘸少许中性清洁剂擦除不锈钢件的皂垢、水斑，擦干； (3)将毛巾架、浴巾架、托盘、吹风机、电话分机、卫生纸架等擦净，并检查是否有故障； (4)将面盆下两侧的布件篮和地秤清洁干净，确保无水迹、毛发； (5)擦干镜面，在镜面上喷少许玻璃清洁剂，干抹布擦亮
清洁浴缸	(1)使用多功能清洁剂清浴缸、皂缸、五金配件和大理石墙面； (2)擦洗浴帘，除去水渍、污渍，确保浴帘上无毛发、污渍； (3)冲洗后，关闭浴缸的塞子； (4)放少量热水和清洁剂，用百洁布从墙面到浴缸里外清刷； (5)开启浴缸活塞，让污水流走； (6)留意浴缸缝隙的清洁，可用牙刷刷净
清洁马桶	(1)用马桶刷清洁马桶内部并用清水冲洗，清洗出入水口； (2)用中性清洁剂清洗马桶抽水箱、座沿盖子内外及外侧底座； (3)用干布擦净马桶； (4)对卫生间各个部位进行消毒； (5)补充卫生间用品，摆放好“四巾”和“六小件”； (6)把浴帘拉好，一般拉出1/3即可
清洁地面	边退边擦净地面，注意对地漏的清刷，擦干地面
吸尘	用吸尘器对地面吸尘，保证卫生间不留线头、毛发和残渣
检查	环视检查，带走所有清洁工具，卫生间门半掩，关上浴室灯

（五）清扫作业的标准时间

清扫作业的标准时间是客房管理者确定服务员工作定额和进行客房定员的依据。打扫一间客房需要花费的时间，取决于以下几方面因素：

（1）服务员体力的大小；

（2）服务员工作经验的多少；

（3）服务员劳动熟练程度的高低；

（4）服务员做床的方法科学与否；

（5）客房面积的大小；

（6）床的大小；

（7）客房状况的不同（空房、走客房或 VIP 房等）；

（8）客房类型的不同（单人房、双人房或套房）；

（9）住客素质的高低。

一般而言，各种不同类型的客房所需要的清扫时间大致如下：

双人房：25 ~ 30 分钟；

单人房：20 ~ 25 分钟；

套　间：50 ~ 60 分钟。

由此可见，清扫一间客房平均需要 25 ~ 30 分钟，按照这个标准，在美国，每个服务员每天清扫的房间数量最少为 14 ~ 16 间，而我国很多地方的酒店每个服务员每天打扫的房间数还不到 10 间，工作量明显不足。但近年来，情况已经发生很大变化，越来越多的酒店（特别是南方城市的酒店）为了提高工作效率，节约人力资源开支，适应竞争的需要，纷纷开始加大服务员的工作量，将服务员的工作定额提高到 15 间/人 · 天，已基本上向国际标准看齐。

（六）客房清扫时的注意事项

在清扫客房时，应注意下列问题：

1. 敲门时应报明目的

敲门时，要报称："Housekeeping（服务员）"，同时要注意敲门的声音大小适中，不可过急，力度过大，否则，不仅是没有礼貌的表现，而且还会使房内客人受到惊吓，或给客人带来不便。敲一下门进房或从门缝里瞅都是缺乏礼貌和修养的表现。另外，假如客人在房间，需要问明客人现在是否可以整理房间，征得客人同意后，方可开始做房。

2. 整理房间时，要将房门打开

第一，可以换换房间的空气。第二，方便服务员从工作车上取物。第三，可以防止宾客或其他闲杂人员从工作车上顺手牵羊，拿走客房用品。第四，可以接受管理人员的监督。第五，还可以顾及楼层安全。此外，整理房间时，把房门开着，将工作车停在房门口，也不会使客人回来时因发现服务员在自己的房间而感到吃惊或发生误会。

3. 不得在客房内做清扫之外的其他事情

不得在客房内吸烟、吃东西、看报纸杂志（特别是客人的书刊），不得使用客房内设施，包括客房内厕所。不得接听客人电话，也不得使用客房内电话与外界通话。除维修、检查外，不得收听、收看客房内录音机和电视机。也不许躺或坐在床上休息。

4. 清扫客房用的抹布应分开使用

客房清扫使用的抹布必须是专用的，干湿分开；清洁马桶用的抹布与其他抹布分开。根据不同的用途，应选用不同颜色、规格的抹布，以防止抹布的交叉使用。用过后的抹布最好由洗衣房洗涤消毒，以保证清洁的高质量。

5. 不能随便处理房内“垃圾”

清理房内垃圾时，要注意扔掉的瓶、罐必须是空的，而且要确认所扔掉的报纸、杂志一定是客人废弃不用的。否则，不可将这些报纸、杂志随便扔掉或擅自留归已有。

6. 拖鞋摆放在床头柜下

国外的酒店一般在客房不提供拖鞋，但国内酒店通常都将拖鞋作为客房低值易耗品为客人提供。有的酒店将拖鞋摆放在床前、沙发前、写字台下、壁柜里，不容易被客人发现，将其放在床头柜下比较合适，既方便客人，也不影响房内整洁。

7. 房内物品的摆放，要注意将商标面对客人

房间物品的补充要按照酒店规定的品种、数量及摆放要求补足、放好，并注意商标面对客人。

8. 离开房间时，要求服务员打开房内照明灯

服务员打扫完房间离开时，可将房内廊灯开关设到“ON”，这样客人进房后，只要插上钥匙卡（牌），灯就会自动亮起，以免客人晚上进房后在黑暗中摸索，给客人带来不便。台灯、床头灯做夜床时打开。

9. 不能在下午 2 点前打电话要求清理房间

房间的清扫，原则上要在不打扰客人的前提下进行，所以，不能在下午 2 点以前打电话进房，催客人清理房间。特别是不能在客人午休时间打电话，以免影响客人休息。酒店管理人员和服务人员要清楚：对于客人而言，午休比清扫房间重要得多!

10. 注意做好房间检查工作

服务员在做客房卫生时，特别要做好房间的检查工作。除了在抹尘时要检查房内电器设施设备以外，还要检查一下淋浴器、抽水马桶等设施是否好用。发现问题应记入“客房服务员工作日报表”里“备注”一栏；必要时，还要填写“维修通知单”并及时通知工程部进行维修。由客人造成的设施设备的机械损伤，还要由客人负责赔偿。

如果是走客房间，服务员还应检查床上、枕头下、桌面上、抽屉里是否有客人的遗留物品，如钱、手表、录音机、戒指、书、衣物等。如果发现有客人遗留的物品，则应在“工作日报表”上注明遗留物品的名称、发现地点以及发现时遗留物品的状况等事项，并立即上交客房部经理室或总服务台（视酒店不同规定而定）。同时由接收遗留物品的有关人员填写客房“遗留物品登记卡”，然后将遗留物品加以妥善保管。

知识拓展

清洁指南一：

（1）有序清洁，将会最小程度地避免清洁区域的遗留；

（2）门窗关闭，避免灰尘飞扬；

（3）更换和铺好床上用品才进行灰尘清除，否则灰尘会停留在已经清洁好的物体表面；

（4）先清洁高处，再向下进行清洁；

（5）从离门最远的地方开始清洁，背对着门进行；

（6）对清洁工具和清洁剂采用适当的颜色标记。

清洁指南二：

室内日常清洁任务包括：

（1）清除所有的垃圾；

（2）用润布抹桌椅；

（3）清除所有表面的污渍；

（4）清洁电话机；

（5）对地面进行吸尘。

清洁指南三：定期清洁任务

深层清洁只需要定期进行．这些工作需要特别的设备，以便清洁时不影响他人使用该区域：

（1）高空除尘；

（2）地毯清洁；

（3）硬地面保养，如：擦洗、喷磨清洁和落蜡、结晶处理；

（4）墙面和窗户的清洁；

（5）各表面顽固性污渍的清除。

二、酒店客房设施设备的保养

对酒店客房的设施设备保养不善是我国酒店业的一大问题，很多酒店设施设备很豪华，但因为缺乏保养，很难正常运转。对设施设备保养不善不仅会缩短设备的使用周期，还会直接影响对客服务质量，引起客人投诉。因此，客房员工必须掌握各种设施设备的保养知识，养成良好的使用和保养习惯，做好对各类家具、设备的保养工作。

客房设施设备的保养主要在于平时的清洁和计划保养工作能够按规定的操作程序和有关要求顺利进行。

（一）保养的意义

做好客房前期保养和设备前期保养工作，日常维修和紧急维修将会明显减少。我们面临的问题是：怎样从无休止的维修和紧急维修中摆脱出来，有步骤地实施保养计划。

做好客房设施设备的保养工作，不仅能够延长使用寿命，降低经营成本，维持酒店档次，提高客房利用率，增加酒店利润，还可以提高客房服务质量，减少客人投诉，增加客人的满意度。

（二）门窗的保养

在开、关门窗时，平时应养成轻开轻关的习惯，这样不仅可以延长门窗的使用寿命，还能减少干扰，保持客房及楼层的清静。此外，雷雨天以及刮大风时，应关好客房窗户，以免雨水溅入客房，或被大风损坏窗玻璃。

（三）墙面的保养

酒店客房的墙面大都使用墙纸，对墙面经常进行吸尘，可以减少大清洗的次数。对于墙纸的清洁，应用比较干的软布拭抹，如有油污，可用汽油、松节油或不易燃的干洗液去擦，而小块油迹则可用白色吸墨水纸压住，用熨斗熨烫几分钟就能去除。如果需要对墙面进行清洗，则在清洗前用湿布在小快墙纸上擦一下，查看墙面是否掉色或渗色。若掉色或渗色，就表明该墙纸不能水洗，在这种情况下，可试用膏型去污剂清洗。如果墙纸耐水性能好，可用海绵纤维和不加漂白剂的中性合成清洁剂去污，方法是将湿海绵拧一下，使它含有适当水分，擦洗时，随时挤去海绵上的污垢，保持海绵干净，然后再用清洁的水和干净的海绵把墙纸冲洗干净。另外，如发现墙壁潮湿、天花板漏水的现象，应及时报工程部维修，以免墙壁发霉，墙皮脱落，房间漫水。

（四）地毯的清洁与保养

地毯是房间的装饰品。由于客人使用卫生间后，容易将卫生间的水迹带进客房，造成对房内（特别是卫生间门口）地毯的损坏，为了便于对房内地毯的保养，降低客房经营成本，除个别有特殊需要的酒店以外，包括五星级酒店在内的大部分酒店都应考虑只在卧室保留地毯，而在客房卫生间门口用大理石等高级石质装修材料取代地毯。

客房内地毯一般有两种类型：一种是羊毛地毯；另一种是化纤地毯。羊毛地毯高雅华贵，但造价很高，故一般只铺设在豪华客房。而化纤地毯则有易洗涤、色彩丰富和价格低廉的特点，为我国大多数酒店所欢迎。无论哪种地毯，服务员都应采用科学的方法使用和保养，要坚持每天吸尘一次，并对地毯进行定期清洗。地毯上如出现污迹应及时除去，否则，时间一长将很难去除。除污时，要先了解地毯中化学纤维的成分和污渍的性质，然后选用合适的清洁剂清除污迹。

一般说来，酒店应每年清洗一次地毯，清洗地毯的方法有两种，即干洗和湿洗。干洗的方法是将清洁剂均匀地洒在地毯上，然后用长柄刷将清洁剂刷进地毯里，过一小时后，用吸尘器彻底吸尘，地毯即被清洗干净。干洗的优点是：不影响使用；地毯不变形，不缩水；简单易行，不费时。

另一种方法就是水洗（湿洗）。水洗时先将清洁剂溶于水中，然后使用喷水器均匀地将溶液喷洒于地毯表面，再用毛刷刷洗，用抽水机吸去水分。最后，等地毯完全干了以后，再彻底吸尘，这种清洗方法的优点是洗得干净、彻底，缺点是工序复杂、费时。一般来说，比较脏的羊毛地毯采用这种方法清洗比较好，但要注意，无论哪种方法，都要选用不损坏地毯纤维的清洁剂。

另外，要注意在一些重要通道，如建筑物入口、近楼梯的地方以及客房卫生间门口等放置尘垫，防止污物进入地毯组织；同时，要注意经常将地毯使用的位置转移，使磨损的地方变得均匀。

（五）客房家具清洁保养

1. 床的清洁保养

床架各部分的活动走轮和定向轮由于使用频繁，一旦出现脱落或破损，应及时报修和更换。

2. 床垫的清洁保养

（1）加铺一床保护垫在床垫上，褥垫脏了更换即可；

（2）定期翻转床垫，使床垫各处压力和磨损相同，避免凸凹或倾斜；

（3）经常检查床垫弹簧的“固定钮”是否脱落，及时报修；

（4）床垫四周边缝里有积尘，及时用小扫帚清除；

（5）在客房使用率低时，用吸尘器清洁床垫。

3. 沙发的清洁保养

（1）沙发表面有污点时，及时用清洁剂去迹；

（2）经常翻转沙发坐垫，以保证坐垫受力均匀；

（3）经常对沙发吸尘，保持清洁；

（4）不在沙发坐垫上踩跳，避免损坏内部弹簧。

4. 木质家具的清洁保养

（1）防潮。

家具放置距离墙面 5 ~ 10 厘米，经常通风换气，平时不要把受潮的物品，如毛巾、衣服等搭放在木质家具上，擦拭家具的抹布不能带水，使用软质干抹布。

（2）防水。

家具上有水迹要立即擦干，若沾上难以擦拭的污迹，可用抹布蘸少许多功能清洁剂或少许牙膏擦拭，然后用湿润的抹布去除。

（3）防热。

木质家具受阳光暴晒容易收缩，所以要避免烈日暴晒。

（4）防虫蛀。

在壁柜、抽屉底层放置防虫香或喷洒防虫剂，以防虫蛀。竹制家具可用花椒水擦防止虫蛀。

（5）定期打蜡上光。

木质家具使用时间较长会失去光泽，因此必须定期打蜡上光。将蜡倒些在家具表面或布上擦拭一遍，约 15 分钟后重复一遍。第一遍在家具表面形成一层保护层，第二遍即可达到上光的效果。

（六）客房电器设备的清洁保养

1. 电冰箱的清洁保养

放置在通风干燥、温度适中的地方，其背面和侧面距离墙壁 10 厘米以上，保证空气对流便于散热，经常清洗门封胶边，干抹布擦拭外表，定期清理内部，避免积存污物，滋生细菌。

2. 电视机的清洁保养

避免安装在光线直接照射的位置，切记暴晒，也不能放在潮湿的地方，要防酸、碱气体侵蚀，以免引起金属件生锈。雨季要每天通电使用一段时间，利用自身工作散热驱潮。干布擦去机身外壳灰尘，避免经常搬动。

3. 空调的清洁保养

定期对鼓风机和导管进行清扫，每隔 2 ~3 个月清洗一次进风过滤网，以保证通风流畅，电动轴承转动部分要定期加注润滑油。

（七）卫生设施及设备的保养

1. 卫生设施的保养

卫生设施要勤擦洗，对于洗脸盆、浴缸、马桶等设施，在擦洗时既要使其清洁，又要防止破坏其表面光泽，因此，一般选用中性清洁剂。切记不能用强酸或强碱。强酸或强碱性质的清洁剂不但会破坏釉面光泽、对釉质造成损伤，还会腐蚀下水管道。对浴缸、洗脸盆、马桶等卫生设施的保养，还应特别注意要防止水龙头或淋浴喷头滴、漏水，如发生类似现象，应及时报工程部维修，否则，久而久之，会使卫生洁具发黄，难以清洁。

2. 客房清洁设备的保养

对客房清洁设备的保养要做好以下工作：

（1）使用人员必须了解和掌握客房清洁设备的操作要求，并严格按操作要求使用；

（2）所有客房清洁设备在使用后都应进行全面的清洁和必要的养护；

（3）客房清洁设备使用前后都应检查其完好状况，发现问题要及时处理；

（4）要有良好的存放条件，并按要求摆放，此外，还要有供存放所有附件的柜子、抽屉、架子和挂钩等。

3. 吸尘器的保养

吸尘器的使用和保养要注意以下要点：

（1）检查各部件的连接是否严密，如有漏风的地方要及时修理；

（2）检查有无漏电现象，防止发生危险；

（3）吸尘器在使用时，要避免吸入硬物或尖锐的东西，以免蓄尘袋破裂、喉管堵塞或机件失灵，另外，也要防止吸入大片纸张、布片、棉花团等物，以防堵塞吸管和吸头；

（4）将电源插头拔下前，要先把吸尘器开关关掉；

（5）避免让吸尘器在电线上压过；

（6）吸尘器使用完毕后要定期清理蓄尘袋，弄干净刷子和吸尘器的外壳，否则不仅不卫生，还会影响吸尘器正常工作，严重的还会使吸尘器停止工作，甚至会烧掉电源。

（八）织物的保养

客房部的织物包括：客房枕巾、面巾、脚巾、手巾、浴巾、澡巾以及床单等各类布草。布草的保养要注意以下几点。

（1）要教育客房服务员严格按操作规程办事，现代化酒店一般要求服务员在清扫客房及卫生间设施时使用专用的清扫用具。以卫生间为例，马桶、面池及浴缸都有各自的专用抹布，但为了方便起见，在一些管理不善的饭店里，有些服务员常常使用客房内撤下的毛巾甚至床单来擦洗卫生设施、设备。他们以为反正这些布草都要送洗衣房洗涤，所以有一种“不擦白不擦”的思想，有的甚至使用床单擦皮鞋。岂不知这样做危害极大，首先，减少了布草正常的使用年限；其次，使布草沾上各种不同性质、不同颜色的污迹，不易或根本无法洗涤干净，因而也就不能再次投入使用。

（2）换下来的脏布草最好要用专用的袋子装好送洗，不要乱堆乱放，或在脚下踩来踩去，更不要用床单包起来在地板上或水泥地上牵拖送洗。否则，不但会磨损床单，而且布草织物还会与水泥摩擦起反应，所生成的碳酸物无法清除。

（3）撤换下来的棉织品，干燥的与潮湿的最好能分开放置，潮湿的应及时洗涤，否则容易生霉变质，不但影响使用期限，而且洗出来的效果也不好。

除上述要求以外，棉质品在使用和保管时应注意防潮、防闷热、防虫蛀、防日晒、防灰尘和防酸碱，它们都会在不同程度上影响织物的寿命与质量。

第三节　客房的计划卫生组织与管理

一、客房计划卫生概述

（一）客房计划卫生的概念

客房的计划卫生是指在日常客房清洁的基础上，拟定一个周期性清洁计划，针对客房中平时不易或不必进行清洁的项目，采取定期循环的方式做彻底的清洁保养工作的客房卫生管理制度。

客房服务员每天的清洁整理工作的工作量一般都比较大。为了坚持清洁卫生的质量标准，使客人不仅对客房那些易接触部位的卫生感到满意，而且要对客房的每一处卫生都放心，同时又不致造成人力浪费或时间的紧张，客房部必须通过定期对清洁卫生的死角或容易忽视的部位进行彻底的清扫整理，以保证客房内外环境的卫生质量。

（二）客房计划卫生的项目和清洁周期

客房清洁时，有些项目是每天都要进行的工作，如床铺的整理、地毯的除尘、写字台的干擦等，而有些项目是隔一段时间才进行的工作，如翻转被褥、换床罩、除污、维修等。客房部管理人员需根据酒店设备设施的配备情况、清洁保养的要求和客房出租率等情况，确定客房专项清洁保养的项目。

这些专项清洁保养的实施间隔有的是周期性的，有的则是不定期的，由客房部按照每周、月、季度、半年、全年等不同时间周期安排出具体的专项计划卫生时间表。通常，每周、月、季度和半年的计划卫生由部门主管安排，由领班协助落实并分配到个人，并进行逐项检查；全年计划由部门经理安排，由主管协助落实并分配到领班。表7－3是某酒店楼层计划卫生项目及清洁周期安排。

表7－3　酒店楼层计划卫生项目及清洁周期安排

序号	项目	周期(天)	标准
1	客房墙面清洁	7	可用抹布沾稀释的清洁剂擦拭污迹
2	电话消毒	7	清洁剂、酒精不要滴入电话内
3	卫生间灯具清洁	7	注意对灯具的水迹与小垃圾的清除
4	客房玻璃窗(内)清洁	15	清洁干净明亮,注意安全
5	客房窗帘架清洁	15	清洁、无污渍、无蜘蛛网、注意安全
6	客房床底清洁	15	清洗地面,日常清除床底垃圾
7	分体空调清洁	15	注意安全
8	卫生间顶面、墙面清洁	15	注意对墙砖缝的清洁
9	卫生间排风口清洁	15	注意对排风效果的检查
10	清洁电线与电源座	15	要在断电的情况下进行清洁
11	客房玻璃窗(外)清洁	30	清洁干净明亮,注意安全
12	客房顶面清洁	30	清洁、无污迹、无蜘蛛网
13	客房床垫清洁	30	铺床时同时进行
14	客房顶灯和壁灯清洁	30	明亮、无灰,灯罩内没有垃圾

续表

序号	项目	周期(天)	标准
15	分体空调过滤网清洁	30	清洗、晾干后可放回
16	卫生间地漏喷药消毒去味	30	经常往地漏里浇灌热水
17	马桶水箱清洁	30	将水箱盖放置在安全的地方
18	浴帘清洁	30	按客房数备用5%浴帘,每月循环清洁一次
19	客房窗帘清洗	90	注意安全,保管好窗帘挂钩
20	客房家具打蜡保养	90	将家具蜡均匀喷洒在抹布上,擦拭家具
21	客房床垫翻转周期	90	做好床垫标记,每季度第一月完成
22	卫生间金属饰面上光保养	90	不能用带钢丝的百洁布擦拭
23	客房地毯清洁保养	90	发现污迹及时清洁,严重污迹要做去迹处理

资料来源：北京S酒店。

二、客房计划卫生具体实施细则

（一）日常计划卫生

地毯局部污渍处理—壁纸脏迹处理—浴帘更换—防滑垫清洁—检查洗发水、沐浴露等

（二）周计划卫生

1. 马桶水箱清洁

（1）将马桶水箱盖放于脸盆台面上；

（2）用刷子刷内壁及水箱底部，必要是用全能清洁剂，然后放水冲刷；

（3）小心刷洗，不要损坏内部机件。

2. 电话消毒

（1）准备白色抹布和酒精；

（2）将酒精倒少许在抹布上，擦拭话筒及话机。

3. 冰箱除霜

将冰箱温度档调到“0”处，四小时后冰霜融化，用干抹布将水擦拭干净，将饮料按顺序归位。

4. 卫生间地面、地漏、马桶底座

5. 家具上蜡

将家具蜡喷在抹布上，擦拭家具表面，使之均匀。

6. 地漏喷药

（三）月计划卫生

1. 卫生间排风扇
2. 空调出风口及回风口
3. 窗槽、窗框、窗玻璃
4. 家具移位，床底地毯吸尘
5. 筒灯、灯具的灯口，电器的电线
6. 顶棚盖板
7. 家具后面、沙发边角地毯吸尘，地脚线抹尘
8. 热水壶

将热水壶撤到工作间操作，用去锈灵倒置水壶 1/3 处，盖上壶盖使劲晃动，使壶内液体充分作用，倒出后用清水反复冲刷直到无异味为止，注意壶底不要沾水。

9. 冰箱清洁

（四）季度计划卫生

1. 床垫翻转每个季度第一个星期一完成

翻转顺序为：

第一季度床尾右侧 W 字样；

第二季度将床垫从右面向左翻转 180 度，床尾左侧 M 字样；

第三季度将床垫从床头向床尾翻转 180 度，床头左侧 W 字样；

第四季度将床垫从左向右翻转 180 度，床头右侧 M 字样。

每季度按此顺序重复循环交替。

2. 床裙拆洗，将床裙撤出送洗衣房洗涤、熨烫
3. 根据地毯颜色深浅，污染程度进行地毯干洗
4. 壁纸吸尘

（五）半年计划卫生

1. 纱帘拆洗
2. 护垫拆洗
3. 沙发清洗

（六）年度计划卫生

1. 厚窗帘清洗
2. 地毯抽洗

三、客房计划卫生组织与管理

（一）客房的计划卫生有三种组织方式：

1. 客房服务员每天大扫除一间客房

例如，要求客房清洁工在她所负责的 14 间客房中，每天彻底大扫除 1 间客房，14 天即可对她所负责的所有客房做一次计划卫生。

2. 规定每天对客房的某一区域进行彻底的大扫除

除日常的清扫整理工作外，可规定客房清洁工每天对客房的某一部位进行彻底清洁。这样，经过若干天对不同部位和区域的彻底清扫，也可以完成全部房间的大扫除。

3. 季节性大扫除或年度大扫除

集中在淡季对所有客房分楼层进行全面大扫除，一个楼层通常要进行一个星期。必要时，可请前厅部对该楼层实行封房，并与工程部联系，请维修人员利用此时对设备进行定期的检查和维修保养。

在实践中，以上三种计划卫生的组织方式可配合使用。

（二）客房计划卫生的管理

1. 客房计划卫生的安排

客房管理人员可将客房的周期性清洁卫生计划表贴在楼层工作间的告示栏内或门背后；也可由楼层领班在服务员做房报告表上每天写上计划卫生的项目，督促服务员完成当天的计划卫生任务。

2. 客房计划卫生的检查

服务员每完成一个项目或房间后即在“客房周期清洁表”中填上房号、完成的日期和本人的签名。领班等管理人员可根据此表予以检查，以保证计划的落实和卫生质量。

3. 计划卫生的安全问题

客房的计划卫生中，有不少清扫的地方是需要高空作业的，如通风口、玻璃窗、天花板等。因此，在做计划卫生时，一定要要求和提醒员工特别注意安全，防止出现各种工伤事故。清扫天花板、墙角、通风口、窗帘盒或其他高处物体时，要用脚手架或使用凳子；站在窗台上擦外层玻璃要系好安全带。

此外，在做计划卫生时，还应注意选择合适的清洁剂和清洁工具，以便提高工作效率，确保清洁卫生质量，防止因清洁剂和清洁工具的选择和使用不当而损坏家具设备。

第四节　公共区域的清洁保养

公共区城清洁卫生工作的好坏，常常是客人评价一家酒店服务质量和酒店水准的一个重要因素，特别是公共洗手间，它不仅是反映酒店卫生状况的一面镜子，而且常常是一些专家评价一家酒店卫生状况和档次的重要指标。“要了解一家酒店的卫生状况和档次，看它的公共洗手间就行了!”酒店公共区域的清洁卫生工作通常由客房部的公卫班组负责，这样组织的好处在于能够使清扫工作专业化，提高劳动效率和工作质量。为了保持公共区域的清洁卫生，这项工作有时每天要进行数次，如厕所的冲洗、大堂的保洁以及烟灰缸的清洁、家具的复位等。

一、公共区域的范围

凡是酒店内公众共同享有的活动区域通称为公共区域。酒店的公共区域可划分为室内部分和室外部分。室外公共区域是指酒店的外围区域，包括酒店的外墙、花园、前后大门等。室内公共区域又划为前台区域和后台区域两部分。其中，前台部分通常指专供宾客活动的场所。如大堂（Lobby）、总服务台（General Service Desk）、电梯（Elevator）、楼梯（Stair-way）、休息室（Lounge）、康乐中心（Entertainment Centre）、游泳池（Swimming Pool）、餐厅（不包括厨房）（Dining Room）、会议室（Meeting Room）、舞厅（Ball Room）、公共洗手间（WC）等。后台部分通常指为酒店员工设计的生活区域。如员工休息室、员工更衣室、员工餐厅、员工娱乐室、员工公寓等。

二、酒店公共区域清洁与保养的特点

（一）人员流量大，清洁工作不太方便

公共区域的人员流量非常大，客人活动频繁，这给该区域的清洁保养工作带来不便和困难。为了便于清洁和减少对来往人员的干扰，公共区域的清洁工作尽量都安排在人员活动较少的时间段并划分地段分段进行，特别是客用区域，大量的清洁工作被安排在夜班完成。

（二）涉及范围广，造成影响大

公共区域清洁卫生的范围涉及酒店的每一个角落，既包括外围的外墙、花园、前后大门、通道等，也包括室内的大厅、休息室、餐厅、娱乐场所、公共洗手间、电梯、行政办公室、员工休息室、更衣室、餐厅、员工公寓以及所有的下水道、排水排污管道和垃圾房等。公共区域的清洁卫生状况被每一位经过和进入酒店的客人及非客人所感知、所传扬，对酒店形象有较大的影响。

（三）项目繁杂，专业、技术性强

公共区域清洁卫生工作不仅涉及面很广，而且在不同的地点、针对不同的清洁对象，有不同的清洁标准和清洁方法，需要使用不同的清洁剂，所以其清洁卫生项目繁杂琐碎。如地面、墙面、天花板、门窗、灯具的清洁，公共卫生间的清扫、绿化布置、除虫防害等。各类清洁工作具有各自的专业性和技术性，对工作人员提出了较高的要求。

三、公共区域清洁保养的内容

（一）大堂的清洁

大堂是酒店客人来往最多的地方，是饭店的门面，往往会给客人留下第一印象。因此，这里的卫生工作显得非常重要。大堂的清洁卫生工作主要在清晨或深夜进行，白天进行维护和保持。

1. 大堂地面的清洁

（1）每天晚上应对大堂地面进行彻底清扫或抛光，并按计划定期打蜡。打

蜡时应注意分区进行，打蜡区城应有标示牌，以防客人滑倒。

（2）白天用拖把循环迂回拖擦、维护地面清洁、保持光亮。拖擦地面时应按一定的路线进行，不得遗漏。每到一个方向的尽头时，应将附着在拖把上的灰尘抖干净再继续拖擦。

（3）操作过程中应根据实际情况，适当避开客人或客人聚集区，待客人散开后，再进行补拖。遇到客人，要请客人原谅，说声“对不起（Excuse me）”。

（4）客人进出频繁的门口、梯口等容易脏的地面要重点拖，并适时增加拖擦次数，确保整个地面的清洁。

（5）如在拖擦过程中遇有纸屑杂物，应将其堆在角落集中，然后用清扫工具将其收集起来妥当处理。

（6）遇有雨雪天气，要在大堂入口处放置伞架和脚垫，并竖立防滑告示牌，同时注意增加拖擦次数，以防客人滑倒。此外，还要根据实际情况，适时更换脚踏垫。

2. 扶梯、电梯清洁

对大堂扶梯、电梯的清洁保养主要在夜间进行，白天只对其进行清洁维护，保持干净整洁。

（1）夜间对大堂内扶梯和电梯进行彻底清洁，如有观景电梯则应特别注意其玻璃厢的清洁，确保其光亮无指印、无污迹。

（2）夜间应注意更换电梯内的星期地毯，并对地毯或梯内地面进行彻底清洁。

（3）擦亮扶梯扶手、挡杆玻璃护挡，使其无尘、无手指印，如不是自动扶梯，还应对楼梯台阶上的地毯铜条进行擦抹，并使用铜油将其擦亮。

3. 大堂家具清洁

（1）夜间对大堂内所有家具、台面、烟具、灯具、标牌等进行清洁打扫，使之无尘无污渍，保持光亮，并对公用电话进行消毒、擦净，使之无异味。

（2）白天对家具等进行循环擦抹，确保干净无灰尘。

（3）及时倾倒并擦净立式烟筒，烟缸内的烟蒂不得超过 3 个。更换烟缸时，应先将干净的烟缸盖在脏的上面一起撤下，然后换上干净烟缸。

（4）随时注意茶几、地面上的纸屑杂物，一经发现，应及时清理。

4. 铜器上光

除了对大堂的上述区域和设施进行消洁以外，还应对大堂等公共区域的铜器进行上光保养。上光时，可准备好两块干净的软抹布及适量铜油，先用一块抹布抹去铜器上的灰尘和手印，然后将铜油洒在另外一块抹布上。接着用蘸有铜油的抹布轻轻地在铜器反复擦拭，直至擦得又黄又亮即可。

（二）酒店门庭清洁

（1）夜间对饭店大门口庭院进行清扫冲洗，遇有雨雪天气应适时增加冲洗次数。

（2）夜间对停车场或地下停车场进行彻底清扫，对油迹、脏渍应及时清洁，并注意定期重新画清停车线及检查路标的清洁状况。

（3）夜间对门口的标牌、墙面、门窗及台阶进行全面清洁、擦洗，使其始终以光洁明亮的面貌迎接客人。

（4）白天对玻璃门窗的浮灰、指印和污渍进行抹擦，尤其是大门玻璃的清洁应经常进行。

（三）餐厅、酒吧、宴会厅的清洁

餐厅、酒吧和宴会厅是客人的饮食场所，因此，卫生工作尤为重要。餐厅的清洁工作主要是在餐厅营业结束后，做好对地毯的吸尘和对家具、电话等的擦拭、除尘工作，对于地毯上的污迹应及时予以清洁。对于宴会厅而言，面积较大，一次就要接待数百人，人多步杂，每次使用后都要彻底清扫，主要进行以下工作：

（1）地毯吸尘。

（2）清扫板壁上的鞋印、指印及客人张贴的画和其他饰物。

（3）清扫大厅吊灯。这是一项需要定期进行的工作。这项工作花时费工，常常需要搭脚手架。要将每一拼件洗净抹干（灯泡坏了要更换），因此，需要一定的耐心。

（4）每月一次的通风口除尘。

此外，餐厅、酒吧、宴会厅或其他饮食场所，常常会有苍蝇出现（尤其是在夏季）。PA 服务员应随时或定期喷洒杀虫剂，防止蚊蝇滋生。

（四）公共洗手间的清洁

（1）按顺序擦净面盆、水龙头、台面、镜面，并擦亮所有金属镀件；

（2）用清洁剂清洁马桶及便池；

（3）擦坐厕内的门、窗、隔挡及瓷砖墙面；

（4）拖净地面、保持无水渍、无脏印；

（5）喷洒适量空气清新剂，保持室内清新，无异味；

（6）洗手台上摆放鲜花；

（7）按要求配备好卷纸、卫生袋、香皂、擦手纸、衣刷等用品；

（8）检查皂液器、自动烘手器等设备的完好状况。

（五）其他区域的清洁卫生

除了做好上述前台区域的清洁卫生工作以外，还应做好酒店后台区域的卫生工作，特别是员工食堂、服务通道等的卫生。这些场所的卫生状况对员工的思想和精神状况，乃至对酒店的服务质量有重要影响。有些酒店把卫生工作的重点放在接待顾客的餐厅里，而对员工食堂的卫生情况、饭菜质量不予以重视，结果在寄生虫容易滋生的夏季，同时也是旅游旺季，由于食堂卫生不过关，使很多员工病倒，致使酒店连正常的接待工作也难以进行，更不用说提高服务质量了，这种教训是一定要吸取的。员工通道的卫生也常常被忽视，饭店正门前客人进出的通道一般打扫得比较干净，而员工通道则是另一个天地。有的酒店通往酒店大楼的员工通道甚至连水泥地面都没铺，一遇到雨天，员工便不得不踩着泥泞的路，拖着沉重的步伐走向酒店的各个岗位，致使楼道地毯上沾满泥巴，这样不但影响卫生，而且会使地毯严重受损。

（六）绿化布置及清洁养护

1. 绿化布置

（1）对客人进出场所的绿化花草按要求进行布置，安排摆放位置；

（2）根据规定的调换时间，定期调换各种花卉盆景，给客人一种时看时新的感觉；

（3）重大任务前，如接待贵宾或举行圣诞晚会，则要根据酒店的通知进行重点绿化布置；

（4）接到贵宾入住通知单，应根据客人等级和布置要求，准备好摆放鲜花，按房号送至楼面交服务员，切勿摆放客人所忌讳的花卉；

2. 清洁养护程序

（1）每天从指定的地点开始，按顺序检查、清洁、养护全部花卉盆景；

（2）拣去花盆内的烟蒂杂物，擦净叶面枝干上的浮灰，保持叶色翠绿、花卉鲜艳；

（3）对喷水池内的假山、花草进行清洁养护，对池内水中的杂物要及时消除并定期换水；

（4）发现花草有枯萎现象，应及时剪除、调换，并修理整齐；

（5）定时给花卉盆景浇水，操作时溅出的水滴及弄脏的地面应用随身携带的抹布擦干净；

（6）对于庭院内的树木花草应定期进行修剪整理和喷药灭虫，花卉盆景应按时调换；

（7）养护和清洁绿化区时，应注意不影响客人的正常活动，遇到客人礼貌问好。

知识拓展

客房部公共区域清洁计划总表

位置	项　目	方式	清洁周期	位置	项目	方式	清洁周期
大堂区域	天花			中餐厅	天花		
	高空平台				高空平台		
	电梯地面				包房卫生间地面		
	前台理石				吧台理石		
	顶灯				顶灯		
	空调风口				空调风口		
	风口木质包边				风口木质包边		
	高处玻璃				扶手玻璃		
	地毯				包房和走廊地毯		
	理石地面				包房软包		
	理石墙面上光				理石墙面上光		
	堂吧窗帘				堂吧窗帘		
	窗户边槽				窗户边槽		
	漆质墙面				漆质墙面		
					红色线穗		
外围	雨棚				中餐入口雨棚		
	花园水池				入口理石台阶		
	石子小路				入口理石地面		
	古典棱柱				入口吊灯		
	窗户、窗槽				沙发、凳子		
	草坪				理石桌面		
	灯柱						
	车道			员工后区	顶灯		
					空调风口		
西餐厅	顶棚				地面		
	顶灯				楼梯大清		
	不锈钢墙面				办公室地面		
	理石墙面				窗户、窗槽		
	沙发、凳子				卫生间地面		
	理石地面				员工电梯间		
	窗帘				木质办公家具		
	空调风口				工作间		
	窗户、窗槽				管井机房		
	镜面不锈钢						

资料来源：北京S酒店.

第五节 客房卫生质量控制管理

客房部的首要任务是生产干净、卫生、舒适的客房，客人对酒店产品的需求主要表现在食、宿两个方面，无论是食还是宿，他们都有很高的卫生要求，从心理学的角度来看，整洁、卫生的酒店客房可以给客人一种安全感和舒适感，因此，搞好卫生管理对于提高客房产品质量、满足客人需要具有头等重要的意义。

搞好客房清洁质量的控制要从以下几个方面入手：

一、强化员工的卫生意识

搞好卫生管理，首先要求服务员及管理人员要有卫生意识，对于卫生工作的重要性要有足够的认识，为此必须经常强调和考核。此外，还要求管理人员及服务人员注意个人卫生。可以想象，一位不修边幅、不洗衬衣的领班要求服务员搞好卫生，只能称为“天方夜谭”，同样，对于一位不勤剪指甲、不常洗澡的服务员来说，要他搞好客房卫生，也是不可能的。

其次，强化员工的卫生意识还要求客房员工要对涉外星级酒店的卫生标准有足够的认识，不能以自己日常的卫生标准作为酒店的卫生标准，酒店的卫生标准要与国际标准接轨，否则，很可能将国际旅游者正常的卫生要求视为“洁癖”。

二、制定卫生工作的操作程序和卫生标准

要搞好客房卫生，还应制定一些服务规程、操作程序和卫生标准，这是确保客房清洁卫生的基础，也是对客房清扫员的工作进行考核和监督的依据。

在制定操作程序和卫生标准时，要注意体现两个原则：一是要依据酒店的档次确定。酒店的档次不同，其清扫标准和服务规格应当有所区别；二是“双方便”原则，即方便客人和方便员工操作。

三、严格检查制度

（一）建立客房的逐级检查制度

检查客房又称查房，质检是产品质量控制的重要一环，其核心是发现问题。客房的逐级检查制度主要是指对客房的清洁卫生质量检查实行领班、主管及部门经理三级责任制，也包括服务员的自查和上级的抽查。实行严格的逐级检查制度，是确保清洁质量的有效方法。

1. 服务员自查

要求服务员每整理完一间客房，要对客房的清洁卫生状况、物品的摆放和设备家具是否需要维修等进行检查。通过服务员自查，不仅可以提高客房的合格率，还可以加强服务员的责任心和检查意识，同时减轻领班查房的工作量。

不过，服务员自查的重点是客房设施设备是否好用、正常，客用品是否按规定的标准、数量摆放。自查的方式是边擦拭灰尘边检查。此外，在清扫完房间准备关门前，还应对整个房间进行一次回顾式检查。

2. 领班普查

领班检查是服务员自查之后的第一关，常常也是最后一道关。因为领班负责OK房的报告，总台据此就可以将该客房向客人出租，客房部必须加强领班的监督职能，让其从事专职的客房某楼面的检查和协调工作。有的酒店既让楼层领班担负客房清扫的检查工作，又给规定一定数量的客房清扫任务，这是不合理和不科学的（在个别情况下，如用房紧张或人手不够时，领班帮忙清扫客房则另当别论），会影响其检查职能的发挥。

（1）领班查房的作用。领班查房不仅可以拾遗补漏，控制客房卫生质量，确保每间客房都属于可供出租的合格产品，还可以起到现场监督作用和对服务员（特别是新员工）的在职培训作用。

领班查房时，对服务员清扫客房的漏项、错误和卫生不达标情况，应出具返工单，令其返工。

（2）领班查房的数量。领班查房数量因酒店建筑结构（每层楼客房数的多少）、客房检查项目以及酒店规定的领班职责的不同而有所不同。一般而言，日班领班应负责约80间客房的工作区域的房间检查工作（负责带5~7个服务员）；而夜班领班的查房数量一般为日班领班数量的2倍，要负责约160间客房的工作区域。需要说明的是，上述工作量标准基本上是满负荷的，有些偏大，酒店对领班的工作定额一般不应超过上述标准。

日班领班原则上应对其所负责的全部房间进行普查，但对优秀员工所负责清扫的房间可以只进行抽查，甚至“免检”，以示鞭策、鼓励和信任。

（3）领班查房的顺序。一般情况下，领班查房时应按环形路线顺序查房，发现问题及时记录和解决。但对下列房间应优先检查：①首先检查那些已列入预订出租的房间；②尽快对每一间整理完毕的走客房进行检查，合格后尽快向总台报告；③检查每一间空房和 VIP 房；④检查维修房，了解维修进度和家具设备状况；⑤检查每一间外宿房并报告总台。

3. 主管抽查

楼层主管是客房清洁卫生任务的主要指挥者。加强服务现场的督导和检查，是楼层主管的主要职责之一。

主管检查的方式是抽查。抽查的好处在于这种检查事先并未通知，是一种“突然袭击”，所以检查的结果往往比较真实。

主管抽查的意义在于：检查督促领班工作，促使领班扎扎实实地做好工作；进一步保证客房卫生质量；确保客房部经理管理方案的落实；为客房部管理收集信息。

楼层主管对客房清洁卫生质量进行抽查的数量一般可控制在 20 个房间左右。

（1）检查的内容。主管主要检查领班实际完成的查房数量和质量，抽查领班查过的房间，以观察其是否贯彻了上级的管理意图，以及领班掌握检查标准和项目的宽严尺度是否得当。主管在抽查客房卫生的同时，还应对客房楼层公共区域的清洁状况、员工的劳动纪律、礼节礼貌、服务规范等进行检查，确保所管辖区域的正常运转。

（2）检查的重点。主管检查的重点是：①检查每一间 VIP 房；②检查每一间维修房，促使其尽快投入使用。③抽查长住房、住人房和计划卫生的大清洁房。

4. 经理抽查

楼层清洁卫生工作是客房部工作的主体。客房部经理也应拿出 1/2 以上时间到楼面巡视和抽查客房的清洁卫生质量。这对于掌握员工的工作状况、改进管理方法、修订操作标准，更多地了解客人意见，具有十分重要的意义。

经理抽查房间应每天保持一定的数量，应特别注意对 VIP 房的检查。

客房的逐级检查制度应一级比一级严，所以，经理的查房要高标准、严要求，亦即被称为“白手套”式的检查。经理的检查宜不定期、不定时进行，检查的重点是房间清洁卫生的整体效果，服务员工作的整体水平如何，以及是否体现了自己的管理意图。

5. 总经理抽查

酒店总经理要控制客房的卫生和服务质量，也必须充分运用检查这一手段。

检查的方式为不定期、不定时，或亲自抽查，或委派大堂副理、值班经理代表自己进行抽查，以获得客房部管理水平和服务质量信息，激励客房部经理的工作。

6. 其他检查方式

除了上述方式以外，酒店还可以组织其他方式的检查，包括：

（1）定期检查。定期检查是一种有计划的公开检查，一般事先有布置，有明确的检查时间和检查内容。目的是制造声势，创造气氛，促进工作。酒店对客房的定期检查，一般由总经理办公室主任、质检部经理、工程部经理、客房部经理、前厅部经理及大堂副理组成检查小组，由总经理或住店经理带领，每月定期对客房清洁卫生进行检查，或选择重要任务来临前进行检查。

（2）邀请第三者检查。酒店还可聘请店外专家、同行、住店客人等，检查客房的清洁卫生质量乃至整个酒店的服务质量。这种检查看问题比较客观，能发现一些酒店管理者自己不易觉察的问题，有利于找到问题的症结。

（二）客房检查的内容和标准

酒店应建立完善的客房检查体系，应严格检查制度，这是搞好客房卫生、确保客房产品质量的关键。建立客房的逐级检查制度，按照客房检查的内容和标准实施检查。检查房间时，除了检查房间整理、擦洗是否干净、合乎要求，用品配备是否齐全等卫生情况以外，还要检查客房设施设备及各类机器的完好情况，具体检查项目和内容如表 7－4 所示。

表 7－4　　客房检查的内容和标准一览

项目		内容和标准
（一）卧室	门	(1)是否擦洗干净,把手上有无污迹; (2)门转动是否灵活,有无吱呀声; (3)房间号码是否清楚,窥镜、安全链是否好用、安全; (4)门锁后是否挂有“请勿打扰”(请速打扫)牌; (5)门后磁吸是否起作用
	壁柜	(1)有无灰尘,衣架及衣架杆是否有积尘; (2)门轨有无损坏,柜门是否好开; (3)衣架、衣刷、鞋刷以及洗衣袋、洗衣清单是否配备齐全; (4)柜内的自动开关电灯是否正常
	天花板	(1)有无蜘蛛网; (2)有无裂纹和小水泡(如有则说明天花板漏雨,应及时报修);

续表

项目		内容和标准
(一)卧室	墙壁	(1)墙纸有无不洁或脱落之处; (2)墙上挂的画是否摆正,有无灰尘
	灯	(1)天花板灯、台灯及壁灯等灯具有无落灰; (2)开关是否完好
	窗户	(1)窗框、窗台有无灰尘,窗玻璃是否已擦干净; (2)窗帘有无破损,是否干净,窗帘轨、钩是否完好
	空调	(1)运转是否正常; (2)开关上有无污迹
	床	(1)床铺得是否匀称、平展; (2)床罩、床单、毛毯、枕套、床头板及床架是否干净; (3)床脚是否稳固
	床头柜	(1)有无灰尘; (2)音响、灯光以及电视等开关是否好用; (3)叫醒钟是否准时,电话机是否正常、干净; (4)台面上有无放置禁止在床上吸烟的卡片
	茶几	(5)茶几部位是否擦净,烟灰缸是否干净; (6)火柴、茶叶有无配备,茶杯是否干净、足数; (7)冷热水是否备好
	写字台	(1)桌椅及沙发部位有无灰尘,抽屉内外是否干净; (2)文件夹内的欢迎词、征求意见表、电报纸、酒店简介、疏散图、明信片、信封、信纸、圆珠笔等是否配齐; (3)电话号码簿以及电视节目单等是否按规定放置
	电视机	(1)荧光屏、外壳及电视机架是否干净; (2)音响是否良好,图像是否清晰、稳定
	电冰箱	(1)内外是否干净,工作是否正常; (2)饮料是否按规定配齐,是否已备好饮料签单及开瓶器
	行李架	是否干净、稳固
	垃圾桶	垃圾是否处理,桶内外是否已清洗干净
	地毯	是否干净,有无污迹或破损

续表

项目	内容和标准	
(二)卫生间	门	门锁是否清洁,正常
	灯	(1)天花板灯、镜灯有无落灰 (2)开关、插头是否好用,有无损坏
	地板	是否清洁并打蜡
	墙壁	瓷砖是否干净,有无破损
	浴缸	(1)缸内是否擦洗干净,有无污迹或毛发 (2)冷、热水龙头及浴缸放水用塞子是否正常(由服务员检查)
	淋浴帘	(1)是否干净,有无异味 (2)杆、钩是否好用
	毛巾架	是否牢固、干净
	抽水马桶	(1)是否消毒、有无封条、有无异味 (2)马桶盖、坐圈及桶内外是否刷洗干净
	垃圾桶	垃圾有无处理,桶内外是否已清洗干净
	洗面池	内、外侧有无污迹、水珠
	化妆台	台面是否落灰,镜面有无污迹或水珠
	排风口	是否干净
	用品配备	毛巾、脸巾、脚巾、浴巾、洗澡巾、香皂、卫生纸、卫生帽、浴帽、牙刷、牙膏、漱口杯、刀片盒等卫生用品是否配备齐全并按规定位置放置

以上是房间检查时的内容和项目。特别对于楼层领班而言，一定要严格检查制度，把好卫生工作的最后一关，卫生不合格的客房要重做。

四、提升酒店客房卫生质量的举措

（一）酒店客房员工和清洁物资需供应充分

1. 注重系统培训，制定全面的培训计划

注重员工的客房清洁流程培训，包括安全须知、客房清洁要素、客房清洁总体流程、浴室清洁总体流程、杯具清洁消毒流程和其他特别处理流程（地毯去渍、地毯口香糖处理、呕吐物处理、霉菌控制、五金件保养等）。一般酒店培训都是老员工带新员工，新员工对很多药剂和工具的正确使用方法都没有完全掌

握。固定抽出几天时间培训这件事的可行性相对较小，所以更要充分利用碎片时间对员工进行培训，例如，每天的早会时间。早会一般都是对前一天的总结，提出一些改进意见以及强调当天需要注意的重要事件。在各楼层段主管单独开会时，可以每天培训一些小的点，在早上退房少、赶房情况不多的情况下，主管可以仔细检查他们房间的清洁状况，指出问题。由经理每月不定期抽查房间卫生质量，对于检查问题较大的员工单独谈话，减少房点，重新培训。同时可以设置质量管理系统专岗，为那些使用有困难的员工进行培训，确保所有员工的熟练使用，提高酒店清洁检查的效率。这样节省的时间可以用来关注一些细节方面的问题，确保客房卫生质量。

2. 培养忠诚的外包合作伙伴

酒店客房外包公司的选择是通过招标来决定的。首先，看一个公司的资质，资质较好的才会通过参加招标，一般会选择给合作时间较久、较稳固的酒店输送更多的外包员工。其次，还可以多元化选择新的外包公司，逐步培养其成为酒店的忠诚合作伙伴，可以先签订半年甚至三个月的合同，尝试合作。若合作达到预期，再考虑长期合作，并在合同中加入一些条款，要求公司为客房提供的有质量的外包人员需达到多少，若达不到需要有怎样的条款等。最后，还可通过大型酒店管理集团建立统一的外包员工共享平台，集团旗下所有酒店共享人力资源。

外包员工以打扫房间数量来计算工资，每天打扫房间数量不定，按每间标准打扫费用支付给外包公司，公司扣除一定费用支付给员工。可以将打扫质量与工资和绩效挂钩，逐步提升标准房间费用，或者减少分配房间数量或罚款惩罚。

3. 确保清洁物资利用效率

要想实际有效地控制成本，应从源头进行控制，减少酒店浪费，提高物资利用率，实施“One Room，One Area，One Color Theory”（表7－5）。五色毛巾必须保证够用，减少不必要的浪费节省出来的钱可以用于购买缺乏的一些物资。同时还要根据气候变化和房间设施设备的老化等问题不断更改清洗剂品，以达到理想的清洁质量水平。从现状分析可知，某些酒店的浴室卫生清洁一直存在问题，便可以考虑在楼层配备拖把，减少使用抹布擦地的情况，这样抹布损耗减少，也避免了使用布草擦地，降低损耗，也可以在一定程度上减少成本。同时也避免布草二次污染，给清洗造成麻烦。还有将客房使用过的肥皂和洗护用品，用于酒店部门内的清洁和使用，节约环保。例如，肥皂可以给洗衣房清洗员工制服，洗发液、沐浴液可以给员工澡堂使用，这样可以确保清洁物资利用效率。

表 7-5　　五色毛巾使用范围

五色毛巾	使用范围
Red(红)	Toilet bowl/Bidet(马桶/浴盆)
Yellow(黄)	Dusting(除尘)
Green(绿)	Basin/Bathtub/Shower Stall(盆/浴缸/淋浴隔间)
Blue(蓝)	Mirror/Window(镜子)
White(白)	Glassware/Chinaware/Cutleries(玻璃器皿/陶瓷器/餐具)

资料来源：北京 R 酒店。

4. 引入信息化手段对清洁工作流程进行监督

可以考虑引入工作记录仪，该记录仪带有视频摄像头和麦克风：一方面，可以按照预设的流程，由麦克风发出指令完成规定的清洁任务；另一方面，视频摄像头可以记录保洁人员的工作过程，对关键环节利用人工智能方法进行匹配检查，保证工作的有效性和完整性，从而避免出现像新闻中出现的抹布混用等问题。

（二）提升客房部管理层的清洁质量意识

严格执行客房工作流程检查、客房清洁质量检查、房间检查，并且实时反馈，及时去掉一些清洁质量问题，培养员工的客房安全指导方针、客房隐藏摄像头政策、客房床虫处理指引等。还需要考虑特定季节因素、房间家具和设备等情况而制定的特殊清洁质量检查标准和方法。外包员工必须要按照 SOP 进行打扫，若出现问题，将层层问责。除此之外，酒店高级管理层会轮流担任值班经理(MOD)，每天会抽查酒店房间和公共区域，发现问题拍照并记录，每天晚上全酒店共享问题信息，总经理会一一点名批评。如万豪集团已出台政策标准，一般都是以提升标准打扫费用、增加服务人数、更改清洗剂品等提升质量。

（三）加强政府监管力度，确保工作落到实处

酒店行业有《住宿业卫生规范》《工共场所卫生管理条例》及《宾馆、旅店业卫生管理制度》等制度约束，但是仅仅纸上谈兵远远不够。作为监管部门，必须将工作落到实处。首先，监管部门要制定严格的惩罚机制，确保对高星级酒店的约束力，促使酒店自觉遵守条例，按照规章标准执行。其次，监管部门需端正自身，避免与酒店的过密接触，在监管过程中始终站在公正的立场，避免夹杂私人情绪，做到公事公办。最重要的是，做好不定期突击检查，避免酒店提前准备好应对检查，而是让酒店实实在在地做好卫生质量控制，从根本上改变。

（四）酒店行业应制定具体的规范

1. 建立客房从业资格认定的标准

为了更好地保证酒店的服务水平以及卫生清洁质量，应当从根本上提高酒店从业人员的素质。酒店行业的专家学者们应当合作商讨，制定一个通用的酒店行业从业人员的基本要求和标准。从业资格认定标准主要应当从几个方面进行制定：一是员工的意识，包括道德意识和服务意识，确保他们能够符合酒店的用工标准。二是员工的酒店行业知识储备，部分客房从业人员是无经验的，对于酒店行业没有清晰认知，容易在酒店环境中出现不适应的情况。应当在初始阶段就提前让他们了解，可以与外包公司沟通，要求外包公司在输送劳动力之前，让员工先清晰了解行业的工作氛围，以及他们可能需要承受的压力。三是员工的心理素质，作为服务性行业，很可能遇见各种突发事件，这就要求员工能够以良好的心理素质来应对，否则会出现压力过大致离职等情况。

2. 建立员工信息共享库

酒店行业的员工流失率一直较高，员工在酒店之间相互跳槽的情况相对较多。在酒店行业，员工跳槽一般对方酒店会向前面工作的酒店打听员工人品各方面信息，这就暴露出酒店行业之间的信息流通不畅。同时这种打听也会暴露一个弊端，部分领导者出于善意，会有所保留，对方酒店也就无法掌握真实的信息。当然这也会给一些员工可乘之机，在个人过失被迫离职之后能够继续工作。

鉴于此种情况，酒店行业应当共同建立一个公共的数据库，共享员工信息，记录员工的工作表现，让各个酒店之间能够通晓员工的信息。这样的数据库的建立，使得员工对工作存有敬畏之心，会尽力减少自己犯错的可能性，注重日常工作的效率及质量。尤其是当员工出现失德行为时，信息流通使得员工在酒店行业无信誉，减少酒店负面影响事件的出现。

思考与练习

一、思考题

1. 客房清洁前应做好哪一些准备工作？
2. 公共区域清洁保养的要点有哪些？
3. 应如何提高酒店客房卫生质量？

二、实操练习

1. 以小组为单位对本地几家酒店进行调查，了解酒店的客房部清洁设备的基本种类以及用途，熟悉清洁剂的种类以及使用方法，撰写调研报告。并根据所调查的酒店情况，指出酒店日常清洁保养工作中设备与清洁剂使用值得借鉴的地方及存在的问题与不足，并提出本小组的具体建议。

2. 以小组为单位，实地调研 2 ~ 3 家星级酒店的客房计划卫生，完成每家酒店的客房计划卫生安排表，并做比较。

三、案例分析

案例一：

到底是谁的错？

一天中午，住在 2972 房间的客人从外面回到饭店，进到客房内，发现客房的卫生还没有打扫。客人有些不满意地找到了 9 楼的服务员说："我都出去半天了，怎么还没有给我的房间打扫卫生？"服务员对客人说："您出去的时候没有将'请即打扫'的牌子挂在门外。"客人说："看来倒是我的责任了。那么现在就打扫卫生吧，过一会儿我还要休息。"于是，服务员赶紧为 2972 房间打扫卫生。

第二天早晨，客人从房间出去时，把"请即打扫"的牌子挂在了门外的把手上。中午客人回来后，客房卫生仍旧没有打扫。这位客人又找到这名服务员说："昨天中午我回来的时候我的房间还没有清扫，你说是因为我出去的时候没有把'请即打扫'的牌子挂上，今天我出去时把牌子挂上了，可是我现在回来了，还是没搞卫生。这又是什么原因呢？"这名服务员又用其他的理由解释，说什么：一名服务员一天要清扫十几间房，得一间一间的清扫，由于比较忙，没注意到挂了"请即打扫"的牌子……客人问："你工作忙，跟我有什么关系，挂'请即打扫'的牌子还有什么意义？"服务员还要向客人解释。客人转身向电梯走去，找到大堂经理投诉。事后，这名服务员受到了客房部的处理。

问题：

1. 不同类型房间清扫的顺序是什么？本案例中客房服务员是否遵守了这一规定？
2. 客房服务员遭到投诉的原因有哪一些？

案例二：

重要的便笺

某四星级酒店，实习生小张正在清扫一间客房。她收拾垃圾时，看到床头柜上有一张揉成一团的便笺纸，认为是客人不要的废纸，就顺手丢进了垃圾袋中。该房间清理完毕后，她就去清扫其他房间了。不久，那个房间的客人回房了，发现房间已经清扫过，自己扔在桌上的便笺条不见了。客人随即打电话到客房服务中心询问打扫房间的服务员，当知道是小张后，就急匆匆地找到小张问房间清扫时有没有看见桌上放着的一个纸团，上面有他当前需要的电话号码。

小张一听就傻眼了，问道："您的电话号码是不是在床头便笺纸上写的？"客人说："我记得写完后放在了写字台上，后来以为不用了就捏成了团扔在那里。"

"对不起，我马上去帮您找。"小张边说边来到工作车的垃圾袋旁，翻了半天，总算找到了客人记有电话号码的小便笺。

经此事后，小张懂得了客房内无论是什么东西，哪怕是张小纸片，只要是客人没有退房，就不能随意处理，更不能当垃圾扔掉，否则不仅会给客人带来很大的麻烦，而且还会引起投诉。

问题：

1. 小张在做客房清扫工作中存在哪些问题？
2. 你认为住客房和走客房在清扫过程中有哪些差异？

四、工作术语（见表7-6）

表7-6　　本章常用的专业术语

专业术语（中文）	专业术语（英文）
住客房	Occupied(OCC)
请勿打扰	Do Not Disturb(DND)
贵宾房	Very Important Person(VIP)
无行李房	No Baggage(N/B)
请速打扫	Make Up Room(MUR)
走客房	Check Out(c/o)
轻便行李房	Light Baggage Room(L/B)
长住房	Long Staying Guest(LSG)
加床房	Extra Bed(E)
空房	Vacant(V)
维修房	Out of Order(OOO)

第八章　客房部物资管理

【学习目标】

1. 了解客房部设备用品的管理；
2. 理解客房用品的日常管理方法；
3. 掌握客房部的布草及制服管理；

案例赏析：

可以打扫810房间吗？

住在810房的两位客人来自浙江温州，入住后第二天上午用完早餐回到房里，一位原定下午来与他们商议一宗出口业务的杭州市某大公司副总经理来电，把原定上午会面的计划推迟到下午。

“那副总还有半小时便要到达，房里还是乱七八糟的，请服务员快来打扫吧”，年纪较大的那位营业部经理对助手说道。

助手开门出去找楼层值台服务员时发现，一辆服务车已停在801房外面，801房的门敞开，显然服务员已经开始在那儿做客房清洁工作。

助手到801房，十分斯文地请两位服务员立即打扫810房，最后没有忘记说一声“谢谢”。

两位服务员听到他的要求面面相觑，似乎有什么难处。“不知我的要求会给你们带来什么困难吗？”助手还是彬彬有礼地询问。

一位年纪稍大的服务员开口了，她说：“我们每天打扫房间都按规定的顺序进行，早上8点半开始打扫801房，然后是803、805等，先打扫单号，接着才是双号，打扫到810房估计在10点左右……”

“那么能不能临时改变一下顺序，先打扫810房呢？”助手十分耐心地问道。“那不行，我们的主管说一定要按规范中规定的顺序进行”。她们面露难色，显然她们很理解客人的心情，她们也很愿意满足他的要求，但她们不敢违反酒店的规定。

评析：

本例反映了该酒店在管理上的两个问题：一是在员工培训方面，管理人员片面强调服务员执行规定和按程序操作，没有把服务上的灵活性告诉他们。一切规范和程序的根本目的是保证服务质量，因此制定各种规范和程序的唯一依据是站在客人立场上，为客人考虑，一味强调程序，固然能在一般情况下保证大多数客人满意，毕竟还有一部分客人的特殊需求不在规范之内，甚至可能与酒店服务程序有悖，只要那些特殊需求是合理的，酒店应予以尽量满足。

资料来源：http：//www. canyin168. com/glyy/kfgl/kfal/200705/6258. html 整理而得。

第一节　客房设备用品的管理

在激烈的市场竞争环境下，如何在酒店经营管理中控制经营成本、开源节流、提高利润，是酒店经营管理者必须重视的主要问题之一。一般来说，星级酒店客房设备用品的管理大致包括：客房设备用品的选择与采购、使用与保养、储存与保管等内容。客房的基本设备用品是客房商品质量的重要体现，是制定房价的重要依据，是客房部管理的重要内容。

一、客房基础设备用品的分类

依据现代酒店客服部提供的客房产品，我们将这些基础设施设备依据使用地点与范围划分为清洁设备与客房设备。

（一）清洁设备

清洁设备主要包括客房部员工在开展清洁保养客房与公共区域时所使用的工作设备，例如，地毯清洗机、地面打蜡机、洗地机、吸尘器、抛光机、吸水吸尘机、地毯吹风机、吸尘扫地机、房务工作车以及尘拖、蜡拖等。

（二）客房设备

客房设备主要包括为宾客提供标准合格的客房产品时所需的各种具有较高价值、可长期使用的客房设备设施，例如，设置于客房内的各种客用家具家私、电器用品、卫生洁具、安全设施等。

特别提示

客房部的设备不但种类多、数量大、使用频率高，而且设备的资金占用量也在酒店中占和大比例。在设备保养中，如果不坚持以预防为主的原则，不加强日常的保养和定期检修，不能做到小坏小修，随坏随修，势必会加剧设备的损坏速度，减少使用周期，增加设备更换频次，既会造成大量的成本浪费，又会严重影响酒店的服务质量。

为此，客房部应注意在本部门中培养兼职维修人员，通过专业知识培训，可对一些设备设施进行简单的维护、保养及对需要小修小补的设备进行及时处理。这样，既提高了工作效率，又减少了维修费用的支出，还有利于延长设备设施的使用寿命。

二、客房部设备用品的管理

（一）客房设备的配置

客房各种类型设备的配置是酒店行业在划分等级星级标注时的主要依据之一。酒店行业根据不同等级星级、不同种类的客房，其设备设施的种类与标准有较大区分。一般来讲，客房的设备主要包括家具类、电器类、卫生洁具类、安全设施类等四大类。

1. 家具设备类

虽然不同等级酒店、不同类型客房的配置标准与配置内容有所不同，但基本可以归纳为床类（沙发床、木质床、特制床等）、床头柜、沙发及茶几、扶手座椅、写字台/电脑桌、化妆椅/化妆凳、电视柜、酒柜、衣橱衣柜、书柜/展示柜、床凳/脚凳、行李柜、地毯等类别。

2. 电器设备类

主要电器设备包括灯具（如台灯、吊灯、顶灯、地灯、门灯、化妆灯、阅读灯、壁灯）、空调（中央空调、壁挂式空调）、电话机、传真机、打印机、电视机、台式电脑、换气扇、吹风机、冰箱、电热水壶、门铃、“请勿打搅”指示灯等。

3. 卫生洁具设备类

主要包括整体浴室、浴缸、浴帘、防滑垫、花洒、浴缸扶手、浴巾架、晾衣绳架、恭桶、卫生清洁设施、厕纸架、洗面盆、面巾架、化妆镜、香皂台/架、浴室镜、面巾纸盒、体重秤等。

4. 安全设施类

主要包括消防位置指引图、房门防盗链/扣、烟感器、自动喷淋设备、保险箱、房门门镜等。

（二）客房设备的选购

从上面我们所列举的各种设备设施中不难看出，客房的设备设施不仅种类多种多样，而且数量大，为此，酒店在进行购买时不仅需要耗费大量的资金，同时由于这些设备设施质量的好坏直接影响到酒店的形象与整体利益，因此务必要设定采购标准与规格，以防各种问题出现。一般情况下，在制定采购规章制度时，应采用公开公平的招标制度采购设备设施。根据不同等级酒店的需求与标准，酒店在实施采购时，可根据以下原则购买：

1. 行业标准与发展需求

客房部在拟定采购计划与标准时，应根据酒店所在国家和地区的酒店行业标准予以制定，同时兼顾酒店今后的发展需求与发展方向，做到采购标的物的可持续性使用。我国星级酒店客房的设备设施采购依据是中华人民共和国国家质量监督检验检疫总局 2003 年 6 月 2 日发布，2003 年 12 月 1 日起实施的中华人民共和国国家标准 GB/T14308 –2003 和《旅游酒店星级的划分与评定》。

2. 根据酒店主要客源的特点与需求

由于各个酒店的等级、星级不同，酒店所接待的宾客及其需求也有所不同，为此，酒店客房部在指定采购计划时应充分考虑本酒店主要客源目标市场的需求特性，有针对性地采购客房设备设施。

3. 整体性与配套性

任何一间酒店的整体装潢装饰都是以目标客户市场的需求为依据的，因此，客房部在采购设备设施时，应注意客房的各类设备应与酒店的整体环境与装饰装潢相匹配。客房的各种设备设施的配置目的是为了提供给宾客一个安全、舒适、整洁、静谧的休息空间，为此、在采购时，应充分注意采购的设备设施的使用功能特性，以免因此影响客房服务功能水平与酒店对客服务的质量。

4. 实用性

在采购时，应以方便宾客使用为前提，做到既方便宾客使用，又方便酒店员工清洁保养工作的开展。

5. 安全性

酒店提供的各项服务，均应以安全为第一前提。因此，在采购时，要充分考虑到客房的各种设备设施的质量是否符合安全标准与宾客需求，例如，防火性能，防盗性能，意外事件的预防功能，婴幼儿及老年人、残障宾客的需求等。

6. 环保节能

现代酒店的发展，不仅要为宾客提供安全舒适的休憩场所，更要站在全球可持续发展的高度开展企业经营。这是当代酒店经营管理的高级目标，也是对酒店管理者的要求。因此，采购设备设施不仅是酒店的个体行为，还应考虑所采购的物质产品是否对地球环境产生污染、是否影响宾客的身心健康等。这也是今后酒店可持续发展的新趋势。

（三）客房设备的管理

客房设备的管理是客房部的主要日常工作之一。客房部应建立明晰的责任制度，明确分工开展工作。

1. 日常管理工作

客房部的工作千头万绪，需要随时沟通与反馈。日常管理工作需要明确责任与权力，做到事事有人负责，件件有人应对。因此，应建立客房部日常工作管理表，建立各项工作的责任人对应事宜与联系处理方式。同时设置紧急情况联络小组，随时应对可能出现的突发事件。

2. 设备档案建立与管理工作

客房部的设备实施能否安全正常运行，直接关系酒店的产品质量与服务质量，同时也与宾客密切相关，因此建立设备设施档案成为客房部管理工作的重要内容之一。客房部应设立专人——部门资产管理员管理，负责对每一件设备制作档案管理卡、造册登记，对该设备的名称、型号、价格、采购日期、使用有效期限、维修保养状况、供应商联系方式等建立尽可能详尽的档案，造册中还应注明客房设备所摆放的具体位置，任何涉及在册客房设备的工作，都要通过部门资产管理员，如变更摆放位置、外送维修等，做到动态管理，提高设备使用质量、延长使用寿命、防止意外情况发生。

3. 设备的发放程序与管理制度工作

客房部的设备设施种类繁多，如果不能做到专人负责发放与保管，势必会造成资源浪费与成本上升。因此客房部应建立详尽的设备用品领用、租用制度，做到每一次领用、租用与归还都有专人负责并签字确认。

4. 维修与维护管理制度工作

客房部员工在开展日常清洁保养工作时应注意认真仔细检查，如发现设备设施出现故障与损害，应及时按照客房部相关规定上报相关人员与关联部门（一般为工程部）。客房部应制定维修维护记录检查表，将该表格发往工程部并要求工程部在规定时间内前来修缮。一般情况下，工程部员工对客房设备进行维修时，客房部应派遣员工在场，当修缮工作结束后，客房部员工应当场检查维修质量并双方确认签字。维修及检查结束后此表格应与设备档案卡归档管理，以备今后采购时参考。

5. 盘点制度与管理工作

客房部的工作量大、工作内容繁复，因此有必要建立部门内部的盘点、清点制度，以利于客房部各类物品的保存、保管工作，并对采购工作与成本控制起到监督、促进作用。

6. 设备更新维护与回收再利用管理

为了提升或保持酒店的规格等级、扩大酒店在一定区域内的知名度与影响力，也为了更好地为宾客提供优质服务，大多数酒店会在经营一定时间之后，对现有的酒店设备设施开展更新或改造。同时，随着酒店各项经营服务工作的开展，客房的各类设备设施也会出现磨损、老化等问题，而伴随着科学技术的不断发展，更加新颖、效率更高、更加节能环保的产品也不断面世。为此，客房部应制定相应的制度与规划，对不同的客房设备设施开展维护管理、升级更新、全面改造等详细规划制度。例如，客房部应对客房部管辖的重要、主要、高价值设备设施实行定期维护管理工作，以达到延长使用寿命，确保服务质量的目的。以酒店的家具类物品为例，客房部应制定制度，做到按照年度、季度或购入时间长短，开展打蜡、上光、维修保养；对于电器物品应做到检查、维修以及更新管理。对于客房部所管辖使用的窗帘、床罩、床垫等使用频率较高的针棉制品，应根据酒店的客房使用率及时进行更新更换。对于客房的墙面、各种装潢装饰、卫生洁具设备、安全防火设施等，应根据酒店的经营时间与经营规模以及宾客种类，开展分阶段的全面维修与更新。

对于酒店更新淘汰下来的物品，客房部不能简单地报废丢弃。本着节能环保、节约成本的原则，客房部应对准备淘汰的设备设施物品开展评估鉴定工作。对确应淘汰且具有较高回收价值的设备物品，应做好回收工作并做好档案管理工作。

第二节　客用品管理

客房部的客用品是保障客房服务与产品质量的重要内容。对客用品的采购、保管、使用、调控是客用品日常管理的主要工作之一。

一、客用品的选择与购买

客房部客用品的选择与购买需要由客房部经理详细制定计划与预算。这一计划可根据需要分为年度计划、季度计划、月度计划。计划制定之后，还需经酒店主管领导部门审批方可实行。本计划的制定应依据酒店主要目标客户群需求、市场导向、可用资金量、库房存量、酒店等级、酒店所在国家或地区行业标准与竞争环境等内容予以制定。在制定采购计划时，还应注意拟选购物品应符合酒店所在国家或地区风俗习惯，达到美观时尚、品质优良、节能环保的要求。在采购数量上，制定计划时应充分考虑酒店的经营管理规模、酒店淡旺季的差异性，做到采购数量的合理适量。采购数量过多，会导致酒店物品存货量较大，不仅占用酒店的资金，还会增加库存保管的费用，也会出现采购物品使用有效期限缩短、物品质量降低等问题出现。采购量过少同样会影响宾客的使用，客房部对客服务工作的开展进而影响酒店的正常运营。

二、客用品的管理

（一）客用品的申领

根据酒店的经营管理需求，不同物资的物品申领周期一般可定为一周一次。酒店可根据经营规模与淡旺季差异，设置申领周期。还可根据酒店需求，对不同的物品物资设备设立物资管理员。物资管理员应根据酒店规定，在每周的规定时间内，将本周的“物资申领单”送交给客房服务中心；客房服务中心进行汇总并呈报部门主管、经理进行审批；之后送达到财务部门办理总提货手续。

特别提示

1. 客用品申领前，各物资管区管理员要对辖区剩余物资的情况进行盘点，并依据酒店经营状况预估拟定下周物资申购的品种和数量，并交领班或主管签字确认。

2. 客房服务中心在收到汇总后，可对各管区申购前的剩余数量进行盘查，并结合情况适当降低管区所申购物资的数量，并交主管或经理签字确认。

（二）客用品的发放

依据酒店的经营管理运营周期，客用品的发放可选择在一周的某一固定日期进行发放。

操作要领：

1. 提货时，依据部门经理批准的数量进行发放；
2. 提取货物时，要注意在搬运过程中避免损坏或污染物资；
3. 申领发放必须做到“凭卡取货、卡货相符”；
4. 申领发放物品应专人负责，严格验收。

（三）客用品的库存

货品进入工作间，应先将原工作柜内的物品前移，将新提取的货品摆放在柜内最里侧，做到客用品“先进先出，后进后出”，以保证物品使用有效期；所有物品的摆放均应将成品摆放在柜内，不得连同外包装一同进柜；物品在工作柜内，要规整摆放，不得混放、乱放等，以便于客房服务员日常工作准备和操作。

操作要领：

1. 保管员应做到经常点检物品，预防霉变、破损；
2. 对长期积压滞存物品进行整理、上报；
3. 对破损物品及时登记、说明原因并上报，努力降低成本，减少浪费。

（四）客房用品的使用管理

1. 楼层服务员根据清扫房间需要填写“客房用品申领表”（见表 8－1），对价值稍高的固定用品填写“房间物品损坏通知单”（见表 8－2）。

表 8－1 客房日用品申领表

楼次层 日期

FLOOR DATE：

项目名称（Items）	标准量 Standard	现存量 Present	补充量 Request
平邮信封（Surface Envelope）			
空邮信封（Air Mail Envelope）			
平邮信纸（Surface Letter Paper）			
空邮信纸（Air Mail Letter Paper）			
客人意见书（Questionnaire）			
服务指南（Directory of Service）			
电报表格（Telegram Form）			
电信表格（Telex Form）			
洗衣单（Pressing List）			
干洗单（Valet list）			
烫衣单（Pressing List）			
档案夹（Stationery Folder）			
圆珠笔（Ball Pen）			
烟灰缸（Ash Tray）			
面纸（Facial Tissue）			
厕纸（Toilet Paper）			
水杯（Glass）			
浴帽（Shower Cap）			
肥皂（Soap）			
擦鞋纸（Shoe Shine Paper）			
鞋油（Shoe－Horn）			
火柴（Matches）			
留言便条（Message Pad）			
记事册（Memo Pad）			
衣架（男）[Hanger（Man）]			
衣架（女）[Hanger（Women）]			
请勿打扰牌（Do Not Disturb Card）			
洗衣袋（Laundry Bag）			
鞋刷（Shoe Brush）			

续表

项目名称(Items)	标准量 Standard	现存量 Present	补充量 Request
鞋膏(黑)[Shoe Polish (Black)]			
鞋膏(棕)[Shoe Polish (Brown)]			
鞋膏(无色)[Shoe Polish(Colorless)]			
垃圾袋(Rubbish Bag)			
酒店胶袋(Hotel Plastic Bag)			
请打扫牌(Make Up Room Card)			
早餐单(Door Knob Menu)			
卫生袋(Sanitary Bag)			
水杯袋(Glass Bag)			
明信片(Post Card)			

表 8－2　　房间物品损坏通知单

序号 ________　日期 ________　时间 ________

损坏物品	处理意见	金额
合计	宾客服务员签字	宾客签字

（此单一式三联，收银处、库房、楼层各一联。）

2. 楼层领班根据标准量审核以上两表后，签单发放客用品和清洁用品，与服务员交接时填写“楼层客用品发放登记表”和“楼层清洁用品易耗品发放登记表”。酒店一般将这一层次的使用管理设定为一级使用管理。由于各种客房用品的使用主要是在酒店各楼层进行的，所以，楼层领班是管好、用好客房用品，掌握定额标准的关键。

3. 楼层服务员在对客房进行清洁整理后，填写客房服务员工作表（见表 8－3），下班交房务中心。

表 8－3　　　　　　　　　　　　客房服务员工作表

日期	工作内容	备注	客房服务员签字	客房领班签字

（此单一式二联，房务中心、领班各一联。）

4. 房务中心将“客房白班服务员工作表”“客房中班服务员工作表”的内容统计后，填写“楼层客用品使用统计表”。每月末根据“楼层客用品使用统计表”填写“楼层客用品使用月报表”。酒店一般将这一层次的使用管理设定为二级使用管理。

5. 楼层主管审核“客房服务员工作表”“楼层客用品使用统计表”。这样做有利于楼层主管随时动态了解楼层各项消耗品的使用状态，控制不合理流失的数量。客房部经理也可通过这些表对不同楼层之间的各项消耗品使用状态做到对比性管理，掌控各楼层的客房出租使用情况，在同等标准情况下还可通过相互比较，了解节约或浪费状态。酒店一般将这一层次的管理设定为三级使用管理。对于本层次的管理，酒店客房部管理层可定期公布客房各楼层的客房用品耗用量，设立并实行有关的奖惩制度。对增收节支者，给予表扬和奖励，对超控浪费者，依据情况扣发班组或个人奖金。

（五）客房用品的资源循环再利用

客用品的再利用，是酒店管理的重要内容，也是控制经营成本的重要手段之一。在当前提倡可持续发展、节约资源、环保再生的酒店发展新形势下，这也是酒店管理者的酒店管理新课题。对于不同的资源可采取不同的循环再利用方式，如采用翻新处理、废料再使用等方式进行。例如，对使用较多的客用香皂，可将宾客使用后剩余的小块香皂收集、提炼再溶，作为非宾客使用的其他场合用清洁皂。

三、客用品消耗定额标准

（一）客房客用品配备的原则

在经过酒店管理层的批准和认可下，客房部经理所制定的各类物品配备房间的标准数量，应以此规划、计算客房部整体的客用品消耗使用量（见表 8－4）。

并根据部门的管理要求，确定客用品摆放样式与数量，此外，客房部经理应根据酒店经营管理的状况，对不同时期的客用品消耗情况予以跟踪监督（见表8－5），确定消耗定额标准，做到合理使用，合理管控。

表8－4　　客用品消耗统计规划

项目	2005年消耗	2006年消耗	2007年消耗	年均单间消耗标准
牙具	1.5只/间	1只/间	1.2只/间	1.23只/间
浴帽	0.5只/间	0.8只/间	1.0只/间	0.5只/间
梳子	1.0只/间	1.2只/间	0.9只/间	1.03只/间

表8－5　　客用品消耗使用登记

序号	名称	单位	配置数量	备注
1	牙具	套	2	
2	浴帽	只	2	
3	鞋拔	只	2	

（二）客用品消耗定额标准

一般情况下，根据酒店经营管理规模与经营状况，可参照以下标准予以计算。

1. 在预计管理范畴内的物资产品申领使用数量时，可进行最大化计算，即：

月（年）预计物资消耗量＝年均单间消耗标准×管区客房总数×30.5天（1周或365天）

2. 在对部门范畴内进行预算工作时可以以下公式计算，即：

年（月）预计物资消耗量＝年均单间消耗标准×预计（年或月度）出租间夜总数

3. 客房日用品消耗标准可按下列公式计算：

单项用品消耗标准＝客房出租间天数×每间客房配备数×平均消耗率

特别提示

对低值物品也应根据情况做到在酒店内部的再次利用，以客房部的各种针棉制品为例，在无法继续提供给宾客使用的情况下，也不应简单丢弃，而应做好登记回收工作，这类物品可作为酒店的清洁辅助品开展二次、三次利用。

第三节　布草和制服管理

“布草”一词最早源于我国广东省及香港特区等地对酒店餐饮行业所使用的针棉制品的统一称谓。布草作为客房日常运营和工作中的必须物品之一，其管理和控制对客房部的管理者来说至关重要，布草管理的有序或混乱不仅直接影响客房的产品质量，而且对酒店客房的服务质量、整体形象甚至经济效益均会产生较大影响。因此，酒店要重视并做好客房布草的管理工作。

一、布草的分类

按照用途，酒店常用的布草通常是指酒店的面巾、浴巾、被罩、床单等一切跟“布”有关的统称，它不仅包含酒店的床上用品、酒店窗帘、客房四巾、床盖单、枕套、枕芯、被芯、浴衣，还包括餐厅的台布、椅套，以及酒店宾客的客衣、员工的工作服等等一切和“布”相关的产品。因此一般我们可以将酒店布草分为以下五大类别：客房布草、餐饮布草、卫浴布草、装饰布草、客衣布草等。

客房布草主要分为以下三类：

（一）床上布草

客房床上布草分为实用和装饰布草两类。实用布草指确保客人睡眠休息所需，具体包括床单、枕套、被褥、床褥。装饰布草主要用途是美化房间、保护寝具以及使房间保持清洁，包括床罩、床上靠垫、床裙。

（二）卫生间布草

卫生间布草的作用是为了满足客人的洗漱和沐浴需求，包括浴巾、面巾、小方巾、地巾、浴袍和浴帘。

（三）遮光及装饰用布草

这类布草主要功效是遮光、减缓阳光的照射强度、保护隐私、装饰美化房间、隔音隔热，包括房间内的遮光窗帘、纱窗帘、帷幔等。

二、布草的选择和配置标准

（一）布草的选择标准

布草作为酒店供客人使用的必需品，除了能满足个人的住宿体验外，也是酒店客房装饰布置的重要物品，因此，配置上适合酒店定位、经济合理、舒适度高有利于满足宾客的需求。

1. 方便使用和操作

布草的使用频率高，设计式样在符合酒店的风格以及美观装饰的同时，应考虑到方便客人使用的原则，不宜烦琐。对于现在随着人工智能等技术在酒店行业的应用，管理者在科技感强或相对难操作的布草设备上应配置使用说明，比如窗帘等的使用。

2. 与客房整体风格一致

色彩、图案丰富是布草的特点，形状变化万千是布草的特色，客房设计的亮点很多也是通过布草来体现的。因此，布草的选配要符合房间内家具和设备的整体效果。例如，中国明清风格的客房不宜用化纤织物，而宜用天然纤维织物；不宜用现代流行色和图案，而宜结合明清时期的特色，充分体现出明清风格。

3. 突出个性

客房布草样式的变化现在可谓日新月异，不仅酒店与酒店之间已很少雷同，即使同一酒店也可能是每层一种风格，每间一个样式。多元化的设计融入酒店布草，使之形成风格各异的客房装饰，这是现代酒店客房布草的设计主流。如若采用淡棕黄缎面印花面料，为一间极具民族特色的沙发设计一款床罩，尾端两侧下垂部分做两个很大的中式盘扣，并将类似的设计用于窗帘、沙发，甚至桌面上设备等装饰处，便完完全全形成了一间让人难忘的中式客房了。

（二）布草的配置标准

客房部布草的配备定额是布草管理工作中的重要问题。布草过多或过少都会影响酒店整体经营活动的正常运转。制定客房部的布草消耗数量定额，加强布草科学管理，可以有效避免布草的浪费和损耗，从而起到控制客房部成本费用的目的。按照我国星级酒店的布草配置要求（见表8－6），不同星级酒店的布草配置有所不同。

表 8－6　星级酒店布草配置

酒店的星级	配备要求
二星级酒店	1. 毛巾类：每间客房 2 条浴巾，每间客房 2 条面巾，每间客房 1 条地巾； 2. 软垫类：每床 1 只
三星级酒店	1. 毛巾类：每间客房 2 条浴巾，每间客房 2 条面巾，每间客房 1 条地巾，每间客房 2 条方巾； 2. 软垫类：每张床 1 只； 3. 床上用品： (1)床单，每张床不少于 2 条； (2)枕芯，每张床 2 个； (3)枕套，每张床 2 只； (4)毛毯，每张床 1 条； (5)床罩，每张床 1 条； (6)备用薄棉被（或备用毛毯），每张床备 1 条（注：视地区而定）； (7)衬垫，每张床 1 条
四、五星级酒店	1. 毛巾类：每间客房 2 条浴巾，每间客房 2 条面巾，每间客房 1 条地巾，每间客房 2 条方巾，每张床 1 件浴衣； 2. 软垫类：每张床 2 只； 3. 床上用品： (1)床单，每张床不少于 2 条； (2)枕芯，每张床 2 个； (3)枕套，每张床 2 只； (4)毛毯，每张床 1 条； (5)床罩，每张床 1 条； (6)备用薄棉被（或备用毛毯），每床备 1 条（注：视地区而定）； (7)衬垫，每床 1 条

资料来源：根据中华人民共和国文化和旅游部资料编制，https：//www. mct. gov. cn/.

三、布草消耗定额管理

消耗定额的确定方法，首先应根据酒店的档次规格，确定单间客房配备数量，然后确定布草的损耗率，最后核定出消耗定额。我国星级酒店布草使用年限一般根据客房出租率、宾客类型、布草洗涤的次数等因素来决定。床单被罩的洗涤次数一般在 250～300 次。星级酒店一般拥有酒店自己的洗衣房，因此布草配置最少不会少于 3 套。若没有自己的洗衣房，考虑到送洗物品不能保证 100% 达到365天保障的状况，则一般需要配置3.5～4套布草。我国旅游部门规定，洗涤次数在120～150次方能作为常规报损。那么是不是不到一年酒店就要更换这类布草呢？下面大家看一个例题，就可从中有所了解。

【同步例题】：某酒店床单标准客房单间配备为3套，每套4张，床单每天更换一次，洗涤寿命350次，试确定该酒店床单的年度损耗率是多少。

（1）每张床单实际年洗涤次数：

360（天）÷3（天）=120（次）

（2）每张床单的年度损耗率：

350（次）÷120（次）=2.9（年）

（3）年度损耗率为：

1÷2.9×100%=34.5%

四、布草的使用与保养管理

（一）脏布草的送洗管理

1. 客房服务员在对客房进行完清洁保养后要认真填写“客房服务员工作报表”，并及时核对换洗的数字是否与工作间的数字相符，同时还应负责集中存放更换下来的脏布草并分类清点（将床单、被套、枕套与浴巾、洗脸巾、小毛巾、地巾等分类存放，这样可以避免差错及二次污染）。

2. 客房服务员如在进行客房清洁保养更换布草时，发现存在洗涤不干净或洗涤损坏的布草，应单独打结处理或另外存放，以便之后对此类布草重新管理。

3. 客房服务员对于需做特殊处理的布草（血迹、鞋油、红酒污染等）要与其他脏布草分开堆放并予以记录，同时通知洗衣房。

（二）干净布草的收发管理

1. 客房服务员根据当日客房清洁保养数量到布草房领取相应数量的干净布草。

2. 客房服务员/领班/主管根据收回的布草送洗单，做好汇总后，填写“楼层布草洗涤交接表”（见表8－7）。

3. 客房（中班）服务员/领班/主管根据前一日“楼层布草洗涤交接表”中布草类别和数量收取及清点送回的干净布草，并初步检查洗涤质量；存在数量缺少或洗涤损坏的，应要求布草房出具欠条，签字确认，并在当日“楼层布草洗涤交接表”中做好统计和记录。记录严禁数字的涂改。

表 8 – 7　　楼层布草洗涤交接

日期　　班次

类别	净单数量	脏单数量	备注	签名
床单				
被套				
枕套				
浴巾				
洗脸巾				
小毛巾				
地巾				

（三）使用管理

客房部的布草管理要实行专人管理、分区负责、责任到人的原则：

1. 客房布草房主管：负责酒店运作使用过程中的所有布草的发放管理、布草的库存管理、周期性统计及成本控制。客房部布草房主管负责对布草房进行总体控制，统计月度布草洗涤、缺失、破损等数据。

2. 客房布草房服务员/领班：负责日常布草的收发（或洗涤公司送回干净布草的初步洗涤质量控制），填写“楼层布草洗涤交接表”；布草使用前至少在架子上存放一个晚上。

3. 楼层服务员：负责所管辖楼层布草的管理，布草总量应按房间数量所需布草的 1：3 倍配备（一般按照房间 1 套、工作间 1 套与洗涤周转 1 套配置），日常布草的收发和洗涤质量控制。

4. 楼层工作间针对每个楼层布草管理，须张贴“楼层布草配比率”和“楼层布草洗涤交接表”；如果布草间数量达到要求，则每个区域服务员负责该区域布草的收、送、检验数量和质量等管理，出现损失由其负责，同时填写相应的表格；如果布草间不够，则服务员到指定的地方完成领取、送还等与布草有关的工作，同时填写相应表格，此时需单独设置人员管理楼层布草；若委托洗涤公司负责洗涤，则应要求洗涤公司免费为酒店提供足够数量的布草袋，作为运送脏、净布草用，严禁用脏布草打包的形式代替布草袋。

（四）保存管理

客房部布草房和楼层布草房均需配备相应数量的布草柜或货架和塑料周转箱，分类叠放整齐后存放，张贴名称标签，不经常使用的产品在重新使用前可先在阳光下晾晒，如有必要应再次洗涤，使其达到客房宾客使用标准。客房部布草房和楼层布草房应做好相应的防鼠、防霉、防意外损毁等措施。

小资料

妥善解决库存问题

在布草的库存管理中，布草房主管应注意对布草做到每季、每月、每周检查，发现问题及时处理。

1. 丢弃 。根据一些物品的磨损程度确定不再周转流通，因而丢弃的数量很容易掌握。

2. 原因不明的损失 。原因不明的损失表现为入库时数目清点不准、小偷小摸 。

3. 通过观察找到一些不在表面的因素，如针眼、三角形撕口、污迹等。通过确定破损状况，可以找到造成破损的根源，从而减少破损率。

4. 清点。对于清点不准，可以再次入库清点；如果数量准确无误，就意味着出现了其他安全隐患。

做好库存记录的主要目的就是要建立布草历史档案，了解酒店布草发展趋势；以便找到问题出在哪里，采取相应措施，纠正错误、解决问题，获得赢利；同时保证平均量供应充足，避免影响酒店对客服务质量；还可成为酒店客房部明年采购的预算依据。

五、布草的清洗管理

床上用品布草类（床单被罩等）在初次使用前，可先下水漂洗一次，以便将布草表面的浆质及印染浮色洗掉，使用起来会比较柔软，对之后的清洗也起到不易褪色的保护作用，还会降低化学制剂对人体的影响程度。

（一）洗涤程序

1. 清洗前应仔细阅读有关产品的洗涤说明，有装饰附件的产品洗涤前一定要注意把花边、坠饰等先取下，避免损坏。

2. 清洗时浅色产品要与深色产品分开洗涤，避免互相染色。

3. 布草质地可分为棉织物、丝绸织物、麻纤维织物、羊毛织物、涤纶织物、锦纶织物、腈纶织物、维纶织物等。洗涤时应根据所需洗涤物品的材质选择洗涤剂。以中性洗涤剂为例，先将中性洗涤剂倒入专业洗衣机的水中，水温不要超过30℃，待洗涤剂完全溶解后再放入洗涤用品，此时应注意浸泡时间不要过久。客衣洗涤将专列单项讲解。

4. 清洗后可选择在室外通风处晾干或使用烘干机烘干。烘干时应根据洗涤物品材质选用烘干温度，以避免洗涤物品过度缩水。

（二）布草二次污染的预防措施

二次污染的产生，除员工不按规章操作之外，还在于一些员工存在着不正确的认识，认为布草反正是送到洗衣房去洗的，弄脏一点无所谓。为此，应严格指定规章制度与操作程序，降低二次污染率。

1. 加强职业思想教育，增强客房服务员和布草房员工的责任心，工作中爱惜布草。

2. 制定严格详细的操作规程，避免操作中的违规现象。

3. 加强检查力度，客房部楼层领班、洗衣房主管要经常对布草情况进行检查，及时发现并制止造成二次污染的苗头。

4. 加大处罚力度。建立二次污染赔偿制度，对造成二次污染的当事人，依照酒店相关规定批评教育或实施惩戒。

5. 改善工作条件，解决布草搬运中的具体困难，减少二次污染发生的可能性。

六、布草控制管理

为加强对布草的规范化管理，合理使用布草，延长布草的使用寿命，避免浪费和损失，应加强布草控制管理。布草管理应做到3C与3P原则，即：爱护、保护和管理与计划、准备和采购原则，具体内容如下：

1. 如有宾客损坏的布草，客房服务员应凭相应赔偿收费单据或经理以上酒店管理人员确认的免赔单到布草房或楼层布草间领取相应数量的布草作为补充。

2. 客房主管或领班应每周不定期对楼层布草间进行抽查，发现缺少应及时查找原因，因员工个人原因造成的缺失，由员工按成本价做赔偿处理。

3. 对正常损坏的布草，楼层服务员须填写报损单由主管确认后，报上级领导及财务部相关人员审批，凭报损单和报损布草到布草房或楼层布草间领换相应的布草。

4. 若为外包洗涤公司洗涤，则客房部主管或经理须于次月初前将上报洗涤公司的布草欠条进行汇总后上报酒店财务和总经理，以便酒店及时和洗涤公司进行赔偿协商，双方确认的赔偿金额在当月洗涤费中扣除，必须做到当月损失在当月洗涤费中赔偿。

5. 客房部主管应保存好各类原始单据，并根据财务需要进行汇总。

6. 客房部布草房主管根据月度布草库存量和赔偿、报损数量在每月初上报“布草申购表”。新布草由使用部门提出申购申请，并提供布草样板给洗涤部试洗认可后，由采购部按照采购审批程序统一采购。

7. 需报损的布草，由客房部布草房主管进行分类存放，报损布草须建立账目管理，正常使用的布草应与其有明显区别的标识，以便各部门正确使用，并填写“棉织品报废报损表”。

（1）布草报损要注明原因，分清责任，并须确认交财务部审核；

（2）对盘点过程中发现的布草短缺、破损或严重污渍，应立即向布草房主管报告，连同盘点报告表，呈交客房部经理处理，任何员工不得私自处理。

8. 报损布草流向须有领用人签字（见表8－8）。

表8－8　报损棉织品使用流向

日期	品名	数量	用途	领用人	经手人	负责人	备注

七、制服管理

酒店制服内容繁多，全面形成了酒店制服的多样性，不仅是服饰文化的一种表现，而且也成为酒店文化和酒店整体形象的重要组成部分。酒店制服不仅体现了员工岗位的识别功能，更体现了企业精神，能把制服的实用性、艺术性和企业精神融合在一起。

（一）制服的含义与文化

制服的作用之一是不同部门不同岗位员工服饰的可识别性，同时也起到区分管理人员和服务人员的作用。例如，前厅部服饰与客房部服饰的区别；同为厨师服饰，其帽子的形状和高度、衣扣的颜色和数量，就分别代表了厨师们在厨房里不同身份和地位。之二是指员工服饰与客人服饰的可识别性。任何一个进入酒店的人都可以从服饰中区分出酒店员工与进店客人。这就要求酒店员工服饰的风格统一性以及与环境的融合性。

（二）制服选配标准和原则

酒店制服是从事酒店服务这一行业人员工作时的着装。酒店制服是指为达到统一形象、提高效率或安全劳动的防护目的，按照一定的制度和规定酒店员工穿用的一定制式的服装。酒店的制服包括众多种类，主要有门童制服、保安制服、接待制服、餐厅服务员制服、厨师制服、客房服务员制服、经理制服等。

1. 实用性

从岗位员工的实际工作性质角度来考虑，即酒店服饰设计和选配要考虑到穿着者的实际工作者的工作特性。如客房清扫员就不宜穿裙装，这会影响其清扫房间的质量和效率。又如维修工服装就得配有多个口袋，以方便摆放一些小型修理具。从制服的面料考虑，酒店制服采用化纤面料，其优点是耐用，可水洗，不用熨烫，但也不能绝对化。纯棉面料由于其吸汗、透气，适宜做厨师制服，但挺括性能差且易变旧。高档毛料多用来制作高层管理人员的西服，体现气派和风度。

2. 美观和协调性

酒店服饰是酒店形象的种重要组成部分，那么在设计时就要注意它的美观性和协调性。这种美不光来自服饰本身的美，更重要的是来自服饰与酒店总体风格、装修布置、环境氛围的协调美。比如中餐厅内部装潢和食器总离不开雕花桌椅、古董书画、竹木阁楼、元宝餐厅叠花、象牙红木筷箸和细瓷碗碟砂锅等，这些都带有浓厚的民族风味。若服务员西装革履，难免大煞风景，体现不出中国饮宴美学的特有风韵。若穿旗袍，则服装与环境在风格上统一协调，会让客人得到一种“原汁原味”的中式文化享受。

3. 区域特色性

中国是个多民族的国家，在服饰上也应呈“百家争鸣，百花齐放”之局面，酒店应根据自己酒店的定位结合所在地域的特色，在服饰上充分体现：如回族的白帽、藏族的高筒镶色鞋、维吾尔族的喀什花帽、傣族的筒裙、苗族妇女色彩鲜艳的百褶裙、景颇族男子黑白双色的对襟上衣、撒尼女子的包头花条巾等，都极具民族风味。

4. 周期性

酒店服饰要按季节有所变化，在变化中求统一。酒店服饰大部分有冬夏区别，同季的服装，一般隔天一洗，这样每一员工只需三套制服即可：一套现穿，一套待换，一套送洗。服饰一般是二、三年更换一次，以保持服饰的“新鲜度”。

（三）制服收发工作流程

1. 检查记录。收发制服时应检查衣服内是否有遗留物品或破损，并记录各部门件数。

2. 上架。根据制服的工种、职务，按编号统一上制服柜或上架保管。厨房员工的制服、围裙、方巾等布件要分类存放。

3. 收衣。员工领取干净制服时必须以脏衣换取，按编号领取工作服。

4. 送洗。将脏制服按水洗、干洗要求分类并在规定时间内送洗。

5. 收取。清点洗衣组送来的制服总数，再查看交接记录数目是否与送洗数目一致，检查衣物是否齐全及洗涤质量，然后将洗净的衣物归类成套摆放。

6. 记录补充。对各部门的职工的制服进行消耗记录并定期汇总。员工制服破损、丢失，由部门主管查明原因，由职工填写“制服申请单”，经部门经理签字后，由布件房报废和补充新制服。

第四节　库存管理

一、楼层库存管理

各种客房用品主要是楼层使用消耗的，因此，建立楼层物资、客用品领班责任制，是客房部管理好物资、客用品的关键所在，也是楼层库房管理的重要内容。

（一）存储与保管楼层库房物品

1. 各类客房物品的配置标准

制定各类客房的物品配置标准，可以有效地保证服务质量和控制客房用品的消耗。房内所配备的客用物品，要以客房的类别和档次为依据，在品种、数量、规格、质量要求等方面要有统一的标准。酒店在制定这些标准时，应参照行业标准、竞争对手的标准以及国际标准等，做到既符合实际情况，又要有所创新，注意实效。如家具更新项目表、洗涤更新项目表等。最常见的就是易消耗品的替换项目表，这种表格使用率高，因为这类物品经常更换、增减，如果没有准确的记录，易造成物品管理的混乱。

2. 楼层库房存储标准

楼层库房应该储存客房各类客用品物品，以供楼层周转使用。对楼层库房储备的物品，也应将品种、数量等用卡条或表格列名，并贴在库房内，供盘点和申领时对照。客用消耗品的储存量通常以一周使用为标准，其他非消耗品则根据各楼层的客房数量及客情等具体情况确定。

3. 楼层库房的物品保管

客房部楼层库房的物品保管通常由一名领班负责几个楼层、几个库房，按照领班责任制的要求，做到专人领发，专人保管。

二、库存管理职能

（一）主要职能

重新清点收到的货物数量并将实际收到的货物存放于指定区域，编制有关文件。维护和组织库房环境，要考虑到作业效率、安全性和清洁度。控制适当的存货量，初步了解是否需要补充存货。维护永续存货记录，记录受损、滞销或无价值的存货及遗失的物品。参与月末存货盘点。

（二）库房类型

酒店仓库一般可分为以下类型：食品仓（包括冷藏库和冷冻库）、饮料仓（包括酒类用冷藏设施）、杂货仓（用于存放打印、文具用品和日常用品）、操作设备仓（用于存放设备和家具的维修部件、化学品）等。

（三）库房作业总则

1. 须将存货储存在安全、清洁的环境中，以保持存货质量，对于食品和酒水进行严格的温度控制和保持卫生标准。应参考“食品安全政策”。

2. 库房的布局设计应有利于提高作业效率。对储存空间进行良好的安排，包括对产品进行合理、系统的分类，从而仅需最少的时间来管理领料申请、进行实地清点盘存等。

3. 库房人员应始终确保维持标准存货量。应对滞销品进行监控，如有可能，应采取适当措施改善状况。应维护一份永续盘存记录，以反映实际现有存货、最新发货和收货情况。

（四）发放存货

1. 发放作业包括各种程序，如接收领料单、从货架上检索货物、发放货物、更新永续盘存记录。因此，申请存货时，相关部门应认真考虑每项物品的申领频率（按日或按周），并通过准确预测决定是否申请货物。

2. 通过确定哪些物品是按日和按周必需的、并对申领进行计划，从而避免频繁进出库房，简化相关作业程序。

（五）存货管理

1. 将货物放到库房后，将由库房人员全面负责。如需将储存物品搬入/搬出储存区域，则须有文件记录且可追踪。

2. 应实施永续盘存制（电脑化或人工库存卡），记录搬动日期、数量和所有物品的单价。

3. 对于定期发放的物品，必须始终维持最低限度的存货量。标准存货量基于：之前在某一固定时期内货物的实际消耗情况、对有关时期的预期需求（特殊情况、需求季节波动等）、采购周期、货物可储存的最长期限、储存空间。

（六）实际存货盘点方法

1. 账面余额是以收货和发货记录为基础，不一定与实际库存相一致。因此，必须进行实际存货盘点，并调整账簿中存在的任何差异情况。应对差异情况进行调查。

2. 应在库房和所有已发货的营业点进行实际存货盘点（如酒吧里的酒水）。发放给厨房的物品除外，厨房适用“零库存”规则。

3. 每月至少应于月末执行一次实际存货盘点。

（七）存货估值方法

存货估值方法应以先进先出法或移动平均法为基础。根据先进先出法，假设先发放较早购入的货物，因此存货按最近采购价格进行估值。移动平均法运用加权平均单位成本进行存货估值，每次收到货物时均要计算该单位成本。

三、库存管理案例

以下为某一酒店的库存管理程序：

1. 目的：制定相关程序，以便妥善保管和处理库房的存货。

2. 政策：库房管理员负责存放于库房的所有存货，直到经领料单正式确认货物已发放。通过永续盘存制（电脑化或存料卡），应随时可获得库房所有物品的现有实际数量的记录。

3. 程序：

（1）接收存货。库房管理员负责根据送货单检查送货人员交付的所有货物。确认后在送货单上签名，保留送货单副本，并将正本归还送货人员。库房管理员应于收到货物后及时拆包并存放好。

（2）存货的储存。确定库房布局，将各项物品存放于特定的位置，以便于处理。库房管理员负责监控库房区的安全情况。工作时间以外须将库房上锁以防被盗。即使库房管理员在场，工作人员和第三方也不得进入库房。整理货品架上的货品时，库房管理员应按先进先出法轮换存货，尤其是食品和其他易腐物品。库房区域须始终保持整齐清洁。食品和酒水的温度和卫生控制至关重要。

（3）存货记录保持。记录所有存货的收发情况来维护库存记录。此举有助于尽快确定存货记录与实物盘点间存在的任何差异情况。须定期和随机对账面存货余额和实际存货进行交叉检查。对于经常性和一贯消费的物品，应确定标准存货量。应根据最低再订购量补充库存量。在任何情况下，均须注意不要超量储存。管理员负责维持存货量并下再订购请购单。

思考与练习

一、思考题

1. 不同星级和不同类型的酒店客房用品和设备有何不同？

2. 客房布草在储存时应注意哪些方面？

3. 结合某一酒店，说明其客房布草数量应如何配备。

4. 请根据所学知识，制作出一间标准客房洗漱用品和日用品的配备标准数量表。

5. 请根据本次课程并结合你的经验，制作出一个客房文具用品的年消耗定额标准表（按照3年一个时期进行评测，数据自行设定）。

6. 有一家四星级酒店，拥有客房600间套客房，市场营销部预计全年平均出租率65%，请根据题目2制作出的表格，计算出月均客房文具用品消耗费用是多少元（注：涉及产品单价自行设定）？

二、实操练习

三至四人为一组，以小组为单位对本地几家酒店进行调查，了解酒店的客房部清洁设备的基本种类以及用途，熟悉清洁剂的种类以及使用方法，撰写调研报告。根据小组调研的内容，使用 PPT 演示星级酒店主要使用的清洁设备与用品。并根据所调查的酒店情况，指出酒店日常清洁保养工作中设备与清洁剂使用值得借鉴的地方与存在的问题与不足，并提出本小组的具体建议。

三、案例分析

案例 1

共享模式走进酒店服务业——“租洗互联共享布草”

酒店行业在长期的发展过程中，布草洗涤一直是“弱势群体”，价格低、劳动量大、行业总体人才缺乏、技术投入少之又少。信息技术、互联网技术的迅速崛起，为布草租洗提供了切入及发展契机，共享布草项目应运而生。某租洗互联公司是一家专业为酒店提供布草运营管理整体解决方案的企业，有顶级互联网企业的实战经历，同时兼顾了布草中央洗涤工厂的实际运营经验。租洗互联利用物联网 + 智能布草 + 洗涤服务的创新商业模式，为酒店业提供高效优质的布草供应、租赁、共享、洗涤、配送一体化服务。

通过在每一条布草上植入 RFID 电子标签，为布草赋予唯一的身份信息，实现布草从生产到运营管理全流程数字化管理。这一做法改变了酒店自购布草 + 外包洗涤服务的传统模式，转变为酒店活性存量 + 平台运营管理的创新模式，一键下单，省心省事，更加便捷、更加环保、更加实惠。对于酒店，采用租洗模式最直接的好处就是减少投资、提升酒店布草品质的同时，极大地降低了酒店的成本。

资料来源：由共享模式走进酒店服务业“租洗互联共享布草”全国首发，由 http://news.rfidoworld.com.cn/2018_07/e87886cde4441f70.html（2018/07/05）整理而得。

问题：

1. 如果你是一位宾客，住进酒店突然发现客房里“租洗互联共享”的布草，你是否会感到不便？

2. 如果你是一位酒店经营者，出于环保的考虑，你认为酒店是否可以采用“租洗互联共享布草”的方式？

案例2：

一家客房总数约为500个，并设有3～4个餐厅、宴会厅的酒店，洗衣房大约需要50万美元投资。而客房内客用布草织品、餐厅内的桌布和餐巾、会议室内布草用品以及为使员工仪表整洁而制作的工服等等项目总共需花费数目如下：

客房用布草织物20万美元、餐饮用布草织物12万美元、工服12万美元，合计44万美元。即在酒店开业前就需要近100万美元的投资。

设备与布草是酒店两项重要的资产，因而，在它们的使用寿命内最大限度地发挥使用效能尤为关键。

问题：

1. 在开展酒店经营管理工作中，应该如何注意设备与布草的保养与管理？
2. 如何降低布草的使用与管理费用，提高布草的使用质量？

四、工作术语（见表8－9）

表8－9　　本章常用的专业术语

专业术语(中文)	专业术语(英文)
设备	Facility
清洁用品	Cleaning Products
布草管理	Linen Management
制服管理	Uniform Management
客用品	Guest Products
库存管理	Inventory Management
采购	Purchase
控制	Control
盘点存货	Take Stock
投诉	Complaint

第九章　客房对客服务管理

【学习目标】

1. 掌握客房常规对客服务类型和模式；
2. 了解客房的个性化服务；
3. 掌握客房服务常见问题的处理。

案例赏析：

一酒店住着某公司的一批常住客。一天，一位客人的西装套装脏了，需要清洗，见服务员小李进房打扫卫生，便招呼说："小姐，我要洗这套西装，请帮我填一张洗衣单。"小李想客人也许是累了，便答应了客人的请求，随即按她所领会的意思帮客人在洗衣单上注明"湿洗"，然后将西装和单子送洗衣房。当班的洗衣工是刚进洗衣房工作不久的新员工，她毫不犹豫地按照洗衣单上的要求对这套名贵西装进行了湿洗，结果造成衣服洗后严重缩水。

客人收到西装后十分恼火，责备小李说："这套西装价值上万元，理应干洗，为何湿洗？"小李连忙解释说："先生，真对不起！不过，我是照您交代填写湿洗的，没想到会……"客人更加气愤，打断她的话说："我明明告诉你要干洗，怎么硬说我要湿洗呢？"小李感到很委屈，不由分辩说："先生，实在抱歉！可我确实……"客人气愤之极，抢过话头，大声嚷道："我要向你们经理投诉！"

客房部经理接到客人投诉，立刻找小李了解事情原委，但究竟是"干洗"还是"湿洗"，双方各执一词，无法查证。最后经酒店领导反复研究，考虑到这家公司与酒店的长期合作关系，尽管客人索取的赔款超出了酒店规定的赔偿标准，但为了彻底平息这场风波，最后还是接受了客人的赔偿要求。

评析：

客衣的收取应严格遵守服务规范，不能有半点马虎。服务员在收取客衣时，要当着客人面清点衣物，查看口袋里有无物件，纽扣有无脱落，介绍并确认洗涤方式等，如发现有破损或不能清除的污渍，应委婉地向客人解释，经其同意方可送洗衣房。

洗衣房的责任首先是洗衣单上没有客人的签名不该贸然洗涤客衣；再有就是洗衣工面对“湿洗”名贵西装的不正常情况，未能敏锐地发现问题并向客人了解核实，从而错失了一个避免差错、弥补损失的良机。所以酒店在加强洗衣服务相关人员的业务培训，提高其服务技能和技巧的同时，更要更新服务理念，培养员工良好的职业习惯，做到工作细致周到，从而有效减少或避免洗衣纠纷的发生，让客人享受到满意加惊喜的优质服务。

资料来源：http：//www. canyin168. com/glyy/kfgl/kfal/200612/3691. html.

第一节　客房常规对客服务

一、客房服务中心模式

客房服务中心是将客房部各楼层的对客服务工作集中在一起，并与楼层工作间及酒店通信联络设备共同构建一个完善的对客服务网络系统。客房服务中心多与客房部办公室相邻。客房服务中心一般设主管一名，工作人员若干，实行24小时对客服务。

二、楼层值班服务模式与客房服务中心服务模式优缺点对比(见表9－1)

表9－1　楼层值班服务模式与客房服务中心服务模式优缺点对比

	优点	缺点
楼层值班服务模式	1. 在服务过程中,能有机会与客人面对面,较好地展示服务的人情味,给客人以亲切感; 2. 楼层服务台能及时掌握客房的使用情况,有利于客房销售工作; 3. 有利于客房的安全管理	1. 管理点分散,服务质量较难控制; 2. 花费的人力较多,劳动力成本高; 3. 与客人接触机会过多,使客人有被“监控”之感

续表

	优点	缺点
客房服务中心服务模式	1. 降低劳动力成本,提高工作效率; 2. 营造宽松入住环境,提供针对性服务	1. 给客人的亲切感降低; 2. 服务的直接性不强; 3. 服务的及时性、安全性降低

小资料

对客服务模式的发展趋势

1. 由楼层服务台向专职管家转变，客房服务中心模式将逐步取代楼层值台服务模式；
2. 夜班客房服务中心服务员与客房区域夜班服务员的岗位合二为一；
3. 中、小型酒店客房服务中心的职能，将由酒店总服务台取代；
4. 服务和管理的高科技化（光线唤醒、无匙门锁系统、虚拟现实窗户、自动感应系统、客房内虚拟娱乐中心、健身设备）；
5. 客房服务将更加突出人情味和个性化；
6. 客房服务与管理中将更加注重安全和健康；
7. 行政楼层将在未来酒店中大行其道。

三、VIP 宾客

贵宾又称为 VIP（Very Important Person）客人，一般包括：对酒店经营管理有极大帮助者、知名度很高的人士、有较高地位的人、其他国来访领导人或重要来宾、酒店行业或旅游企事业高管、酒店的大客户以及自费办理 VIP 业务的人士等。

酒店的 VIP 宾客按照等级来进行接待，并且不同酒店的等级划分均有区别。特殊情况下，临时确定接待规格的途径由总经理直接决定客人接待规格；属于酒店上级主管部门部分由总经办请示，总经理批准后决定接待级别等。

小资料

VIP接待任务的下达、签收、提醒与最终确认

1. 贵宾的承办：根据贵宾归属由部门进行承办，“贵宾接待通知单”由大堂副理负责组织下发至酒店所有部门。

2. “贵宾接待通知单”至少在客人抵店前5小时下达至酒店各部门，并由各部门经理签字接收。

3. 各部门接到通知单后，将各项工作分解到各级管理人员和工作人员并报质检部以便核查，包括客人的房号、接待级别、客人的姓氏，并要求接待人员能用姓氏称呼客人。各部门将涉及本部门、本岗位的工作具体到人，并纳入部门工作、岗位的日志，要求在服务中作到定岗、定人、定职能、定程序。

四、小酒吧服务

高端酒店（以及部分中端酒店）均在客房内设置小型酒吧，配备若干种酒水饮料及佐酒小食品，提供配套的酒杯、水杯、开瓶器、调酒棒、纸巾等用具用品，由客人自由使用，这种方法既方便客人，又可增加酒店收入。为便于管理，吧台会放置账单，账单列有所供应酒水饮料及食品的品种、额定存量、价格以及小酒吧的管理说明。

1. 小酒吧应由服务员每天定时检查，定时补充，检查时对数量和种类进行仔细核查，保证每天的供应无误。在检查的过程中，要特别留意瓶盖封口和罐装饮料的底部，防止客人任意更换，检查后，将客人的消耗量记在账单上，账单一式三联，第一、第二联供客房部申领统计使用。每次开过账单后，都必须重新将饮料补齐补足，用过的杯子用品等应及时撤换，并放上新账单。

2. 当一些饮料食品有过期变质问题时，要特别注意，并采取适当的办法处理，一般做法是当饮料食品即将到期时，从客房撤出，与仓库或餐饮等部门调换。

3. 客房服务人员在进行客房服务时应注意住店客人小酒吧的消费情况，及时添补填补酒水饮料。此外还应做到及时清点检查小酒吧所提供的酒水饮料食品是否在保质期以内，以防止食品饮料酒水过期，保证宾客安全。

4. 此外，客房服务员应注意控制好小酒吧酒水的损耗率。防止客人逃账现象的发生；同时降低自然损耗，做到杜绝浪费。

五、开夜床服务

“Turn－Down Service”是酒店专业用语，中文一般称为“开夜床服务”，它是和“Room Service”同等重要的酒店服务之一，也是客人在大多数星级酒店应享受到的服务。正确地认识夜床服务，提供优秀的夜床服务，并在服务中提供个性化的“开夜床服务”，是酒店对客服务追求的目标。

我国《旅游酒店星级的划分与评定》（GB/T14308－2003）规定，三星级（含）以上旅游酒店必须“提供开夜床服务，放置晚安致意卡”。《星级酒店访查规范》（LB/T006－2006）也专门针对三星级（含）以上酒店的开夜床服务设置了22项评分标准，并重点进行特殊情景下的员工应变能力评价。可见开夜床服务是体现酒店服务的一项重要内容。

按照酒店的管理规定，星级酒店客房部文员约在每天17：00前根据客人预订、在住情况制作夜床服务表，注明客人国籍、住客人数，对于VIP客人，要注明贵宾等级以及特别需要等内容。每天约17：30前将工作车物品补充齐整，将免费水果、小点心、报纸、冰块、开夜床小礼品、晚安卡等物品放到工作车上。

开夜床服务的原则为按照女性一般开靠卫生间一侧的床，男性一般开靠窗一侧的床。但随着现在的服务越来越突显个性化特点，酒店成功的夜床服务除了传统地把床铺整理成睡眠模式，床尾巾取下，被子在枕头前反折一角，床边地上铺上地角巾，放上拖鞋等之外，很多的都是选择配合客人档案（Profile）和喜好（Preference）。提供个性化夜床服务，有的酒店送给客人的夜床礼物就会满足客人的一些喜好。比如客人喜欢足球，夜床服务的礼品就有可能是一个客人喜欢的足球明星的公仔，而有的酒店则会在开夜床的时候赠送酒店定制的专属礼品。有的酒店客人睡前喜欢喝牛奶，酒店也会在开夜床的时候，把热牛奶提前送到客人房间。也有的酒店会在开夜床服务的时候在床头柜或者桌子上放桂圆莲子汤、甜点、酒酿等。

六、洗衣服务

酒店内的洗衣服务按洗涤方式可分为水洗、干洗、熨烫。洗衣服务要求洗衣单内容清晰明了，有明确的服务时间、价格、送回方式；四星、五星级酒店应采用布制洗衣袋。收取洗衣时，应先检查客人是否填写洗衣单，核对衣物名称、数量是否正确，确认客人的洗涤要求。逐件检查，看清客衣是否有破损、污点或脱扣问题，注意检查口袋是否有遗留物品，并做好登记工作，做到房号准确、件数准确，确认客人特殊要求等。客衣的分发要把握好时间，衣物应使用特制盛具交还，并根据宾客要求折叠或悬挂，做好签收手续。客衣出现差错或损坏，及时与洗衣房联系，查清原因，并做好汇报，请示处理方法和意见。

特殊情境下的洗衣服务，如挂“DND”房间可以不查客衣；在客人准许打扫后打扫时发现有洗衣，如超过收客衣时间，可以收取并给客人留言，告之因超过收客衣时间，洗衣将在第二天返回，如需加急请与客房中心联系，客人有提前声明或长住客有特殊要求除外。加急洗衣在收到客人通知时进行收取，并在收洗衣时向客人说明要加收的加急费用。随着现在洗衣服务在酒店中的需求逐步提高，很多五星级酒店都陆续推出 24 小时洗衣服务，除了白天正常的收取衣服之外，将夜间也加入正常的洗衣服务中，做到客人要求随叫随到，不分时间，洗衣房收到单子，规定时间（比如十分钟）内将客人衣服取走。

七、客房送餐服务

酒店为满足一些不愿去餐厅用餐及夜间抵店客人的需求，特设客房送餐服务，亦称房内送餐服务。在星级评定标准中，虽将客房送餐服务列入客房服务项目之中，而实际上，送餐服务主要是由餐饮服务人员承担，客房服务人员所做的只是一些辅助性工作，对于客房服务而言，这是一项需与餐饮服务人员密切配合的服务项目。

饮食准备好后，由餐饮服务员用托盘或送餐车将饮食送入客房，在此过程中，楼层服务员既要为餐饮服务员送餐服务提供方便，如指点方向、代为开门，使送餐服务准确、高效，另外也必须保证安全，凭订菜单为送餐人员开门，尤其当客人不在房内时，楼层服务员必须陪同进房，并协助其工作，在餐饮服务员离开后方能离开客房。

餐饮服务员送餐进房、请客人签单并约好收取餐具时间后，便退出客房，但有些客人用餐完毕，常把餐具随便放置于房内或堆放于门外走廊上，此时，既会影响客房或楼面的整洁，又可能会造成餐具遗失，而由于工作区域的关系，餐饮服务员不可能随时进房查看客人是否用餐完毕并将餐具收回。因此，客房服务员发现这些餐具时应立即收取并置于工作间，然后电话通知餐饮服务员前来收取，这就要求客房服务员有全局观念和协作精神。

八、擦鞋服务

酒店客房内部应配备一些简单的擦鞋用品，如擦鞋器、擦鞋布、擦鞋纸等，以方便客人自己擦鞋。一般不在客房内袋鞋油，因为容易造成污染。

客房服务员通常在两种情况下为客人擦鞋：一是客人吩咐，二是发现客人鞋脏时，尤其是雨雪天气，客人从外面回来时为客人擦鞋，这样不仅使客人满意，而且可以避免因客人的鞋子脏而污染地面、座椅、床等。为方便擦鞋服务，客房应备有标着房号的鞋篮，并在报告指南里告知客人将要擦的鞋放在鞋篮里。

小资料

泰国曼谷东方酒店连续十年被评为亚洲乃至世界最佳酒店之一，其前任培训部经理有着比较独特的培训方式，凡是进入该酒店的新员工都要接受较长的培训过程，开始的第一个星期就是教他们如何擦皮鞋。有人不禁要问，擦拭皮鞋，不就两分钟的事情，能培训一个星期？是的，这位经理通过这一个星期的擦皮鞋培训，不仅让员工们掌握擦皮鞋这个简单的服务技巧，而且还训练他们能够通过识别皮鞋品牌、产地、质地、价位、新旧状况等信息，判断出皮鞋主人的品位、爱好、经济状况等隐含信息。如此培训，自然而然激发了员工对酒店服务的兴趣，让他们对酒店服务有一个全新的认识，启发他们可以从不同的角度自己寻找值得钻研的东西，从而提供更令客人满意的服务。

九、会客服务

当住客在房时访客来访，应请访客稍等，到工作间打电话征得住客同意后，再请访客进入房间（若住客不见，可告诉客人住客不在，或委婉告知其他原因，并请访客留言），要做好访客登记工作，未经登记允许，不许客人进入客房楼层。

访客到达时，住客不在又无留言，可请访客至大厅等候，当住客返回时及时通知住客，为了住店客人的安全，服务员不得擅自为访客开门，若访客不愿或来不及等候住客回来，则请其留言，并填写留言单，住客回来时转交住客。

住客不在，访客带有住客房间钥匙，并要进入客房取物品时，服务员在做好访客登记后，随访客入内取物品，并将其物品的领取做好登记工作，住客回店后及时向住客说明，若要取走的是特别贵重的物品，还须出示住客的授权书，服务员应将便条拿到总台核对签名，核对无误后，办理登记手续，陪同访客到客房取便条上标明的物品，并做好记录，住客回店后及时向客人说明。

访客进入房间后要视情况加椅、送茶水，对晚间来访的客人讲清会客的时间规定，对于到了规定时间还未离去的访客，应礼貌地提醒，若来访者需要留宿，应请其到总台办理手续。

十、物品租借服务

为宾客提供租借物品服务和对租借物品管理是客房服务中心的服务项目之一。酒店客房部的租借物品服务是为入住本酒店的宾客提供的。在客房内摆放的《酒店服务指南》中，应标明可供租借的物品名称及租借办法。租借物品不得带出店外。

租借物品在借出前必须进行安全检查、进行必要的消毒。对于电器用品，要提醒宾客安全使用事项。专职服务员要熟悉所有租借物品的名称、用途与使用方法，以便提供安装与使用示范等必要的帮助，指导宾客正确使用。递送小件物品要使用托盘。租借电熨斗，一定要配熨衣板。随身带笔，方便宾客签单。客人常用的租借物品包括：电熨斗及烫板、接线板、网线、麻将及麻将桌、各种枕头、体温计、热水袋、各种文具用品等。从员工的操作层面按照流程进行操作，做好物品的出入跟踪记录，以便查库和管理。

第二节　贴身管家服务和个性化服务

一、客房贴身管家服务

管家服务已成为体现国际顶级酒店个性化、高品位服务的标志，并在国内的高级酒店中日渐时兴。所谓“贴身管家服务（Butler Service）”是更专业和私人化的一站式酒店服务，它是集酒店前厅、客房和餐饮等部门的服务于一人的服务，代表了一种追求极致的服务精神。下榻酒店的贵宾将得到一位指定的专业管家专门为他（她）服务。贵宾的一切服务需要，诸如：机场接送、拆装行李、入住退房、客房服务、清晨叫早、订餐送餐、洗衣、订票、安排旅游和秘书服务等，都由这位贴身管家负责。管家的两种服务方式分为专职管家和全程专职管家服务。专职管家是由各班当值的管家针对所辖区域所有住房客人提供快捷的一站式服务，全程专职管家是针对酒店高级 VIP 客人，由专人一次性跟踪服务，直至客人退房。

管家接到客人后，首先要做好详细的接待计划，包括了解客人的生活习惯、个人爱好，如客人沐浴时喜欢的水温、用餐时爱吃的饭菜等。客人入住后，贴身管家要根据客人的喜好对事先拟定的接待计划进行调整和充实，为客人的起居、行程、用餐等生活细节提供服务，做好管家日记，管家的服务也是 24 小时不间断的。最重要的是，在服务期间，贴身管家最基本的职业操守还在于为客人的个人隐私进行严格的保密。除了酒店的 VIP 客人外，针对其他客人的具体情况，管家部将安排是否需要贴身管家服务。如部分老年顾客，如果存在行动不便且需要贴身照顾等情况，管家部将立即做出相应的安排。这种更加个性化的服务极大地方便和满足了酒店贵宾的需求。

管家服务让顾客信任，为顾客提供无缝隙的、无限贴近的、在和谐距离中良性互动、从而无限增值的服务是贴身管家向我们展示出的服务真谛。信任是管家服务提供者与接受者双方之间首先要达成的共识，如果服务提供者不能得到顾客的信任，那么管家式服务就无法进行。信任是进行这种高端服务的前提。对于服务提供者来说，给人以信任感首先要有很高的专业素质和专业形象。专业素质指的是要熟悉酒店服务的各个方面，专业形象则指形象要优雅、利落、大方，给客人以亲和力和温暖的感觉。专业素质和专业形象是首要条件，而最终能否得到顾客的信任，还要看与顾客具体相处的过程。

贴身管家式服务是管家协调所达成的无缝隙的服务，是实现客人高度满意的服务途径。“无缝隙”是贴身管家的准则，凡事都要想在客人之前。这种“无缝隙”的达成并非易事。贴身管家在接待顾客前要做好详细的接待计划，收集服务对象的资料，了解客人的生活习惯、个人爱好等；在客人入住酒店之后，贴身管家除了通过客服部或客人的助理了解客人的喜好之外，还应当通过细节来发现顾客的习惯，以对事先拟定的接待计划进行调整和充实。

二、个性化服务

随着酒店业竞争的加剧，越来越多的酒店经营管理者认识到：要想在激烈的竞争中取得长期优势，单靠优质的菜肴和舒适的客房是不够的，酒店必须了解顾客的兴趣、爱好及公众的心理和需求，针对市场需求提供有本酒店特色的特殊服务，使之在顾客心目中留下深刻、独特、深受欢迎的印象，建立、保持并发展与顾客的长期互惠关系。规范化服务是酒店服务的基础，个性化服务是酒店服务的灵魂。如果把规范化服务看成是一棵树的枝干，那么个性化服务就是树上的花叶。花叶因枝干壮实而艳丽，枝干因花叶的繁茂而显出生机与活力。没有规范化服务的酒店是无序、不规范的酒店，没有个性化服务的酒店是死板、没有生机与活力的酒店。因此，规范化服务和个性化服务在酒店服务中是相互依存、相互促进的关系，偏重或忽视任何一项都将影响整个酒店服务的质量。

个性化服务（Personal Service）是指针对顾客不同需求或潜在需求，提供有别于标准服务、超出顾客想象、具有附加价值的服务。它有两层含义：一是指以标准化服务为基础，但不拘泥于标准，而是以顾客需要为中心提供各种有针对性的差异化服务及常规的特殊服务，以便让接受服务的顾客有一种自豪感和满足感；二是指服务企业提供有自己个性和特色的服务项目。其本质是以顾客为中心有针对性地为其提供服务；其目的是使服务持续改进，使顾客获得持续满足。情感打动正是个性化服务的精髓和核心，它要求通过温馨、细心和真诚来向顾客提供扣人心弦的情感服务，具体如下：

（一）超前意识服务

超前意识服务是指服务员在服务的过程中具有超前意识。凡事都想在客人前面，在客人的需要和服务员的服务行为之间有一个时间差，这个时间差要求服务员在工作时全身心投入，口、心、手、眼并用，及时地为客人服务。例如，当客人用完餐掏出香烟时，这个点烟的时间差就是客人将烟含在嘴中和自己动手点火之前短短的几秒钟。天气炎热的夏天或三九寒冬，客人一进餐厅，就递上冷毛巾或热毛巾，让客人清除热气或冷气，就会感受到内心的高兴。诸如此类服务均是超前服务。超前服务既有酒店规范制度的指导，又有酒店工作人员的经验和判断。它是在宾客意识指导下的主动服务，是酒店服务高水准的表现。

（二）超值服务

超值服务主要表现在超值上，超值服务是指本应由客人自己做的事由服务员代劳。不在服务人员工作范围以内的不收服务费的服务。例如，客人有小孩来就餐，当孩子哭闹影响大人就餐时，服务人员则要主动为客人带孩子。

（三）超质服务

超质服务是在一定的服务需要的基础上增进了一种或多种附加质。如文化的、知识的、艺术的、科技的。如客人在餐厅宴请，除了提供美味佳肴和周到细微的服务外，还借机给客人讲一讲菜式搭配的营养价值，或食文化、酒文化等，这样不但可以提高客人的饮食兴趣，还可以活跃宴会气氛，使客人在饮食中学到一定的知识。

规范服务纵然做得井井有条、万无一失、但顾客感到的仅仅是用货币买来的商品，是应得到的享受。而细微主动的服务能拨动顾客的心弦，是对规范服务的延伸和超越，是顾客共同需求以外更迫切的、更具人情味的需求，正是这种为顾客着想的细微主动的服务，产生了良好的营销效应。如迎客服务：若是下雨或强烈阳光的天气，要为客人撑伞。还有点烟服务、免费擦拭皮鞋服务等，这些周到细微的服务往往会给客人留下很深刻的印象，精神上可以得到一定的满足，一个真正用心去服务的餐厅，是可以拥有些属于自己的回头客的。而吸引这些回头客的最重要因素是餐厅一切为顾客着想，向前来用餐的顾客提供细微主动的服务。

三、个性化服务案例

客房部的服务要使顾客高兴而来，满意而归，光凭标准的、严格的、规范化的服务是不够的，只有在规范化的基础上，逐渐开发和提供个性化服务，才能给客人以惊喜，才能让客人感觉到“宾至如归”，才能使客人“流连忘返”，才能让客人真正有“家”的感觉。

（一）发现客人潜在需求要有预见性、主动性

一旦发现客人的需求，就马上行动。客人每次对于那种洞察力和反应速度都超级快的服务员，总是心生感激，并且总觉得他前途无量，因为注意到了别人没有发现的点。有客人有一次去迪士尼，不太了解上海天气，就随口问了一句，然后前台直接查了一个星期的天气，还叮嘱客人晚上看烟花的时候会有点冷，记得带外套，就是发自内心感受到客人的需求而提出了建议。还有类似的事就是正好是客人生日，特意准备了小蛋糕和贺卡；客人带小朋友出游，就提前告知有儿童乐园和儿童推车可以借用；看到客人东张西望，主动上去询问客人需求，帮助客人解决问题。

（二）节日期间准备主题和小礼物

酒店通常都是冷冷的空调，很空旷的大堂，主打格调就是跟家里那种充实感不一样。但是有很多酒店会在节日期间迎合节日主题，把酒店搞得很有氛围。在

圣诞节，会挂小彩灯，在大堂里放置圣诞树，还会有工作人员扮作圣诞老人发礼物，客人的房间里会收到水晶球，会让客人觉得还蛮惊喜的，也让不太注重节日的人体验了这份新鲜感。

（三）一应俱全的房间配备

现在很多酒店给客人一种一应俱全的体验，真的是“想什么有什么”。客人有一次想体验不一样的高度，就定了钱江新城美居，酒店设在50多层的高楼上。极高的视觉优势，让人体验到了俯视万物的优越感。

酒店内，体脂秤、可调节灯光的化妆镜，都充分考虑到了精致女性的需求，女性客人看到这些满心欢喜，因为很多女性都会日常关注自己的体重和妆容。还比如，定制的睡袍尤其舒服柔软，真正地让客人体验了一回优雅女人系着睡袍，摇着红酒的慵懒。自带卡插电也很细心，不占用房卡；还有专用电梯，不用和写字楼的其他人争电梯，一切都从客人的角度出发，这样就很优秀了。酒店还为银卡级别的会员提前准备了红酒，法国远道而来的红酒，是最好的见面礼。

第三节　客房服务常见问题的处理

一、醉酒宾客的服务

如果客房服务员在发现客人饮酒过量后，造成的破坏酒店物品、弄脏客房用品甚至是侵害他人的行为时，应该如何解决？

处理办法

醉客到处呕吐，弄脏客房物品，对因醉酒而破坏公物的行为，要迅速通知相关部门人员制止。同时，帮助客人回到房间，为客人送解酒饮品，安顿客人休息，房间留灯。特别提醒客人不要卧床吸烟，防止因卧床吸烟不慎引起火灾，危及客人安全。同时视客人醉酒程度给予适当服务。醉客纠缠不休时要礼貌回避，对大吵大闹的醉客要留意监视，一般不予干涉，报告楼层主管，并通知相关部门人员。

二、生病宾客的服务

如果客人在住店过程中出现生病或者是不舒服等现象应该如何处理?

处理办法

发现住客生病应及时关注，礼貌询问病情及宾客需求。据宾客病情轻重进行处理。如果宾客病情不严重，可请宾客到酒店医务室进行治疗。若宾客病情严重，则应立即上报并协助将宾客送至医院进行救治。如果发现客人患了传染病，应立即报告传染病医院联系住院治疗。对客人使用过的房间在医生指导下进行严格的消毒处理。注意保密，设法尽快通知病人家属。同时需要注意的是，客房服务员不得随意为生病宾客提供药品或代为购买药品，更不能随意搬动宾客。

三、意外伤害

客人住进酒店后，由于各种不同原因，意外事件可能会时有发生，若酒店工作人员处理恰当，可令身处异地而又需要关怀的旅客得到酒店的个性化服务。可能发生的意外有在浴室滑倒、或在公众地方绊倒、被易碎物品刺伤或划伤、溺水或骨折事件的发生等。

处理办法

员工若发现客人有任何意外发生，应马上通知客房部相关领导（一般为主管）或大堂副理。客房服务中心应及时联络主管及大堂副理前往现场查看。征询客人意见或视当时具体情况，决定是否到医务室治疗。如客人意外事态严重，大堂副理应当立刻通知救护车送医院救治。同时，将事故经过进行记录，以备日后查阅。

四、客人损坏酒店财物的处理程序

为了给宾客创造舒适、宁静、优雅的旅居环境，酒店会提供各种设施设备。当客人故意或不小心损坏酒店内的设备时，酒店可向客人索取赔偿。

处理办法

发现问题，员工应马上上前善言劝阻。如发现客房内物品出现损坏，应马上通知房务部相关领导处理。并根据损坏程度及性质决定赔偿情况。

五、客房楼层异常情况处理

（一）做住客房时，如客人回来如何处理？

应先向客人礼貌地问好，解释说现在正在整理房间。确认客人身份后，礼貌地询问客人是否愿意让继续整理房间，如客人同意，则应迅速地整理卫生；如客人不同意，则应收走全部工具，快速离开房间。

（二）意外损坏客人物品如何处理？

如在工作中将客人物品意外损坏，应将事情经过及时上报领班、主管，并向客人道歉并向客人解释事故的经过，并征询客人的处理意见，第一时间上报领班。

（三）客人回来发现房间还未整理，如何向客人解释？

首先向客人致歉并说明原因，并询问客人现在是否可以清扫房间。如得到客人同意，应快速完成房间清洁；如客人不让马上清扫，则应问清客人方便清扫房间的时间，做好记录，以便及时清洁房间卫生。最后，再次向客人表示歉意。

（四）客人索要较多的房间消耗品如何处理？

客人索要一次性用品时，服务员可按房间日配备量提供给客人。客人索要较多数量的一次性用品时，如 5 个以上的牙具、拖鞋，服务员可礼貌地向客人申明这是酒店规定所不允许的；如客人欢喜留做纪念品，可直接照价购买。

（五）房间出现重大维修问题如何处理?

当客房内的某项设备发生问题，又不能在当天修复，则应及时将这一信息上报给领班（领班会与主管联系，主管会与工程部确认后将房态改为待修房）。客房服务员、领班、主管应每天检查待修房，并督促工程部，使检修工作正常进行。如没有开始维修，应报告主管主动与工程联系，了解原因以及解决问题的时间。尤其当出租率相当高时，应及时掌握维修进度，一经修复，马上清洁，以便报 OK 房。维修房超过 3 天不能修复，通常将房内棉织品、酒水、一次性用品全部撤出，以防丢失或误用，对于剩余客房设备，如地毯，根据需要进行保护性铺盖，以防污染。

（六）已退房宾客到房务中心查找遗留物品如何处理?

如客人打电话或前来查询住店时的遗留物品，服务员要问清客人姓名、离店日期、房号、遗留物品名称，并查找遗留物品记录。如记录中有客人的遗留物品，确认客人身份及物品特征后，则询问客人领取时间及领取方式。如客人希望采取邮寄方式，则要确认客人的详细地址、邮编，落实客人邮费问题。如是他人代领，则要问明代领人姓名及如何确认代领人身份。如无记录，应请客人留下联系电话，并及时请楼层服务员重点查找。查找后将查询结果电话通知客人，并将以上处理程序及结果做书面记录。

（七）客人声称在房内丢失物品如何处理?

接到客人丢失物品的信息，首先要安慰客人不要惊慌，询问客人发现物品丢失的时间和摆放的位置。对于一般的物品，可帮助客人到房间查找。对于较贵重或找不到的物品，及时上报领班及主管。服务员根据报表查找相关的进房记录，并将进房的时间、人名向主管汇报。在问题还没得到落实之前，不得进入客人房间。

思考与练习

一、思考题

1. 请阐述你如何理解酒店客房服务。
2. 做好客房接待服务应该注意哪些问题?

3. 在为客人提供各类客房服务的过程中，应该注意的问题有哪些？
4. 如何为客人提供更有个性化的客房服务？请举例说明。
5. 举例说明你感受过的贴心服务。

二、实操练习

以项目团队为学习小组，小组规模控制在 2～3 人，分组时注意小组成员在知识、技能、性格方面的互补性，每个小组选出小组长，各项工作由小组长负责指挥协调。建立沟通协调机制，团队成员共同参与、协作完成任务。选取所学的对客服务中的至少三个场景，通过设计，进行模拟训练，要求充分体现服务的细节和流程。

三、案例分析

案例 1：

企业家李先生到泰国出差，下榻于曼谷东方饭店，这是他第二次入住该饭店。次日早上，李先生走出房门准备去餐厅，楼层服务生恭敬地问道："李先生，您是要用早餐吗?"李先生很奇怪，反问道："你怎么知道我姓李?"服务生回答："我们饭店规定，晚上要背熟所有客人的姓名。"这令李先生大吃一惊，尽管他频繁往返于世界各地，也入住过无数高级酒店，但这种情况还是第一次碰到。

李先生愉快地乘电梯下至餐厅所在楼层，刚出电梯，餐厅服务生忙迎上前："李先生，里面。"李先生十分疑惑，又问道："你怎知道我姓李?"服务生微笑着答道："我刚接到楼层服务电话，说您已经下楼了。"

李先生走进餐厅，服务小姐殷勤地问："李先生还要老位子吗?"李先生的惊诧再度升级，心中暗忖："上一次在这里吃饭已经是一年前的事了，难道这里的服务小姐依然记得?"服务小姐主动解释："我刚刚查过记录，您去年 6 月 9 日在靠近第二个窗口的位子上用过早餐。"李先生听后有些激动了，忙说："老位子！对，老位子!"于是服务小姐接着问："老菜单？一个三明治，一杯咖啡，一个鸡蛋?"此时，李先生已经极为感动了，"老菜单，就要老菜单!"

一顿早餐，就这样给李先生留下了终生难忘的印象。

此后三年多，李先生因业务调整再没去过泰国，可是在李先生生日的时候，突然收到了一封东方饭店发来的生日贺卡：亲爱的李先生，您已经三年没有来过我们这里了，我们全体人员都非常想念您，希望能再次见到您！今天是您的生日，祝您生日愉快！

李先生当时热泪盈眶，激动不已……

资料来源：http：//www.bjdcfy.com/qita/jdkffwgdal/2017－11/1064509.html.

问题：

1. 你如何理解这个案例中的酒店的服务？
2. 通过本案例，你得到了哪些启发？

案例2：

某一天早上，一位客房清洁人员在对1808房间进行客房清洁整理时，发现桌子上摆着一板胃药。这时，服务人员就想起来1808房间客人的样子，一个总是深锁着眉头、不爱说话也不爱笑的客人。“让每一个客人开心是我的服务宗旨”这句话就浮现在服务人员的心里。

资料来源：http：//ishare.iask.sina.com.cn/f/busC3vfy52R.html，经过整理。

问题：

1. 你认为服务人员应该如何做？
2. 如何将服务做到客人的内心，使其能够感受到个性化的服务？

四、工作术语（见表9－2）

表9－2　本章常用的专业术语

专业术语（中文）	专业术语（英文）
小酒吧服务	Bar Service
开夜床服务	Turn－Down Service
洗衣服务	Laundry Service
送餐服务	Room Service
醉酒服务	Drunk Service
擦鞋服务	Shoe Cleaning Service
租赁服务	Leasing Service
贴身管家	Butler Service

第十章 酒店房务运营绩效评估

【学习目标】

1. 了解评估房务总监业绩的主要指标；
2. 了解房务部运营常用的报告；
3. 理解房务部预算编制的重要性及步骤；
4. 理解房务部损益状况（P&L）。

案例赏析：

小张是一家酒店的楼层服务主管。楼层服务员工的工作周期相对于酒店其他部门员工相对较短，他们是以月为考核周期并兑现奖金的。小张的对班组员工的绩效考核情况如下所述：

每月初，小张都根据上级要求，带领下属共同制定当月工作任务，并及考核指标及其目标值。小张给每个员工的指令都是清晰、可考量、有挑战性以及结果导向的。平时，小张每天早晨都召开班前会。他会定期或不定期在自己负责的楼层观察和记录员工的工作情况，检查相关报表，发现问题及时纠偏；发现员工有好的方法或创意及时与大家分享。新员工来了，他会及时进行上岗培训，并在之后安排师傅带，必要情况下他也亲自示范。所有员工的工作热情都被他调动起来了，大家对他的一致评价是“身先士卒”。他的工作日记本上密密麻麻记录着每个员工的工作状况，员工们戏称为“变天账”。小张带出来的队伍在酒店里是出了名的有战斗力的，两年来零客户投诉，审计无发现或纠正要求，而且为酒店输送了三名楼层主管。月底考核，小张会拿出先前确定的“工作计划表”、员工工作记录及报告，按照公司相应的规章和程序对员工进行考评，与每个员工进行半个小时的面谈，对员工以往的工作予以总结，同时设定下个月的工作任务。小张准备充分、面谈得法，大家并没有把这当成是单纯的例行公事，而是视之为难得的提高自己的机会。员工的打分涉及奖金的多少，是每个员工的切身利益。但小张坚持以目标设定和员工客观业绩为依据，使员工心服口服。小张最近已经被提升为客户服务部副经理，负责所有的楼层服务。

案例来源：百度文库，https：//wenku. baidu. com/view/c8adf6cbcf84b9d529ea7a30. html.

第一节　房务部关键绩效指标

关键绩效指标（Key Performance Indicator，KPI）是通过对组织内部流程的输入端、输出端的关键参数进行设置、取样、计算、分析，衡量流程绩效的一种目标式量化管理指标，是把企业的战略目标分解为可操作的工作目标的工具，是企业绩效管理的基础。KPI 可以是部门主管明确部门的主要责任，并以此为基础，明确部门人员的业绩衡量指标。建立明确的切实可行的 KPI 体系，是做好绩效管理的关键。关键绩效指标是用于衡量工作人员工作绩效表现的量化指标，是绩效计划的重要组成部分。

评估房务部的经营业绩是管理层的一项重要工作。不对经营业绩进行透彻的评估，经理们就不会知道房务部是否在向计划的目标前进。成功的房务总监在每日、每月、每季度和年度基础上评估部门工作的业绩。

房务总监的 KPI 主要表现在顾客、员工、质量、利润四大部分。顾客的评估指数有顾客满意度、忠诚客户开发及维护等；员工的评估指数有员工的满意度、员工的流失率、员工的培训及提升等；质量方面有清洁质量、维护保养质量、布草破损率等；利润方面，主要是有房务部整体收益目标的达成、增值销售收入的提升、部门预算执行情况等。

由于顾客、员工及质量部分我们前面的章节已经展开，以下仅就利润方面的几个重要 KPI 指标来进行介绍。

一、营业收入

房务总监要时刻关注酒店以及本部门的收入状况。房务部的收入主要由客房收入和部门其他经营收入组成。其他收入包括电话收入、商务中心收入、租车收入、健身中心收入、公寓及办公室收入等主要部分组成。

营业日报表（Daily Revenue Report）是基于酒店的夜审信息以及财务部同时审核以后每日清晨由财务部日审员发出。在有些酒店称为每日收入晨报（Early Bird Report）（见表 10－1）。报表上有完整的客房收入统计，能看到各个营业点的当日明细营收情况，还能和当月酒店预算以及去年同期等进行对比。房务总监能够观察和对比找出报表上统计的数字更多含义，并为达成预算目标调整工作策略。例如，当数字显示出租率上升而酒店的租车费用却下降的时候，前厅部经理就可能想到前厅部员工没有在推销酒店的租车服务方面做恰当的努力。

营业日报表提供的信息不仅仅局限于让前厅部经理或酒店总经理知道，报表的副本一般都分发给所有部门经理。

表 10－1　　　　　酒店每日收入晨报（Early Bird Report）

EARLY BIRD REPORT 收入晨报

30 days		1 Day of Period 30		Today 当天	PTD 月累计	Budget 预算	Var +/- 差异	Last Year
Room Statistics 客房统计数字								
Rooms Available 可用房数				281	4,215	4,215	-	-
Rooms Sold 已售房				218	2,989	2,690	11.12%	-
Complementary 免费房				-	3	-	-	-
House Use 自用房				2	8	-	-	-
Room Occupied 占用房				220	3,000	2,690	11.52%	-
Out of Order 坏房				-	13	-	-	-
Out of Service 暂停服务房				7	58	-	-	-
Vacant Rooms 可售房				54	1,144	1,525	-24.98%	-
Total Inventory 房间总计				281	4,202	4,215	-0.31%	-
Occupancy % 住房率				77.58%	70.98%	63.82%	11.23%	-
Average Room Rate 已售房平均房价				475.07	429.42	477.27	-10.03%	-
REVPAR 总平均房价				368.56	304.82	304.59	0.07%	-
				Today	PTD	Budget	Var +/-	Last Year
Rooms 客房收入								
Total Room Revenue 客房收入合计				103,565.67	1,284,809.69	1,283,850.00	0.07%	-
Food & Beverage 餐饮部收入		Food	Bev					
Fusion Flavors WesternCoffee Shop 四季味西餐厅	-	13,505.00	50.00	13,555.00	264,272.00	257,125.00	2.78%	-
Jade Garden Chinese Restaurant 翠苑中餐厅	-	1,530.00	-	1,530.00	112,508.00	171,145.00	-34.26%	-
Ramayana Indian Restaurant 印度餐厅	-	898.00	185.00	1,083.00	25,442.00	31,590.00	-19.46%	-
Lobby Lounge 大堂酒吧	-	328.00	216.00	544.00	9,560.00	10,500.00	-8.95%	-
V- Bar 运动吧	-	-	-	-	11,650.00	14,655.00	-20.50%	-
Room Service 送餐部	-	946.00	75.00	1,021.00	12,302.00	4,154.00	196.15%	-
Banquet 宴会厅	-	-	-	-	84,295.00	102,900.00	-18.08%	-
Mini Bar 迷你酒吧	-	-	555.00	555.00	7,026.00	1,750.00	301.49%	-
Deli Corner 美食角	-	-	-	-	-	-	-	-
Banquet Public Rooms Rental 宴会会议室租金		-	-	-	82,400.00	60,000	37.33%	-
Equipment Rental 设备租金		-	-	-	500.00	-	-	-
Other F&B Revenue 其他餐饮收入		-	-	-	1,836.00	-	-	-
Total F&B Revenue 餐饮部收入合计	-	17,207.00	1,081.00	18,288.00	611,791.00	653,819.00	-6.43%	-
Telephone 电话收入								
Local Call Revenue 市话收入				0.45	19.21	-	-	-
Long Distance Call Revenu 长话收入				7.80	271.79	2,690.00	-89.90%	-
Other Telephone Revenue 其他电话收入				-	-	-	-	-
Internet Access 因特网收入				384.00	5,058.00	8,070.00	-37.32%	-
Total Telephone Revenue 电话收入合计				392.25	5,349.00	10,760.00	-50.29%	-
Other Operating Revenue 其他经营收入								
Business Center 商务中心				24.00	496.00	6,187.00	-91.98%	-
Health Club 健身中心				1,460.00	3,442.00	10,725.00	-67.91%	-
Transportation 车队				-	1,400.00	8,070.00	-82.65%	-
Laundry & Valet - Guest 洗衣				4,295.66	16,486.53	43,040.00	-61.69%	-
Office & Apartment Income 办公室及公寓收入				1,320.00	3,950.00	-	-	-
Others Income 其他收入				-	2,696.05	5,000.00	-46.08%	-
Total Other Operating Revenue 其他经营收入合计				7,099.66	28,470.58	73,022.00	-61.01%	-
Total Hotel Revenue 酒店收入合计				129,345.58	1,930,420.27	2,021,451.00	-4.50%	-

资料来源：北京红杉假日酒店前台。

二、客房收益管理

目前，收益管理理念在酒店业得到了越来越广泛的应用，成为酒店取得竞争优势的利器，也是未来酒店业经营管理非常重要的发展趋势。酒店通常会设置收益经理或者收益总监的职位，隶属于市场销售部或者直接汇报给酒店总经理。但是收益管理不是收益经理一个人的事，而是一个团队的事，每一名有销售机会的部门和人都要对酒店的收入负责。

房费收入是酒店的重要组成部分，也是利润的主要来源，在很多酒店，往往要占到60%以上，因此，如何使客房收益最大化，提升平均每房收益，成了管理层最关心的问题。所以房务总监作为整个房务部收益管理的负责人，需要和收益经理密切配合，为收益经理的预测提供支持。同时他需要将客房收益管理的知识和文化传递给自己部门的每一名员工，在部门里建立浓厚的收益管理氛围，让收入最大化成为部门内部管理和考核标准的大方向，与岗位绩效挂钩。

（一）前台客房收益管理制度

1. 增强员工收益管理意识

房务总监广泛进行员工的收益管理意识培训及实际操作训练是非常必要的。要经常组织召开房务收益提升沟通交流会，定期对前台预订员、接待员进行收益管理培训，提高“客房收益最大化”意识。组织有经验的员工或者专业的机构培训员工的预订及售房技巧。

2. 提前进行容量控制

查看未来30天酒店预订情况，包括团队和散客，与收益总监一起根据预订情况结合预测，制定容量控制策略。比如房态控房策略、房价优化策略，限制性条款调整等内容，限制性条款包括如预订担保、提前预付、取消限制以及团队的取消截止日期和取消修改条款执行等情况。

3. 保证信息系统输入的准确性

电脑系统和报表的准确性对实现收益管理极其重要。房务总监要督促员工严格执行操作规范，确保电脑系统数据报表的准确性。如预定时客人房型及房间数量的确认、客房打扫后及时放出脏房和维修房，入住后的房态转换。

4. 灵活控制特殊客群

房务总监在运营过程中需要准确掌握几类特殊的客群。主要有自来散客（Walk in）、担保未到客人（No Show）、超额预订客人（Overbook）、免费升级客人（Free Upgrade）。这几类客群都没办法做到提前的预测，都需要现场控制。所以房务总监需要依据当期市场情况、酒店当日的预订情况进行判断，指定不同的售卖政策。

散客（Walk-in）的售卖配额及价要进行动态调整，以提高自来散客房价或入住率。比如，在接近午夜仍有大量房间空置时可适当采取降价策略。担保未到（No Show）客人由于会白白地占用可售房，前台需要高度灵活掌握比例，大胆地把这些房间卖出去。由于预售和实际入住存在一定差异，因此酒店实行一定比例的超额预订（Overbook）以减少因此而带来的损失。房务总监提前做出超额预订的计划，根据不同类型的客房以及历史数据合理确定超额预订比例。酒店有很多高级别的会员、VIP以及特殊要求的客人，所以很多时候前台会给客人免费升级（Free Upgrade）的待遇。但是这个权限需要控制得当，将免费升级转换为追加销售（Upsell），以免失去卖高价房的机会。

（二）客房收益管理重要指标

一般情况下，经营日报表上除了有收入信息，还记录一些考核客房收益的关键指标。其中最主要的是出租率（Occupancy）、平均房价（Average Daily Rate）及每间可销售房收入（RevPAR）。

1. 客房出租率

客房的出租率（Occupancy）＝当日出售的客房数÷酒店可供出售的房间总数×100%。客房出租率是酒店的经营结果，是所有酒店管理者为之而奋斗的指标之一。出租率也用来衡量前厅部在销售酒店客房工作中的成绩。很多酒店的总经理以及前厅部经理还会为酒店能达到100%的出租率而庆贺。如A酒店有客房125间，当日出租间数为89间，则出租率＝（89÷125）×100%＝71.2%

出租率除了受市场大环境以及竞争对手的影响，酒店的产品和服务对酒店出租率也至关重要。由于酒店员工的服务、硬件不够完善，客人不满意而影响出租率的屡见不鲜。所以前厅部作为酒店服务的窗口，前厅部经理更要把好关，做好服务工作，以提升酒店出租率。

2. 平均房价

平均房价（Average Daily Rate）在酒店经营分析中的地位和衡量标准的重要性仅次于客房出租率，它是客房总收入与实际出租客房数的比值。房费收入是酒店的重要组成部分，也是利润的主要来源。在很多酒店，往往要占到60%以上。如何提高平均房价成了管理层最关心的问题之一。平均房价的计算公式是（客房总收入÷出租的客房数）×100%。酒店前厅部经理要运用收益管理理论，基于酒店的运营成本、不同的房间类型、竞争对手等信息做出灵活的定价策略，使用多样化的定价方法。如 B 酒店有客房 100 间，其中 60 间为标准间，房价 1800 元/间；40 间为单人间，房价 1600 元/间；当日房价以 8 折优惠，标准间房价 1440 元/间，单人间 1280 元/间，实际出租房为 80 间，其中标准间 40 间，单人间 40 间，则当日客房总销售额 = 1440 × 40 + 1280 × 40 = 108880（元），日平均房价 = 108880 ÷ 80 = 1360（元）。

在不同情况下，提高客房出租率及平均房价应有所侧重。当预测客房出租率低于预期出租率时，可通过房型的超额预订、免费升级、改变推销方式，留住每一位预订、开房的客人，从而提高客房出租率，此时房价相对于平均房价可能偏低；而当预测客房出租率已达到或超过预计的出租率时，则要靠通过筛选客户、推介高价房等方式，着重提升平均房价。

3. 每间可销售房收入

客房出租率和实际平均房价（Revenue Per Available Room，简称 RevPAR）是饭店经营活动分析中两个非常重要的指标，但是，如果单从客房出租率或是单从实际平均房价分析或考核客房的经营业绩是片面的，我们并不能判断一个酒店的经营优劣，甚至会得出相反的结论。而 RevPAR 则可以帮助我们比较全面地了解一个酒店的经营状况，因为它从出租率和平均房价两个方面共同来考察酒店的经营。

Revenue Per Available Room 指每间可供租出客房产生的平均实际营业收入，用客房实际总收入除以客房总数，也可以用实际平均房价 × 出租率来计算。RevPAR 是衡量饭店客房经营水平和投资回报的一项重要指标。在国际通用的饭店教科书中，在国际饭店管理集团采用的统计体系中，以及饭店投资业主、饭店经营者、与旅游和饭店相关的咨询公司都将 RevPAR 作为非常重要的指标来使用。

RevPAR 的计算公式有两种，公式（1）：RevPAR = 实际客房收入 ÷ 可供房总数。仍以上面 B 酒店为例，B 酒店的 RevPAR = 108800 ÷ 100 = 1088（元）。这个数字表明，该酒店每间客房产生了 1088 元的收入，经营状况尚可。公式（2）：RevPAR = 出租率 × 平均房价 = 80% × 1360 = 1088（元）。

三、增值销售业绩管理

前台员工已经不只是订单的接收员和单纯的接待员，更是客房的销售员。房间“增值销售”在前台有着举足轻重的作用，对酒店的平均房价提升以及收益最大都有非常大的帮助，是酒店增加经营利润的一条重要途径。因此很多酒店集团已经将增值销售表现作为考核房务总监的重要业绩指标。

房务总监从管理的角度，为了提高前台员工的工作绩效，还需要做到以下几点：

（一）明确任务，提高员工的销售意识

酒店房务总监会在年度预算制定过程中设定增值销售的全年目标，每个月都有增值销售额和增值销售率绩效任务。增值销售率在高星级酒店中，最高纪录一般维持在5%左右。房务总监也要同时将任务在所有员工中进行分配，在每日的部门会议、班前会等反复强调，形成全员销售的氛围，同时进行每日统计及追踪（见表10－2）。

表10－2 酒店增值销售业绩统计表格模板

Confirmation No.	*Guest*		*Stay Period*			*Room Rate*				*Incentive* (Extra Revenue * 10%)
	Last Name	First Name	Arrival (Date)	Departure (Date)	Room Nights	Original Rate	Upsell Rate	Variance	Extra Revenue	
3537000000	ZHANG	SAN	01－04－2019	03－04－2019	2	1000	1500	500	1000	110.00

（二）制定合理的提成计划，激励员工

酒店要制定合理并有吸引力的提成计划，增加员工的收入，也有利于提高员工的积极性。除了奖金奖励，酒店也可以采用评出月度冠军、季度冠军以及年度冠军的方式。给予员工荣誉，提升其工作忠诚度。

（三）开展销售技巧培训，提升专业度

好的销售技巧是成功的一半。酒店前台员工的流失率比较高，培训大部分是以在岗培训为主，不成体系。行业内有一些很专业的客房增值销售培训机构，如TSA，培训的效果立竿见影。所以酒店可以考虑派出一些有经验或者表现优异的员工去这些专业机构参加培训，员工在培训结束后在部门内部进行经验分享。

第二节　酒店房务部经营预算制定及费用控制

一、预算编制程序及时间

房务总监所要做的最重要的长期计划工作是进行营业预算。酒店的年度营业预算是一个盈利计划，涉及所有营收渠道和支出项目。在多数酒店中，客房收入要大于食品、酒水或其他任何渠道的收入，房务部门的利润一般也要大于其他任何部门的利润。因此，准确的房间预算在酒店总预算的制作中就显得至关重要了。

（一）预算编制程序

在整个预算制定过程中，所有管理人员互相协调，密切配合。包括收集信息、制定初始计划、重新考虑目标，做最终的调整以及审批。房务总监负责房间营收预测，而酒店财务部门则提供预算过程中需要的基本统计信息。酒店财务部门还有责任协调各个部门经理的预算计划，综合成一份全酒店的经营预算，供最高管理层审阅。酒店总经理和财务总监一般要审阅各部门的预算计划，并且准备一份预算报告请酒店业主们批准。一旦经营预算获得审批通过，部门运营即可以此为标准，绩效评估也应以此为标准。预算是一个指导性文件，为管理人员提供了衡量经营是否成功的标准。

（二）预算编制时间

酒店的预算制定一般是在每年的 7 ~ 8 月份开始，历时 3 ~ 4 个月才能完成。年底 11 ~ 12 月份确定次年的预算。

二、预算制定的步骤

经营预算概括地列出了饭店的财政目标，其目的是将经营成本与年度预期收入挂钩。就本质而言，预算就是一种计划。它规划出饭店在该预算周期内的预期收入，以及为创造这些预期收入所需承担的费用。

经营预算通常需根据每个财政年度来制定。年度经营预算概括了在该年度结束时的预期结果。在酒店财政年度的基础上，也会制定月度经营预算。这样所有管理人员就能清楚地列出预期收入和相应费用的季节性变化。而且，每月经营预算计划还能为管理人员和各部门主管提供监管实际结果的宝贵工具。

（一）预测客房收入

通常，出租率预测报告由酒店的市场销售总监以及收益经理负责完成。该预测报告不仅要依据过去的出租率水平（以及在该预算周期中出租率水平高低的分布情况）而定，还要考虑市场营销部所提供的有关特殊事件、广告和促销活动对客房销售将产生的影响。这样做除了有助于预测出客房收入外，还可以帮助各个部门预期大部分费用。因为各个部门费用通常都跟客房出租率有极其直接的关系，客房部尤其如此；诸如薪金和工资，以及可循环和非循环使用库存品的利用率，都会直接受到饭店已租房数量的影响。

酒店整体出租率和收入的预测要基于不同的细分市场进行，因为不同的顾客来源在不同的月份其价格和需求都会有所不同。各个酒店（集团）对不同细分市场划分的标准不一，表格 10 – 3 为酒店客房收入季度预算表的模板。

表 10 – 3　　酒店客房收入预算表模板　　单位：（元）

摘要	第一季度	第二季度	第三季度	第一四季度	总计
门市价客房收入	2 970 147	4 061 372	4 488 009	4 138 700	15 658 228
公司协议价客房收入	1 662 710	2 275 953	1 783 145	2 193 700	7 915 508
政府客房收入	10 400	9 900	43 108	42 300	105 708
OTA 客房收入	8 696 795	9 151 773	12 541 791	9 460 600	39 850 959
旅行社散客客房收入	496 587	736 090	737 448	669 300	2 639 425
会议团队客房收入	694 641	1 691 117	977 460	1 811 200	5 174 417
旅游团队客房收入	11 578	28 047	0	0	39 625
出租房间数	19 284	21 076	21 992	21 168	83 520
可出租房间数	22 950	23 205	23 460	23 460	93 075
出租率	84. 03%	90. 83%	93. 74%	90. 23%	89. 73%
平均房价	633. 68	773. 72	876. 85	780. 72	766. 95
RevPAR	532. 45	702. 74	821. 98	704. 45	688. 22
客房收入	14 542 857. 53	17 954 253. 25	20 570 961. 1	18 315 800	71 383 872

（二）基于出租率预测部门费用及支出

鉴于客房部不算是创收部门，因此，为了实现饭店的财政目标，行政管家的主要职责就是控制部门费用及支出。一旦做出了出租率预测，成本随出租率而波动的各部门就能估算出各自的预期成本。“已租房平均成本”是行政管家用来决定各类物品费用水平的主要依据。一旦行政管家知道出租率预测，那么就可根据每间已租房的平均成本，确定薪金和工资、清洁用品、客用品、洗衣费及其他部分的预期费用（见表 10 - 4）。

客房的支出一般分为两种：一种是固定资产支出；另外一种是经营支出。固定资产支出是在正常经营中一般不会消耗掉，超出一定的金额，使用寿命都会超过 1 年的资产支出。客房部的设备包括对客服务车、吸尘器、地毯清洗机等、家具、固定装置设备这些都属于典型的固定资产支出。而且，开业初期采购的大宗可循环使用的库存品，如布草、毛毯和制服等，也都属于此预算项目，这是因为它们的使用期限比较长，在正常的经营过程中一般也不会消耗掉。经营支出是酒店日常经营所产生的费用。饭店的正常业务经营过程中，因创造收入而产生的成本。这些费用都是变动费用，变化与客房的营收成正比。在客房部中，最昂贵的经营成本就是工资及福利。其次就是清洁用品和客用品成本等也被视作经营成本。

表 10 - 4　　酒店房务部费用预算模板　　单位：（元）

摘要	第一季度	第一季度	第三季度	第四季度	总计
工资（基础工资及加班费）	314 547	316 386	330 939	359 582	1 321 453
福利费（奖金、假期、保险费等）	219 737	265 761	270 083	267 638	1 023 219
工资及福利合计	534 284	582 147	601 022	627 220	2 344 672
服务外包	535 639	616 181	633 134	622 425	2 407 379
清洁用品	40 352	48 463	96 768 464	299 641 553	396 498 832
营运用品	31 634	31 459	62 484	58 978	184 556
客人用品	236 491	288 761	306 596	275 768	1 107 616
招待费	118	640	200	600	1 557
音乐系统	607	607	705	900	2 818
会员福利	89 610	108 442	102 245	90 526	390 823
植物及装饰	56 000	9 500	9 500	31 000	106 000
工服	369	283	189	0	841

续表

摘要	第一季度	第一季度	第三季度	第四季度	总计
洗衣	203 721	224 938	239 668	224 478	892 806
电话费	2 177	2 027	7 470 079	22 744 921	30 219 203
办公用品	2 469	2 470	3 591	4 200	12 730
免费报纸	1 338	1 376	1 646	2 117	6 477
员工住宿及医疗	33 839	29 652	35 932	39 602	139 025
营业费用合计	1 234 363	1 364 798	105 634 434	323 737 069	431 970 663
部门总费用合计	1 768 646	1 946 944	106 235 455	324 364 289	434 315 335

（三）敲定预算

房务部门的预算只是酒店预算的一部分，酒店预算是综合所有部门的信息指定的，包括餐饮部、工程部、人力资源部等。预算做完后需要酒店的领导层进行审批，如果预算不能令人满意，需要改变的项目会退回给相应的部门经理，请他们审阅、修改。各部门主管会根据部门经理的反馈建议补充新内容，调整预算计划，这种反馈和讨论循环会不断地往复继续。通过这种来来回回的过程，最终能达成一致。最终的预算体现出每个人都需采纳的经营预测、饭店目标和对大家的约束。每个部门都要根据预算限额来开展运营，并为达到总体规划目标做出贡献。

（四）客房损益分析

损益表（Profit and Loss report）、经营状况表或者财务业绩表（模板详见表10－5），是根据酒店经营报表中的收入和支出数据综合编制的年度定制报告。它汇总了特定时期（通常是一个财政季度或一年）内产生的收入、成本和费用。部门的损益表（P&L）是酒店总经营报表的支撑。总经营报表中的每个部门都有一张明细报表来支撑。客房 P&L 可以展现房务部通过增加收入、降低成本或两者兼而有之而产生利润的能力，考察了创收和成本管理的处理能力。

预算代表了该年度的经营计划，行政管家要确保本部门的实际运营状况与预算一致。房务总监能根据 P&L 表监测本部门在实现预算目标和遵循预算限制方面的表现如何。经营预算与损益表在形式上相同。损益表显示了某一财务报告期内的实际经营结果，识别了在报告期内所创造的收入，并一一列出因此而发生的费用项目。损益表和经营预算的差别在于，前者表明已结束的这一报告期的实际经营结果，而后者表明当前期或下一期的预期经营结果。一个是对实际情况的报告，而另一个是对未来情况的预测或者计划。饭店预算计划成功与否，这将取决于所预测的数字能在多大程度上与该周期在结束时损益表上所显示的数字相一致。通过将预算拨款同实际费用进行对比，行政管家能跟踪客房经营的效率，并对本部门在预算内进行控制费用的能力进行监督。

表 10-5　　酒店损益表模板

Description 摘要		2016 Budget 预算	2016 Actual 实际	Jan 一月	Feb 二月	Mar 三月	Apr 四月	May 五月	Jun 六月
Occupancy %	住房率								
Average Room Rate	平均房价								
No of Rooms Available	可卖房数量								
No of Rooms Rented - Total	房间出租数量								
Spend per Guest	住店客人平均消费								
NET REVENUE	**净收入**								
Rooms	客房部								
Other Income	其他收入								
Total Net Revenue	**收入合计**								
COST OF SALES	**营业成本**								
Payroll & Related Expenses	工资及相关费用								
Admin & General（INCL FC)	行政管理(含财务）								
Sales & Marketing / PR	市场营销								
Property Operation & Maintenance	工程维修及能源								
Personnel & Training	人力资源								
Rooms	房务部								
Total Cost Of Sales	**成本合计**								
GROSS OPERATING PROFIT	**营业毛利润**								
PROPERTY & OWNERS COSTS	**非营业费用**								
Incentive Management Fee %GOP	奖励管理费								
OGHM Incentive Management Fee	管理公司奖励费								
Insurance	保险费用								
Rent Fee	租金								
Land Tax	土地使用税								
Municipal Rates	地方性费用								
Interest Expenses	利息费用								
Proceeds on Sale of Fixed Assets	处置固定资产收益/损失								
Other Non Operating Expenses/Income	其他营业外费用								
TOTAL PROP. & OWNERS COSTS	**非营业费用合计**								
NET PROFIT	**净利润**								

然而，作为一种计划，根据不可预测的或者变化的情况，预算上的数字可能需要做出调整。酒店每个月会基于变化的情况做出滚动预测表（Rolling Forecast）。如果客房销售没有达到预期水平，那么分配到不同部门的费用就需要进行相应的调整。如果出租率超过预期水平，则需要增加费用，并将增加的费用纳入修改过的预测表中。如果产生了预料之外的费用，则需要评估此项费用对于整体计划所产生的影响。此时，饭店可能需要通过确定新的方法，来实现其财政目标。

思考与练习

一、思考题

1. 酒店房务部门如何创收?

2. 酒店房务预算编制过程中房务总监、市场销售总监以及财务总监应该如何配合?

二、练习

1. 收集两家酒店的宾客满意度调查问卷并做比较。

2. 分组讨论并尝试制作一份酒店的宾客满意度调查问卷。

三、工作术语（见表10－6）

表10－6　本章常用的专业术语

专业术语(中文)	专业术语(英文)
关键绩效指标	Key Performance Index
营业日报表	Daily Revenue Report
每日收入晨报	Early Bird Report
出租率	Occupancy(OCC)
平均房价	Average Daily Rate(ADR)
每间可销售房收入	Revenue Per Available Room(RevPAR)
损益表	Profit and Lost(P&L)
预算	Budget
工资	Payroll
滚动预测	Rolling Forecast

第十一章　酒店前厅客房服务与管理的发展趋势

【学习目标】

1. 了解目前旅游及酒店行业的创新案例；
2. 理解酒店前厅客房管理和服务的发展动态；
3. 掌握酒店房务管理主要的发展趋势。

案例赏析：

2018 年 2 月 18 日，阿里巴巴首家未来酒店菲住布渴（FlyZoo Hotel）正式开业。作为全球第一家支持全场景身份识别、大面积使用 AI 智能的酒店，菲住布渴通过智能化体验和设施，让住客体验到了酷炫又舒适的服务。

住客通过菲住 App 预订时，可在线根据自己的喜好选择房间楼层、位置和朝向。进入大堂，面对的并非是前台，而是替代以机器人“天猫精灵福袋”迎宾、指引。客人可在手机上凭电子身份证 Check-in 或在大堂刷脸自助办理入住。大堂有服务大使，可以随时响应住客的需要。退房同样简单，住客只需打开菲住 App，点击预计退房的时间，到时间就可以自动退房。

进入房间，客人专属的客房管家天猫精灵智能音箱已经被唤醒，可直接对室内温度、灯光、窗帘、电视等进行语音控制。客人还可以通过客房管家发出送餐、送水等客房服务指令，随即会由机器人“天猫精灵太空蛋”和“天猫精灵福袋”将服务送到客房。

除此以外，目前菲住布渴支持全场景刷脸身份识别响应：住客进入酒店乘电梯无须刷房卡，无感梯控、无触门控将自动进行人脸识别，智能点亮客人入住楼层，自动开启房间门；借助无感体控定位系统，客人离开房间的瞬间，电梯也将自动响应等候。开房门无须房卡，刷脸就行；在餐厅，给客人上菜的也有机器人服务员。去大堂演艺吧，机器人调酒师能制作多种不同的酒类和咖啡。去健身中心，“脸”同样是通行证……

资料来源：https：//zj. zjol. com. cn/news/1064340. html。

随着国内旅游市场的快速发展和国外游客对中国的旅游热情与日俱增，中国酒店业近年迅猛增长。如何吸引并留住客人，成为摆在管理者面前的一道难题。特别是随着越来越多的跨国酒店集团加入争夺，它们将其在世界各地积累的运营策略、方法及技术引入国内，这更为本地酒店经营者带来巨大压力。中国酒店经营者必须掌握行业的新发展趋势和技术演进，令酒店运营更具效益，为客人带来更优良的入住体验。

21 世纪是信息时代的新世纪，经济的全球化和科技的进步，促进了生产力成百成千倍的提高，物质生活的极大丰富又推动了人类对精神层面的更高更多的追求。在这一大趋势下，酒店的前厅客房服务和管理理念也必然与这一趋势共融。所以作为新时代的管理者，也要根据这些重大的变化，及时准确地预测和把握变化趋势，对于指导并搞好酒店房务部的经营管理工作具有重要意义。

第一节　酒店前厅服务与管理的发展趋势

一、智能手机的普及重新定义酒店入住及沟通方式

（一）集团官方 App 推行手机入住及蓝牙开锁

随着智能手机的普及，各大酒店集团都以移动设备为中心重新定义了客人入住酒店的方式。各大酒店集团均推出了自己开发的移动端的 App，用来服务自己的忠诚客户。智能手机已经成为整个旅行体验的遥控器。App 可以预订房间，办理入住手续，提前选房。到达酒店后智能手机还可以作为房间钥匙、订购客房服务、给前台留言等。酒店业变革 Check - in 方式，不仅取悦年轻顾客，让他们的住店过程更简洁，还能争取更多的忠诚客户。手机 Check - in 方式还帮酒店节省了人力资源，同时提高了 Check - in 效率。以希尔顿为例，他们在全球有超过 65 万间客房，如果都是用手机 Check - in 及交付房间密钥，每年节省下来的人力开支将会很惊人。在不久的未来，酒店业沿用了 100 多年的 Check - in 流程，很可能将会消失。

在一个各种信息变化更新更快的时代，客人希望有更多的私人时间和私人空间。入住的快捷服务和离店的快捷服务，将成为大部分客人的期盼，这也对前厅员工的服务技能提出更高更快的要求。“快捷服务”也成为前厅对客服务的追求目标。

知识拓展

希尔顿数字钥匙

希尔顿集团推出了“数字钥匙”（Digital Key）。所谓“数字钥匙”指的是，当智能手机在选定房间的范围内时，通过蓝牙发送信号解锁房间。你只需拿出手机，打开应用程序，然后在有效距离之内（1.5 米）按下“触摸以解锁”按键。在等待大约 10 秒之后，你的房门便会自动开启。出于安全考虑，你可以选择在应用当中隐去你的房间号。要使用希尔顿的房间数字钥匙，要先下载希尔顿的官方 App。数字钥匙可以打开任何你通常用普通钥匙开的门，包括房间、电梯、侧门、健身中心，甚至停车场。

资料来源：www. hilton. com.

（二）增加真人实时对话服务，扩宽沟通渠道

酒店为了利用移动端帮助客人在入住期间更好的与酒店沟通需求，促使语音聊天在酒店中的流行、对话式商务兴起。客人可以在 App 应用上轻轻地点击一下，就能与酒店立即建立联系，而不用去拨打酒店的电话。

酒店通过人性化的视角来看待事物，建立双向对话功能，用户可以在入住前、入住时和入住后与酒店联系。把聊天新技术融入酒店，为旅行者带来更多的个性化体验感。在即时通信和碎片化阅读的流行趋势下，也拓宽了酒店和客人的沟通渠道。

知识拓展

四季酒店 CHAT 服务

四季酒店 2017 年拓展了 CHAT 聊天服务，并推出包括 WhatsApp 在内的 9 个即时通信平台。酒店客人可以通过平台直接跟酒店服务员进行交流，语音聊天次数已超过 350 万余次。客人除了可以通过 WhatsApp，还可以使用 Four Seasons App、Facebook Messenger、微信、KakaoTalk、LINE、Apple 商务聊天和短信，在 fourseasons. com 上进行网络聊天，提供九种频道选择。在此过程，客人与酒店之间平均响应时间为 90 秒或者更短。客人可以通过使用四季聊天查询到任何信息或服务，包括餐厅推荐、订购客房服务、水疗中心预订、获得附近最佳购物的建议，甚至预约私人飞机。四季聊天目前在 106 个四季酒店和度假村及四季私人飞机上进行使用。

资料来源：www. fourseasons. com.

二、人工智能为酒店提升工作效率并优化用户体验

（一）快捷自助入住及信用住成为热潮

现在很多酒店都在前台推出了自助入住机，入住酒店的客人有更丰富快捷的入住选择。自助徒手机可以让客人绕过前台，使用自助入住机通过扫描证件→人证核验→缴纳房费→获取房卡，在一两分钟内完成入住，大幅提升客户的入住体验。同时在缴纳房费或杂费押金的环节中，信用住以及电子支付的普及等大大优化了入住体验，提升了付款效率。

在前台业务繁忙或人手不足的时候，自助入住及信用住都能有效分流客人，缩短客人排队时间，减轻前台压力，随时帮助客人办理入住和退房，避免客人在前台等候耽误休息时间。而对于酒店的前台员工也大幅降低了其工作量。自助机办理入住的客人，档案信息及订单状态以及 PSB 的信息全部会自动同步更新至对应系统中，不再需要前台员工手工操作，大幅提升工作效率。

知识拓展

飞猪信用住

2015 年 3 月 30 日，阿里旅行推出信用住，让芝麻分达到 600 分的用户先入住后付款，无须担保零押金，离店时也无需排队，只需把门卡放到前台，系统会自动从用户的支付宝账户里扣除房费。作为一项基于个人信用的酒店服务计划，“信用住”为符合条件的用户提供“预订免订金、住店免押金、离店免排队”的全场景信用住宿体验。用户的各项酒店消费将在离店后扣除，游客和酒店都能充分享受移动支付及其结算方式带来的顺畅便捷。2018 年 4 月 27 日，万豪国际集团宣布全球范围内超过 1000 家万豪国际旗下酒店将陆续推出“信用住”服务，让习惯于移动支付的中国游客轻松出游。万豪国际开拓性地将这一创新体验推广至全球市场。

资料来源：http：//www. weste. net/2018/07 – 12/119837. html.

（二）智能机器人的普及

近年来，酒店之间的竞争越来越激烈，智能化成为差异化的突破口之一。无论是前台还是客房，都少不了智能机器人的身影。随着 5G 技术、人工智能技术

以及机器人技术的不断发展，在酒店实现自动化服务的过程中，机器人将是不可或缺的环节。

机器人有三大优势。其一是隐私度加强。现在越来越多的客人注重隐私，用酒店智能机器人服务员这样的身份来为客人提供服务的方式，更被客人所接受，避免客人取物品时面对服务员的尴尬。其二是服务成本降低。酒店更多的消耗在员工招聘、员工培训、考核成本等人员方面的增长上，未来服务人员的成本将会越来越高。而机器人却相反，随着大规模酒店智能机器人的生产和技术的不断提升，机器人的成本会越来越低，应用场景将会越来越多。其三是成为服务亮点，大家非常喜欢和酒店机器人一起拍照，成为“朋友圈”的网红。酒店机器人在服务客人的同时，还能把酒店的特色服务宣传给客人。而客人又喜欢在朋友圈、点评和 OTA 等留下对智能机器人的好感点评，从侧面也增加了酒店的好评率。

随着机器人技术逐渐成熟，未来的服务型机智能器人不仅仅是市场占有率的比拼，还是标准化服务质量的较量，需要不断地提升机器人的服务质量及能力，不断进行服务标准的升级迭代。

知识拓展

酒店机器人名字知多少

2015 年日本长崎开的世界上第一家由机器人经营酒店 Henn-na，在待客前台，有 3 台帮助客人入住的机器人，其中女性机器人负责办理入住和必要的人脸识别手续等，旁边还有怪异的恐龙样式的机器人协助。客人通过提示办完入住手续后，将有两台机器人引导其到客房。在存包处，还有机械手帮助客人将行李放入柜子。客房通过脸部识别系统进出。在客房内，还有专门候机服务的机器人。你可以点食物或者饮料，它就会将你点的东西送到你手上。名叫 Tuly 的台灯大小的机器人负责控制房间的声控灯以及为客人解答一些简单的问题，比如时间或者天气情况。

2014 年，喜达屋品牌雅乐轩酒店（Aloft Hotels）是第一个使用机器人技术的大型酒店品牌。机器人管家的名字为 A. L. O，也被公众称为 Botlr。A. L. O 最先投放在加利福尼亚分店，它可以按设定的线路交付服务，还可以为客人提供信息服务、房间送餐等，为员工节省时间。

2016 年希尔顿与 IBM 合作在其弗吉尼亚麦克莱恩分店引入了一个叫作 Connie 的机器人。Connie 以希尔顿创始人康拉德 · 希尔顿的名字命名，它的工作是一名礼宾员，能够向客人介绍附近的名胜古迹，提供关于酒店的餐饮建议，能够为旅行者提供他们所需要的尽可能多的信息，它甚至可以帮助客人计划旅行。

（三）全方位智能住宿模式酒店的兴起

2017 年 10 月份，首家无人智慧酒店“乐易住”正式对外迎客，首次将全程无人值守、全方位智能住宿模式落地，目前在成都、深圳等地已落地 4 家门店。另外还有，通过一部手机完成预订、入住和退房的 Xbed 互联网酒店；搭载小米智能系产品的隐世 Hutel；通过手机 APP 预订、控制房内设备的 CitiWow Hotel 等无人酒店先后出现。2018 年底，全球第一家支持“全场景刷脸”住宿的酒店，阿里巴巴无人酒店“菲住布渴”开业。从入住到退房，没有大堂、没有经理、没有服务生，看起来所有事情统统交给了人工智能。虽然这些酒店使用的技术不同，但其本质上都是为客人提供更为便捷的入住体验。而酒店行业的变革者正越来越多。

从科技发展来说，人工智能替代部分劳动力是必然趋势。随着越来越多的酒店服务场景智能化，传统酒店可能会被颠覆。可以预见，在不久的未来，作为产业变革和技术迭代下催生的新业态，无人酒店有可能逐步成为酒店业常态。

尽管酒店的许多服务可以被“智能化”取代，但是宾客依然需要“有温度”的服务，客人依旧需要服务人员提供的温馨、亲情和个性化服务。人工智能介入中国酒店的分工后，假设客人需要某种仪式感、尊贵感时，还是需要人来服务。

三、酒店前厅空间设计迎来新变革

（一）前台接待由站式转为坐式

传统酒店的总台接待是客人站立办理入住登记，员工则伫立伺候为客人服务。在新世纪，将有越来越多的酒店改变传统接待模式，将站式接待服务改为坐式服务。这样的改动会使长途旅行劳累的客人得到彻底放松，增加酒店的亲和力，拉近酒店与客人的距离，且将商务楼层的 客人待遇延展到普通客人，增加客人的满足感，而员工同样坐着为客人办理入住或结账服务，也体现和谐社会对员工的关爱。

对于规模相对较小、以散客为主的酒店，这种方式会有很多的优势。但是如果酒店以接待团队、会议为主，而且房间数量在 200 间以上，采取坐式方式应该慎重。

（二）前台功能弱化，增加更多社交空间

通常来说，传统酒店的接待区、大堂吧与休息区是相互独立的，大堂被分割

成好几块，整体的互动感不足。现在高端酒店的消费者近年来越来越年轻化，这些消费者喜爱社交，有年轻化的审美偏好，工作和生活中间的界限也不再明显，这也让酒店设计相应地发生了一些变化。新一代社交型大堂灵活多变且能融合各种功能的体验，没有固定形式，通常会根据每个酒店的特点来融入不同的社交元素，借助酒店的开放性和流通性，在空间设计、功能打造和主题活动等方面，营造公共空间社交分享的氛围。

知识拓展

创新前台设计案例

1. 成都领地希尔顿嘉悦里酒店是一家定位于年轻、探索群体的酒店，CCD 在设计时，充分结合其“活力、时尚、社交、探索当地文化”的品牌特性来打造多元化的空间。将整个 Canopy central 大堂空间设计成开放、多元融合的多向发展空间，包含了餐厅、酒廊、悦休憩、悦驿站及会议室等区域。值得一提的是，悦驿站是专门提供给提前到店或退房后仍需停留一段时间的宾客，他们可以自由地洗漱、暂存行李、休息。也可以在这个多元化的空间看书喝茶、约见朋友、品尝成都小吃，或是小酌一杯。

2. 大中华国际酒店管理有限公司在深圳开设了旗下第一家自创品牌英诺酒店（INNOGO）。INNO GALLERY 英诺共享艺术大堂是整个酒店的亮点，设计团队想表达真正意义的“共享”，大堂没有任何被明显划分的功能区域，前台背面标注的“HERO BREAK”（英雄补给站），表明了前台是与大堂吧的一个结合体。在开放式的空间里，无论是办理入住或退房，客人都可以顺手要一杯饮品，拿上一本杂志，坐在阳光倾透的大堂内，让等待变成休憩的一部分。同在大堂区域的 INNO SHOP 售卖酒店精心挑选的洗浴用品、客房香薰、水杯等物品。大中华国际酒店管理有限公司副总经理兼品牌主理人郑扬坦言，“我们对每一件对客用品挑选的前提是大湾区制造，或者具有大湾区味道，希望当客人想要挑选城市伴手礼时可以想到我们的售卖店。”

3. 北京瑜舍酒店大堂吧 UNION 有着半开放的设计，让客人在办理入住时就可以享受一杯鸡尾酒。采用了完全开放式的陈列方式，宾客可自由穿梭于展品间，观者之间的交流也更为顺畅。每季度更换大堂的艺术品的同期，酒店会举办艺术派对。

（三）商务中心职能退化，转向共享办公空间

随着信息技术的发展，越来越多的客人拥有了手提电脑和其他电子设备，可

以通过互联网直接订票和接发邮件和传真，对酒店商务中心的依赖程度大大减少，酒店商务中心的职能已经退化。

在很多商务型酒店里，差旅的客人往往在酒店客房里的工作效率并不高。酒店将其商务中心、大堂扩展为关联的共享办公区域，提供商务旅行者的工作空间，自然的光线，稳定的网络和人类工程学的办公站设计，这些都是很好的卖点。

即使在那些没有共享办公服务的酒店，共享办公的理念仍然在影响着酒店大堂、商务中心以及行政酒廊的设计。新设计的办公家具包括大堂里配有电脑和多插卡槽的工作站办公桌、有曲线线条的桌面设计办公桌、蓝牙功能连接的投影以及智能电视。这些新的设计理念也引领着商务办公的潮流。

知识拓展

酒店联合办公空间

北京的新国贸酒店就突破传统，在大堂打造了一楼的众·社联合办公空间，一个介于酒店咖啡馆、商务中心和共享办公的综合体。新国贸的官网宣传中称，众·社联合办公空间占地约1200平方米，拥有现代化的办公空间，超大的落地窗全面采集自然光，配有舒适的沙发和座位。实时共享大屏幕，畅饮的咖啡和软饮，超多款全天提供的轻食和甜品。众·社联合办公空间拥有13间独立的多功能会议室，舒适型和商务型两种风格随意挑选。会议室可容纳4~22人不等，还可根据团队的实际使用情况定制场地、布置工位。众·社联合办公空间区域有近100个座位，有私人工作间、嵌入式墙体工位座椅、媒体台、鸟笼空间等多种选择。

四、前厅的组织结构更加精简科学，一职多能

（一）总机与客房服务中心合并，实行“一键通”

总机接线员将不止承担原有的工作，他们将承担起多项职能。当客人按下酒店房间电话机上客房服务中心的功能键，会发现接听电话的是总机话务员，他们会将接收到的信息及时传递给相关部门跟办，比如工程部、客房部等。据了解，北京四季酒店的总机和在北京首都机场希尔顿酒店的总机甚至可以直接帮客人点餐，无须再转接到送餐部。“一键通”的普及使总机接线员会承担多项服务职能。

（二）从“一岗服务”变为“团队服务”，实现“一员通”

以“金钥匙”服务为例，随着各酒店金钥匙服务的开展，对客的特殊要求服务逐步在各酒店的前厅部推广。随着理念的普及和业务的熟练，这一服务理念不会只限于一岗的“金钥匙”。许多酒店为保障这一业务的顺畅开展和持续，会在礼宾处和大堂副理班组设立多岗“金钥匙”，将一岗“金钥匙”服务变为“金钥匙”团队服务。

另外，随着前厅部员工素质和技能的提高，前厅部的任何一位员工都是“一员通”，必须为有需要的客人提供服务和帮助，不会由于岗位的不同而怠慢客人，客人只需要将其问题向一位员工提出就可得到解决，不会遭遇搪塞推诿现象。

对员工进行一职多能的培训，可让他们掌握更全面的业务技能，成为出色的服务从业员，为客人提供全方位的服务，能拥有这样的员工队伍，不仅为酒店节约了人力成本，更可提高酒店的整体服务水平。

五、收益管理理论将在更多酒店实践

随着越来越多的酒店经营者意识到采用收益管理技术和策略带来的财务优势，收益管理这一概念的认知度正在不断增加。十年前，主要由大型跨国酒店经营者采用先进的收益管理解决方案，如今与之形成鲜明对比的是，许多酒店经营者（包括本地和跨国酒店集团）都已非常重视收益管理战略，以确保采用正确的定价、客房库存控制和分销渠道战术。

在酒店前厅实施收益管理系统将会大大提高酒店的收益率，也使酒店的收益管理从经验管理上升为数字化管理。在今后一段时期，将有更多的酒店管理公司和酒店对收益管理理论进行实践和操作，并在实践操作中不断地加深对这一收益管理理论的认识，修正偏差，寻找更 加合理科学的收益目标。

第二节　酒店客房服务与管理的发展趋势

21 世纪正逐渐成为富有生机和活力的体验经济时代。体验经济作为服务经济的延伸，它的出现给酒店的经营管理创新提供了一种新的思路和重大的变革。

在体验经济时代，比起以往，人们不仅希望各种感官得到更大的满足，更希望能获得更多的精神满足，获得更多个性化的不可替代的“体验感”。因此，体验经济时代，客人入住酒店不再只是为了一张床和一晚的睡眠，入住酒店的切身感受、独特体验都会成为客人满意与否的衡量因素。

一、客房设计由标准化到主题化转变

酒店标准客房的发展趋势将会朝着个性化、精品化、主题化的方向发展。独特的设计是酒店客房标新立异的砝码，客房内将会增加更多的功能，以满足不同客人的需求，使入住酒店的顾客获得独特的审美体验，充分满足客人的精神需求。通过特定的主题营造出让人流连忘返的环境氛围，赋予酒店产品个性化特点，使酒店拥有区别于其他酒店的独一无二的差异性，带给客人独特的记忆，并使客人反复光顾。

客房的设计与宾客的需求、酒店的主题、时尚的风格相结合，设计出既能满足不同宾客个性化需求，又能突出酒店特色的客房。酒店可以结合不同地域的历史、文化、民族风情等元素创造独特的体验环境，最终通过主题化设计来营造环境、烘托气氛、聚焦顾客的注意力，使顾客在某一方面得到深刻感受，或在特定的环境中身临其境。

主题客房有很多大胆的创新。比如，希尔顿集团在美国洛杉矶富豪区的比华利山酒店推出特色概念“睡得香客房”。客房内有加厚的床垫、高雅而又不透光的艺术窗帘、闹钟铃响时自动开启的台灯、按客人生活习惯设置的生物钟可调灯箱等。不久前，希尔顿又推出两个新概念客房，即“健身客房”和“精神放松客房”，客房内增设了按摩椅、放松泉池、瑜伽教学录像带等。随着女性地位的提高，女性在住店客人中的比重越来越大，为女性客人专门设计客房将成为趋势。主题酒店具有独特性、浓郁的文化气息、针对性强等特点，有很多种分类方法，比如以某种时尚、兴趣爱好为主题，可分为汽车客房、足球客房、邮票客房、电影客房等。

在竞争激烈、同质化严重的今天，要想满足顾客的体验需求，赢得回头客，酒店必须改变与同行雷同的形象，通过对硬件设施的改造创新，设计主题，凸显特色，把主题设计作为有效的商战手段，从而为酒店提供新的利润增长诉求点，最终提升酒店竞争力，获得良好的经济效益。

二、个性化服务普及，将从“个案服务”向“共性规则”制度化转化

在以人为本的社会，人性化、个性化服务是各行各业的一种普遍理念。未来酒店标准客房将遵循“以人为本”的原则，客房的感受要更注重人的感受，趋向于人文化的发展，满足客人丰富的情感生活和高层次的精神享受。酒店客房部为住店客人提供的、代表或体现宾客个人特点的差异性客房服务，让接受服务的宾客有一种自豪感、满足感，从而使酒店客房服务在宾客心中留下深刻的印象，并赢得宾客的忠诚度。如在客房的信封、信纸上面烫金，打上客人的名字，为客人提供不同软硬程度的枕头等都是客房个性化服务的具体表现。

随着“个性化”服务的普及和成熟以及这些“个性化服务”的不断实践，大多数酒店都是以“案例”形式加以归纳、汇集和总结，以供新入职员工作为“个性化”服务的参考和借鉴。对个性化服务有针对性地经过管理者的专业化梳理，逐步形成规范性的各类“个性化”服务手册，将个性服务的案例变为系统性的“个性服务操作手册”，也就完成了“个案服务”向“共性规则”制度化建设的转变过程，这一系统工程的生产和完成，将对酒店的个性化服务普及和实施提供可持续运作的范本。

三、环保及健康理念的普及

在倡导环保、可持续发展的今天，绿色低碳将是未来客房发展的主体。绿色化客房指室内环境符合人体健康要求，所有物品、用具的使用也都要符合环保要求。提倡新技术、新材料的应用，在材料的选择上考虑安全性和实用性，选择环保、绿色、防火的材料。绿色客房通常有这几方面的要求：清洁、安全、舒适、节源、环保的设备、健康的客房环境、可回收的客房物品等。先进的新技术是解决资源过高耗费和环境污染的有效措施，能够节约资源，避免和减少环境污染。绿色化酒店客房不仅有利于社会，也有利于自身发展。酒店可以利用系统数据提升酒店业绩，带动经济效应。

知识拓展

上海酒店限用“六小件”

上海市文旅局发布的实施意见《上海市生活垃圾管理条例》于2019年7月1日起施行，上海市旅游住宿业将不主动提供牙刷、梳子、浴擦、剃须刀、指甲锉、鞋擦等一次性日用品。违者将依法处罚，市民游客也可以举报。

市文旅局指出，不主动提供的一次性日用品主要是指客房内在日常生活中被循环和重复使用的，又便于消费者旅行随身携带的，而由旅游住宿企业提供的一次性替代消耗品。推动旅游住宿业限制或减少使用一次性日用品，倡导绿色消费，推广使用可循环利用物品。在客房设置环保温馨提示，引导消费者减少使用酒店提供的一次性消耗品。客房倡导提供可洗涤、可消毒、可循环使用的日用品。旅游住宿企业要节约资源、降低消耗，引导绿色消费，实行精细化管理，不断提升服务质量。

上海静安昆仑大酒店总经理格德·克瑙斯特介绍，酒店已不再在客房内放置“六小件”，而是根据每位客人的具体要求免费提供所需一次性用品，客人可在前台领取或由工作人员送至客房；同时，酒店新增可循环使用的旅行套装用品销售服务。

资料来源：由人民日报，2019-7-01，整理而得。

希尔顿 Light Stay 系统

LightStay 系统是希尔顿全球自主研发的环境影响计算与分析系统，对希尔顿全球旗下所有酒店品牌都采用 LightStay 作为品牌标准，对用水用电以及碳与废弃物的排放进行考核。希尔顿全球及其旗下酒店品牌是全球酒店业中将可持续性考核作为品牌标准的首家大型多品牌公司。

与希尔顿酒店集团房务运营和酒店服务有关的用水用电以及碳与废弃物的排放都是 LightStay 考核的内容。系统需要对200多项运营操作的指标进行计量，其中包括房间管理、纸制品的使用、食品浪费、化学储存、空气质量以及交通运输等。为了确保 LightStay 的正确性和有效执行，希尔顿全球特委托 KEMA - Registered Quality，Inc.（http：//www. krqusa. com）——一家专业的管理系统设计公司对 LightStay 进行一系列第三方审核。

资料来源：希尔顿酒店集团官网（www. hilton. com）。

四、智能化及新技术的运用

科技使生活变得更美好，酒店客房作为酒店主要的卖点，科技的融入早已成全球酒店服务水平提高不可少的因素。酒店差异化的下一步将通过技术来改变，酒店标准客房的智能化是未来酒店发展的必然趋势，拥有完善的智能化系统的酒店客房本身就是一个极大的卖点。酒店的竞争将主要在智能化、信息化方面展开，而店内装潢、客房数量、房间设施等质量竞争和价格竞争将退居二线。客房管理新概念就是将智能化管理理念运用到客房的日常管理工作中。客房智能化管理是酒店智能化管理的一个重要组成部分。

客房能够通过互联网技术，为客人打造一系列超凡的住房体验。智能化客房将给客人提供方便、舒适的休息环境，让酒店的工作人员及时、准确地了解客人的需求，为客人提供完善周到的服务。智能化客房系统的建立将成为酒店标准客房的设计方向。

传统的客房设备是电视、电话，现在随着科技的发展，为了满足顾客的需求，酒店客房一般配备了高清电视、便捷的网络服务、客房多媒体设备等。科技带来便捷，也让人们体验到更精彩的休闲时光。如今，网络与客房电视也能进行连接，近来很多酒店浴室防水电视、镜面电视等让人眼前一亮。还有的酒店客房多媒体系统通过接入网络接口与电视接口，在普通电视上实现电视与网络功能的一键切换。客房娱乐让酒店变得更具有互动性。并提供更多控制房内功能的技术解决方案，客房环境控制包括控制温度、湿度、灯光、门窗、电视、电话、网络、远程控制等。

著名的酒店集团雅高集团推出第一间新概念客房中率先尝试了“高科技好客”的创新，其新概念客房中导入了“芳香系统”，并由床头计算机显示屏告知住店客人该客房提供可任意选择的多种香型，以及每种香型对人体的作用。酒店为宾客提供的现代化客房服务还有：导入光线唤醒系统；导入无匙门锁系统，以指纹或视网膜鉴定客人身份；设置虚拟现实的窗户，让客人自主选择窗外风景；导入自动感应系统，窗外光线、电视亮度、音响音量、室内温度及浴室水温等可以根据每个客人的喜好自动调节。可见，现代化的客房服务旨在运用或借助现代化设备和技术，为宾客提供更舒适、更便利的住宿服务。

在信息时代中，酒店这一以“人”为中心运作的经济体，势必对各种服务手段和管理模式采取一种“向前看”的态度，各类服务手段的创新、管理方式的创新、经营模式的创新将层出不穷，越来越多的酒店也将认识到只有创新才有出路，只有创新才能与时共进，否则将会被历史前进的车轮所淘汰。

思考与练习

一、思考题

1. 解决前台入住排队现象除了增加自助形式还有哪些解决方案?

2. 人工智能服务和客人追求的有温度的服务冲突吗? 如何让人工智能服务具有仪式感和尊重感?

二、案例分析

近日，美国媒体报道称，日本首家怪异酒店（Henn na Hotel，或称海茵娜酒店）开除了一百多个机器人，机器人数量从243个下降为不足一半。之所以“裁员”，是因为许多机器人非但没有减轻员工的工作量，反而让他们更忙了。

海茵娜酒店与2015年在日本长崎开业。凭借恐龙前台和机器人客房服务，这家酒店实打实地火了一把，并在2016年获得了全球首家机器人酒店的吉尼斯世界纪录认证，一时间名声大噪。但好景不长。开业不久，海茵娜酒店里的机器人就开始频频出现问题。比如，客人房间里的机器人一直在叫客人起床，触发机器人的竟是客人的呼噜声。

事情远比想象的要糟糕。东京湾舞滨分店于2017年开业，长崎县佐世保市的怪异酒店则在2015年随豪斯登堡（Huis Ten Bosch）主题公园的开张开业。酒店定价80美元一晚，是首批使用人脸识别技术代替房卡的品牌。按照设想，机器人远不止是卖点和噱头，这家酒店希望机器人能完成90%的工作。但面对频频出现的故障，这家酒店无奈只能撤掉部分机器人。

问题:

1. 人工智能的运用在酒店实际运营中存在哪些挑战?

四、工作术语（见表11－1）

表11－1　本章常用的专业术语

专业术语（中文）	专业术语（英文）
数字钥匙	Digital Key
收益管理	Revenue Management
人工智能	AI（Artificial Intelligence）

参考文献

[1] 郑治伟. 酒店房务运营与管理实用教程 [M]. 北京：经济科学出版社，2014.

[2] 刘诗妍. 前厅客房服务与管理 [M]. 南京：江苏大学出版社，2018.

[3] 姜华. 前厅服务与管理 [M]. 北京：中国旅游出版社，2018.

[4] 杨松. 前厅服务管理实务 [M]. 北京：高等教育出版社，2017.

[5] 李莉. 酒店前厅与客房管理 [M]. 武汉：华中科技大学出版社，2018.

[6] 谢玉峰. 酒店前厅客房服务与管理 [M]. 郑州：郑州大学出版社，2016.

[7] 李春桃、郭防、覃庆华. 酒店前厅服务与管理 [M]. 长春：吉林大学出版社，2018.

[8] 牛自成、李晓杨、吴桐. 酒店前厅服务与管理 [M]. 南京：南京大学出版社，2019.

[9] michael L. Kasavana 著，王培来、包伟英译. 前厅部的运转与管理 [M]. 北京：中国旅游出版社，2015.

[10] 罗伟、刘保丽. 酒店前厅客房管理 [M]. 武汉：华中科技大学出版社，2018.

[11] 唐飞. 前厅与客房管理 [M]. 重庆：重庆大学出版社，2016.

[12] 谢永健. 酒店前厅与客房管理 [M]. 上海：复旦大学出版社，2014.

[13] 李俊. 酒店前厅经营与管理 [M]. 北京：北京大学出版社，2013.

[14] 唐飞、方雅贤、曹洪珍. 酒店前厅与客房管理 [M]. 北京：清华大学出版社，2012.

[15] 唐飞. 前厅与客房管理 [M]. 重庆：重庆大学出版社，2016.

[16] 刘伟. 酒店前厅管理 [M]. 重庆：重庆大学出版社，2018.

[17] 刘伟. 前厅与客房管理 [M]. 北京：高等教育出版社，2018.

[18] 郭一新. 店前厅客房服务与管理实务教程 [M]. 武汉：华中科技大学出版社，2011.

[19] 栗书河. 前厅与客房运营管理 [M]. 北京：中国轻工业出版社，2016.

[20] 刘伟. 客房管理 [M]. 北京: 高等教育出版社, 2012.
[21] 刘伟. 酒店前厅与客房部运行与管理 [M]. 北京: 中国旅游出版社, 2017.
[22] 王德静. 前厅服务与管理实训教程 [M]. 北京: 科学出版社, 2008.
[23] 曹艳芬. 酒店客房实务 [M]. 南京: 南京师范大学出版社, 2012.
[23] 刘伟. 客房管理 [M]. 北京: 高等教育出版社, 2006.